"五社联动"

助力基层社会治理：

专业社会工作的实践探索与理论研究

湖北省社会工作联合会　编著

WUSHE LIANDONG
ZHULI JICENG SHEHUI ZHILI
ZHUANYE SHEHUI GONGZUO DE SHIJIAN TANSUO YU LILUN YANJIU

中国社会出版社
国家一级出版社·全国百佳图书出版单位
北京·BEIJING

图书在版编目（CIP）数据

"五社联动"助力基层社会治理 ：专业社会工作的
实践探索与理论研究 ／ 湖北省社会工作联合会编著 .
北京 ：中国社会出版社 ，2024. 12. —— ISBN 978-7
-5087-7126-7

Ⅰ . D669.3

中国国家版本馆 CIP 数据核字第 2024R8D070 号

"五社联动"助力基层社会治理：专业社会工作的实践探索与理论研究

责任编辑：张　迟
责任校对：刘延庆
装帧设计：尹　帅
出版发行：中国社会出版社
　　　　　　（北京市西城区二龙路甲 33 号　邮编 100032）
印刷装订：河北鑫兆源印刷有限公司
版　　次：2024 年 12 月第 1 版
印　　次：2024 年 12 月第 1 次印刷
开　　本：170mm×240mm　1/16
字　　数：270 千字
印　　张：18
定　　价：60.00 元

前言

党的二十大指出，"要完善社会治理体系，健全共建共治共享的社会治理制度，提升社会治理效能""建设人人有责、人人尽责、人人享有的社会治理共同体"。近年来，各地在总结"三社联动"实践成果的基础上，开展"五社联动"理论研究和实践探索，是建设社会治理共同体的生动实践。

2020年初，突如其来的新冠疫情使武汉等地经受严峻考验。在抗击新冠疫情的过程中，社区志愿者、社会公益慈善资源异军突起，与社区工作者、社会组织、社会工作专业人才携手共战，成为打赢武汉保卫战、湖北保卫战不可或缺的重要力量。在民政部慈善事业促进和社会工作司的指导下，阿里巴巴公益基金会、腾讯公益慈善基金会、中华慈善总会等慈善组织的支持下，湖北省整合社区工作者、社会组织、社会工作专业人才、社区志愿者、社会公益慈善资源和心理服务专业力量，实施"五社一心"、"五社联动"社会工作服务项目，以此完善社区治理体系，提升基层社会治理水平。

　　"五社联动"是坚持党建引领，以社区为平台、社会工作者为支撑、社会组织为载体、社区志愿者为辅助、社会慈善资源为助推的新型社区治理机制和现代社区治理行动框架。社区和社会工作者作为驱动要素，社会组织、社区志愿者、社会慈善资源作为活力要素，共同推动社区的建设与发展。"五社联动"不仅是一种合作机制，更是一种互动过程，各主体在社区治理场域中基于共同的治理目标联通互动、共同协作、优势互补，并处于不断吸纳实践经验、持续发展的流动性状态，从而产生最佳集聚效应，实现主体联动、资源联动、平台联动等，合力推动社区治理。

　　《中共中央 国务院关于加强基层治理体系和治理能力现代化建设的意见》明确提出"创新社区与社会组织、社会工作者、社区志愿者、社会慈善资源的联动机制"，首次在全国范围内以制度化的形式明了"五社联动"在加强社会力量参与机制建设、构建基层治理共同体、提升基层治理体系和治理能力现代化的重要作用，标志着"五社联动"已被正式纳入新时代中国城乡基层治理体系和治理能力现代化的顶层设计框架。

　　"五社联动"不仅包含了重要的实践价值，也具有丰富的理论内涵。专业实践不断创新形式、丰富内容，全国各地的专家学者和实践工作者就此展开了深入研究。为总结各地研究成果，搭建交流平台，2021 年 9 月，湖北省民政厅举办了"五社联动"理论与实务研讨会，并以此为基础，组织编写了《"五社联动"理论探索与实务研究》。2025 年初，中国社会工作学会秘书长邹学银主编的《迈向基层社会治理现代化："五社联动"的理论与实践》对"五社联动"的实践情况、机制框架及未来发展方向进行了深入而系统的研究。作为"五社联动"发源地，湖北一直在深化"五社联动"的探索与实践，《"五社联动"助力基层社会治理：专业社会工作的实践探索与理论研究》，正是湖北省专业社会工作又一阶段性成果展现。本书旨在系统梳理"五社联动"的理论框架、实践路径与典型案例，为学术界和实务界提供兼具深度与广度的参考。全书共分为三大部分：一是理论探索。从"五社联动"的概念内涵、机制构建到其与社会主义现代化、法治建设的关联，揭示了这一模式在顶层设计中的理论价值。二是实践创新。通过社区志愿服务运作、乡镇社工站与社区公益基金合作、慈善资源动员、农村社区治理优化等鲜活案例，展现了"五社联动"在资源整合、群众动员、服务供给中的实际效能。三是评估与展望。对"五社联动"的评估督导、机制优化、未来发展等展开深入研究。

期待本书能够为政策制定者、社会工作从业者及研究者提供启示，推动"五社联动"经验升华为可持续的全国性实践，助力中国式现代化进程中基层治理能力的全面提升。

最后，谨向所有参与本书撰写的专家学者、一线社工及支持单位致以诚挚谢意。愿本书成为一盏灯，照亮社会治理创新之路，也期待更多同行者加入这一探索行列，共同书写基层治理的新篇章。

《"五社联动"助力基层社会治理：专业
社会工作的实践探索与理论研究》编委会
2025 年 5 月

目录

"五社联动"的结构与研究发展

王思斌[*]

湖北省社会工作联合会举办的"五社联动"理论研讨会,是一次很好的理论和实践研究的交流机会。"五社联动"包括社区、社会工作者、社会组织、社会志愿者、社会慈善力量。它们在公共事件治理等方面有着密切关系,在新冠疫情防控、居民社会生活和基层社会治理实践中发挥了重要作用。

研究"五社联动",要进一步细化,包括研究机制层面的问题,在具体的社会场域和情境中,细致分析"联"的问题、"动"的问题、"联动"的问题、"联动共同体"的问题。中国社会工作学会去年开会讨论,设立了一个专门项目。湖北省有关单位还出了专著,对"五社联动"的经验进行了初步总结。

关于"五社联动"参与公共事件治理和社区建设,我们有了行动创新,也有了经验总结和一定的理论总结,形成了在理论总结和行动创新中互相激励向前发展的良好势头,成果是丰硕的。湖北省社会工作群体在这方面带了头,也希望能进一步往深处走,形成有指导意义的系统经验和理论。我们还需要在基层治理体系和治理能力现代化建设的高度上,对这一问题加以审视。不论是在基层治理现代化方面,还是在社区建设等方面,怎样更好地实现"五社联动",我们还需要继续研究、深入研

---

[*] 作者信息:王思斌,北京大学社会学系教授、博士生导师;中国社会工作教育协会名誉会长,中国社会工作学会会长。

究，将实践经验学理化，在理论上进一步讲清楚。下面笔者尝试以更宽视野，对加强"五社联动"研究谈一点不成熟的看法，与各位一起讨论。

一、"五社联动"的横向网络和纵向体系

"五社联动"是一种经验性的说法，它与民政部先前提出的"三社联动"有一定的继承和发展关系。在"三社联动"提出之初，就有一个"三社"怎样"联"、怎样"动"的问题。现在研究"五社联动"，同样也有怎样"联"、怎样"动"的问题。表面上看，从"三社"到"五社"，是增加了联动主体，实际上还增加了联动的丰富性和复杂性。随着联动主体的增加和联动解决问题的复杂性增加，必须讨论联动的横向网络和纵向体系问题。

"五社联动"是一个具有丰富意涵的概念。"三社"联动可能简单一些，"五社"怎么"联"、怎么"动"可能就更复杂。在武汉实践中，出现了不同形式、不同内容、不同层级的联动。比如，在新冠疫情防控初期和中期，社会慈善资源怎样与社区和社会工作者等联动，有很多鲜活的例子，它们既有相同或相似之处，也有各自的特点。在这个过程中形成的"五社联动"，与目前的社区发展和社区治理中的联动的方式可能有所不同。我们已经把"五社联动"基本放到社区平台上来了，是社区这个层次的"五社联动"，已经不是在公共事件中有较强行政力量指导或主导、有复杂大背景的"五社联动"。在这种场域已经发生变化的情况下，是什么样的"联"，怎样"联"，都需要再总结和研究。"联"是一个有复杂内涵的说法。"五社联动"是社区和社会工作者联动，还是社区和志愿者联动，是"五社"里面三个"社"联动，还是五个"社"都参与的联动，其内涵和机制是不一样的。

《中共中央 国务院关于加强基层治理体系和治理能力现代化建设的

"五社联动"的结构与研究发展

意见》将"五社联动"表述为"社区与社会组织、社会工作者、社区志愿者、社会慈善资源的联动机制"。在这里，"社区"与后面的"四社"是有所区别的。因为这里有个"与"字，社区的地位更重要，要承担和扮演好联动的最主要主体和责任人的角色。其中，专业社会工作也应该发挥独特的能动作用。习近平总书记在统筹推进新冠肺炎疫情防控和经济社会发展工作部署会议上指出的"要发挥社会工作的专业优势"，我们必须贯彻落实好。

社会工作的专业优势在哪里？反应迅速、专业理念和方法都是优势。这些优势是重要的，但是在现实中，这些优势与联动好像是弱相关。还有一个是资源链接方面的优势，包括"五社"之间的互联，它与"五社联动"直接相关，差不多是强相关。但是，社会工作者发挥资源链接的功能要有一个前提，即要有一个想法——去链接哪些资源和怎样链接资源。这里有一个社会工作在"五社联动"的生态系统中的位势问题——它能不能链接比自己强（生态位势高）的资源。比如，社会工作机构和社区怎么去联，是社会工作机构去联社区，还是社区去联社会工作机构，或者是"五社"平等和有同样积极性的合作。中央文件把社区放在前面，后面四个要素是并列的。在这个意义上，社区层面、社区"两委"如果不能在这里起主导的、积极的、推动的、开放的、多方链接的作用，可能联动还会出现问题。现实中也有类似情况发生。我们更加看重社区在"五社联动"中的地位，社区必须扮演好这种角色，有能力主动联系各方，并作为平台发挥作用。

社会工作者有专业情怀，在服务困弱群体方面有专业服务优势。其他方面可能需要在社区"两委"的统筹之下行动。"五社"之间要商量，每个社区都要整体思考困难和资源问题：我们面临的、需要解决的问题是什么，我们的"五社"力量怎样。有的地方社会工作者比较强、社会组织比较强、社区也比较强，要有一个互为主体的、相对平等的联动。

有的地方社区很强，社会组织可能较弱；也有的地方社会工作机构很强，其他项目也需要它发挥作用。在这个意义上，我们就要有合适的联动模式。在"三社联动"研究中，笔者提出过"优势主导的三社联动"模式，即在活动或服务项目上，"三社"谁有优势，谁有更多的优势，谁就牵头联动。比如，解决社区居民的困难，谁有优势，谁就要在整体考虑下带头或带领进行联动。又如，新冠疫情防控期间有去世的老人，后续的各种事情、家庭的安抚等，该怎么去做，谁去做更有优势，就要协商联动。或者哪一种合作方式中谁更有优势，就要由有优势者启动联动。这些值得我们认真考虑。

"五社联动"主要是由民间力量做，还是由社区主导，或者社会工作者、社会组织、志愿组织联合做，要看具体情况。从社会生态学的角度来讲，"五社联动"是一个内部的共生结构，共同努力做一些事情。但是，共生结构并不等于结构平等，不是说大家都一样、能力都一样，在任何情况下大家都起相同的作用。实际上，在共生（共同实现目标）的过程中，也有某种竞争成分。在联动的不同方面、不同环节，"五社"的优势各不相同，所以"五社联动"是一个动态的共同努力的过程。另外，"五社联动"还有外部系统。联动不是为了"五社"自己的利益，它既不是为了社区居委会，也不是为了社会工作者，更不是为了社会组织，其目的是为社区服务、为居民服务。

从开放的功能系统的角度看，"五社联动"及其功能的实现，离不开社区居民。如果社区居民也算一"社"的话，"五社联动"就是"六社联动"了。社区居民作为志愿者参与进来，可能是志愿者与受助者"一身二任"。在社区公共事务处理方面，社区居民既是志愿者，也是受益者。社区居民如果不参与进来，最后联动的效果就不会理想。从这个角度看，"五社联动"是一个开放的领域或系统。"五社联动"怎么联、怎么动，谁是主要的、主导性的，谁是配合的，要分清楚，这很重要。我国成规模的、社区层次的"五社联动"，常常与政府的某项政策的实施、一些重要问题的解决有关，政府在"五社联动"中扮演着"不在场"的指导者的角色，这里有潜在的纵向关系。可以说，"五社联动"是一个共生系统，是横向网络，也是一个由上级政策指导、支持和评价，基层具体实施的纵向体系。

二、"五社联动"的简约模式和整全模式

所谓简约模式，是指在某种情境下，"五社联动"最少由几"社"参与，是最简单的联动方式。"五社联动"并不是在任何时候，都要有"五社"全部参与。有时候"两社"就可以解决问题，"三社"也可以解决问题，而不是"五社"全体总动员，这就是简约模式。真正需要"五社"一块动的时候，就是整全模式，"五社"一块动起来解决问题，参与者越多，可能力量越大，但是也可能就更复杂。从组织管理的角度讲，参与者越多，协调起来就越复杂，内部的联系成本也就越高。当然，如果某一"社"是必须参与的，那它就是重要资源。资源大于成本，是联动要考虑的行动原则。也就是说，"五社联动"不必"轰轰烈烈"，要减少联动成本，联动的机制要制度化，就是说要考虑联动的结构问题。

另外，要关注"五社联动"的过程和效果。"联"的过程、"动"的过程、"联动"的过程都会影响效果。武汉新冠疫情防控过程中，谁和谁去联动？在什么条件下联动？是在中央工作组指导下联动，还是在有强烈需求和安全的、可以解决问题的情况下，小范围地自主联动？另外，疫情初期、中期和后期，联动方式都不一样。在联动中，谁引导，谁主导，谁配合，在何种意义上去配合和联动，都要认真考虑和协商。因为"联"和"动"的内容及其形式都可能会对结果产生影响。"五社联动"联得好可以产生更好的作用，联得不好，积极性和优势得不到发挥，联

的方式、联的机制会影响联动的效果。哪一种活动、哪一种联动、要达到什么效果，都要认真设计或计划。我们希望通过"五社联动"形成行动共同体，实现共建共治共享。说到行动共同体，它有诸多含义或类型。比如，社区共同体、治理共同体、服务共同体、工作共同体和事业共同体，它们的性质和内部关系是不一样的。如果能优势互补，发挥各自优势，就能够在共同活动中实现共同成长和互相成就。

三、社区要在"五社联动"中发挥重要作用

"五社联动"要靠主体去营造。但现在看来，"五社联动"还基本上是一个民间的行动。中央社会工作部成立之后，"五社"要素大部分在其统筹范围内。"五社"都是社会力量，"五社联动"应该在国家政策和制度里面有一个相对准确的位置，政府应该支持。社区作为一个平台，应该有较强的处理问题的能力和容量。在"五社联动"中，社区最重要，要有一个把其他"社"组织起来，支持这些"社"在社区里去做事、做成事、做有效事情的容量——这就是社区平台的宽度或容量。政府给社区的任务很多，社区要有能力和能量，能驾驭和完成这些工作，或者说在联动的过程中很好地分配、协调这些工作。这个机制是社区"两委"本身，还是与社会工作者、社会志愿者联合行动，要看社区的能力和动员资源的能力。所以，笔者认为社区不只是平台，以社区"两委"为主的力量是平台，但还要承诺和做好某项复杂工作，它应该有一定的处理问题能力的容量，或者说有整体意识、宽广胸怀，能够容下各方力量在社区搞创新、做服务、参与治理，这样效果就会好一点。"五社联动"关键在社区。社会工作也很重要，但是社区一定要用一种开放的、积极的态度做事，因为其他"社"主要还是给社区居委会帮忙。"五社联动"应该有制度保障，社区要有能力、有一定资源、有容量，能平等对待其

他力量。要能吸引人、拢得住人，一块儿完成共同的任务，这才是真正的平台和核心力量，才能形成相互认同和协调的、有能量的联动网络。

四、完善"五社联动"机制，促进民生改善和社会治理

在湖北省社会工作联合会出版的《"五社联动"理论探索与实务研究》一书中，有这么一个说法："三社联动"因为缺乏资源，所以最后效果不好，联而不动。这在不少地方确是事实。"三社联动"中谁拿出了钱，谁拿出了资源？"三社"都没有太多资源，所以也就限制了"三社联动"作用的发挥。现在的"五社联动"，其资源是不是稳定的、制度化的，也会影响联动效果。只靠社区慈善资源可能不行，当然要看想干多少事、干什么事。"五社联动"不是万能的，它只是一种社会力量参与社会治理和社区发展的方式，不可能解决社区中所有的问题。在这个意义上，要考虑研究完善"五社联动"的机制，促进其相对稳定，减少不确定因素，增加"五社"的资源拥有量，做好统筹链接。"五社联动"要有开放的资源观，人、财、物、影响力、社区声誉、社会资本都是资源，要挖掘和利用好这些资源。"五社联动"是因公共事件的基层治理和解决民生问题而生的，这种基层联动模式还应该加强，其要素能力要增强，联动机制要更清晰，联动要更有效，以更好地为民生服务，促进基层治理现代化。

五、加强"五社联动"理论和实践模式研究

"五社联动"有很多理论问题需要研究。最近我们在讨论，在社会工作领域怎样落实党的二十大精神。党的二十大报告指出，中国式现代化，是中国共产党领导的社会主义现代化，既有各国现代化的共同特征，更有基于自己国情的中国特色。这个论述含义丰富，而且具有指导意义。

把它用到对社会工作发展的判断上来，就是对我国的实践和可借鉴国际经验的关系的处理原则。我国社会工作事业的发展是社会主义现代化建设的组成部分，既要吸收国际社会工作发展的有益经验成果，更要坚持从中国实际出发，总结我们自己的经验，解决中国的现实问题，提高我国社会工作实践和理论的专业水平。

具体到"五社联动"也是一样，它虽然是我国独有的实践，但是某些要素（如社会工作者、志愿服务、社会慈善等）发挥作用的机制在其他国家和地区也是有一定经验和理论指导的。"五社联动"可以参考其他国家和地区的某些好的做法，当然要为我所用。"五社联动"要有一些理论上的指导，要说明白我们做的社区工作、社区慈善联动是怎么回事，要有一个理论化的说法，不能只讲工作经验。对我们自己的特殊做法，需要理论的提升，需要在理论指导下进行新的实践探索，通过实践进一步提升理论。武汉市的"五社联动"实践走在全国前面了，理论也正走在前面，但还在过程中，没有结束，仍需进一步努力。

我们的经验交流会，希望能找出促进"五社联动"更好运作的更深层、更细致的东西（联动要素、联动逻辑），更好地加以总结和提炼。处理不同事件、不同领域的"五社联动"会各有特色，或者有不同的联动过程，因此可能要建立几个"五社联动"的理论模型。在不同条件下，对不同问题，可能模型不同。在建构理论模型时，要注意"五社联动"与"五社"各自的资源禀赋有关，怎么链接这些资源优势，都需要进一步探索。相信湖北省的社会工作者在"五社联动"这个大课题下，经过一段时间的深入探索和更多实践，会产生更多、更好的理论成果，以此来引领"五社联动"在全国各地的发展，促进全国基层治理的现代化和社会工作理论与实践的互促性协调发展。

"五社联动"何以助力"共同缔造"

朱耀垠*

摘　要：本文聚焦"五社联动"融入"共同缔造"的实践，从"五社联动"助力"共同缔造"何以可能和"五社联动"助力"共同缔造"的作用机制着手，探析"五社联动"与"共同缔造"的内在关联和相互促进情况，并针对"五社联动"在运行中出现的短板和遇到的难题提出如何在"共同缔造"中完善"五社联动"机制，为促进实现城乡基层社会治理现代化提供一个可行方案。

关键词：五社联动；共同缔造；社区治理；动力机制

社区与社会组织、社会工作者、社区志愿者、社会慈善资源五种要素联合行动（以下简称"五社联动"）是从湖北省新冠疫情防控经验中提炼出的社区治理动力机制。开展"美好环境与幸福生活共同缔造"活动（以下简称"共同缔造"）是中共湖北省委部署的探索基层治理现代化的重大举措。在开展"共同缔造"的过程中，"五社联动"发挥了重要的助推作用。同时，"共同缔造"也有力促进了"五社联动"的发展和提升。将"五社联动"融入"共同缔造"的实践，不仅是落实中共湖北省委的决策部署、促进湖北加快建设全国构建新发展格局先行区的有

---

* 作者信息：朱耀垠，北京师范大学京师特聘教授，北京师范大学社会学院博士生导师、北京师范大学中国教育与社会发展研究院（国家高端智库）首席专家，中国社会福利与养老服务协会副会长。

效措施，也是落实党中央、国务院决策部署，加快我国基层社会治理现代化进程的有益探索。2023年暑期，笔者带领北京师范大学近30名博士、硕士研究生分赴湖北省10个县（市、区）对"五社联动"与"共同缔造"的内在关联和相互促进情况作了调研，现将所了解的情况和我们的思考报告如下。

一、"五社联动"助力"共同缔造"何以可能

"五社联动"之所以能够在"共同缔造"实践中发挥有力作用，根本在于这两者具有高度的契合性。

2022年6月召开的中共湖北省第十二次代表大会把开展"共同缔造"试点确定为"走好新时代党的群众路线，始终保持与人民群众的血肉联系"的重要举措，对"共同缔造"提出的基本要求是：以城乡社区为基本单元，以改善群众身边、房前屋后人居环境的实事小事为切入点，以建立和完善全覆盖的基层党组织为核心，以构建"纵向到底、横向到边、共建共治共享"的城乡基层社会治理体系为目标，以发动群众决策共谋、发展共建、建设共管、效果共评、成果共享（以下简称"五共"）为基本方式。

中共湖北省委主要领导同志在会上强调，"美好环境与幸福生活共同缔造"是增进群众感情、提高思想认识、改进工作方法，走好新时代党的群众路线的具体载体、路径和方法。开展"共同缔造"工作的目的是发动群众、组织群众，与群众一起共同建设美好家园。开展"共同缔造"工作的重点：一是适应城乡基层社会的深刻变化，重构城乡治理基本单元；二是坚持党建引领，建立和完善"纵向到底、横向到边、共建共治共享"的城乡基层社会治理体系；三是建设完整社区，培育塑造共同精神；四是上下联动，推进体制机制改革创新。

"五社联动"是多元主体基于社区场域参与基层治理的新型治理方式。2021年4月，湖北省民政厅印发的《湖北省城乡社区"五社联动"工作指引》指出，"五社联动"是以社区为平台、社会工作者为支撑、社区社会组织为载体、社区志愿者为辅助、社区公益慈善资源为补充的新型社区治理机制。① 实际上，"五社联动"中的社会组织和社会公益慈善资源不只是社区内的，还有社区外的，需要广泛吸纳各类社会组织和社会公益慈善资源参与社区建设、促进社区发展。社区也不只是提供平台，社区"两委"对社会工作、社会组织、志愿服务、慈善资源等具有重要的主导、统筹作用。笔者认同以下观点："五社联动"是指以提升社区治理能力、建设共建共治共享的社区治理共同体为目标，坚持党建引领，社区居委会（村委会）发挥组织作用，以社区为平台、以社会工作者为支撑、以社区社会组织为载体、以社区志愿者为辅助、以社区公益慈善资源为补充的新型基层治理行动框架。②

"五社联动"与"共同缔造"的内在关联性主要体现在以下几方面。

（一）理念相通

"共同缔造"的核心要义就是广泛发动群众，激发城乡居民参与社区公共事务和公益事业的内生动力，其核心理念是以人为本，为了群众、相信群众、依靠群众。"五社联动"蕴含着"优势视角"和"助人自助"的专业社工理念、"奉献、友爱、互助、进步"的志愿服务精神、"慈悲为怀、乐善好施、平等待人、互爱互助"的慈善意识、"扶弱助困、讲信修睦、仁民爱物、匡扶正义"的公益精神，这些都与"共同缔造"的理念高度一致，并为开展"共同缔造"提供精神动力。

---

① 湖北省社会工作联合会.《五社联动"政策资料汇编［M］.北京：中国社会出版社，2021：15.

② 湖北省社会工作联合会."五社联动"实务读本［Z］.湖北：内部资料，2023：97.

（二）原则一致

"五社联动"的原则是：坚持党的领导、政府主导，坚持以人为本、需求导向，坚持优势互补、协同共治，坚持项目驱动、专业引领，坚持分类指导、注重实效。"共同缔造"的原则是：坚持党建引领、群众主体，坚持共建共治共享，坚持因地制宜、分类施策，坚持试点先行、稳步推进。两者的基本原则具有高度的一致性，特别是其最根本的原则都是坚持党建引领，完善党的基层组织体系，推进党的组织和工作全覆盖，发挥党组织的领导作用和党员的先锋模范作用。

（三）目标同向

两者都致力于促进社区教育、科学、文化、卫生、体育等事业的发展，开展扶老、救孤、恤病、助残、优抚等公益慈善活动；解决社区治理中面临的一些共性问题：居民参与不足、资源不足、效率不高等。因而，两者都在致力于推动社会治理由碎片化的低效运转向协同化的高质量发展转变，推动基层治理责任共担、信息共享、资源整合、价值认同，建设人人有责、人人尽责、人人享有的社会治理共同体，完善共建共治共享的现代化社会治理体系。

（四）场域吻合

两者都以城乡社区为基本单元。"共同缔造"要求推动基层治理全覆盖，实现纵向到底、横向到边。在纵向上，将农村基层治理重心进一步向自然村或村民小组延伸，将城市基层治理重心进一步向物业小区或居民小组延伸；在横向上，实现向群团组织、自治组织、经济组织、社会组织延伸。这些延伸所及之处，也是"五社联动"发挥作用的场域。

（五）项目关联

"共同缔造"的实践是落实到一个个群众看得见、摸得着、能感知的具体项目或活动之中。例如，建设小菜园、小果园、小花园、小游艺园、小公园，开展老旧小区改造、背街小巷整治，解决农村出行、安全饮水、青少年心理健康、空巢老人服务等难题，或者实施寄递物流、幸福食堂、农村湾组路灯、集贸市场、小型消防站、公共停车场、农村生活污水处理、人居环境整治、农村断头路打通等具体建设项目。"五社联动"也实施了许多项目，例如中华慈善总会的"五社联动·爱满荆楚"项目，腾讯公益慈善基金会的"五社联动·家园助力站"项目，阿里巴巴公益基金会资助的"五社联动·爱满江城"项目，湖北省民政厅和省慈善总会组织实施的"五社一心""五社联动"社会工作服务项目、"幸福家园"村社互助项目。这些项目与"共同缔造"项目具有重合、互补或联动的关系。

二、"五社联动"助力"共同缔造"的作用机制

"五社"的每一种要素在基层治理中都具有独特功能，其联动方式可以是一种要素牵动、两种要素互动、三种要素联合、四种要素结合或五种要素联动，每一种联动方式都对"共同缔造"具有促进作用。

（一）"五社联动"为基层治理增添动力

1. "五社"要素对基层治理的重要性

城乡社区是基层治理的基础平台，社区"两委"肩负着培育社区社会组织、动员社区志愿者、吸纳社区公益慈善资源、建立社会工作服务站（室）和支持、监督社会工作机构开展社会工作专业服务等职责。

专业社会工作者是社区"两委"的合作者、社区社会组织的孵化者、社区公益慈善资源的链接者、社区志愿者的发动者和赋能者，在策划、实施公益项目方面具有专业优势。社区工作者中的持证者，既有专业技能又接地气、熟悉居民，在社区治理中具有特殊优势。

社区社会组织具有提供服务、反映诉求、规范行为、增强社区活力的功能。生活服务类、公益慈善类和居民互助类社区社会组织是社区居民参与社区公共事务和公益事业的必要平台和载体。

社区志愿者是积极参与社区自治互助服务和社区治理的重要力量。培育社区志愿服务队，加强志愿者骨干的培养，常态化开展志愿服务活动，是调动社区居民参与社区治理积极性、壮大社区公益力量、促进邻里互助和互动交流的有效途径。

公益慈善资源主要是本社区的公益慈善资源，如社区（村）慈善基金，也包括具有公开募捐资格的慈善组织向社区辐射的资金资源，它们对基层治理和社区发展具有重要的补充作用，实施社区公益慈善项目不仅能解决社区居民的实际困难，也能对社会工作机构、志愿服务组织、社区公益项目进行资助和赋能，解决社区治理中遇到的突发性、特殊性问题。

2. "五社联动"对基层治理的积极作用

一是强化资源整合。在基层党组织的统筹领导下，"五社联动"可以促进政府、市场、社会的力量衔接和资源整合，盘活社区资源，优化资源配置。

二是完善服务平台。社区综合服务设施为建设社会工作服务站（室）、开展社会工作服务、培育社会组织、凝聚公益慈善资源提供了阵地和条件。同时，社会工作人才、项目和慈善资源、社会组织对于提高社区综合服务设施的综合效益具有重要作用。

三是优化项目运作。"五社联动"有利于全面、真实地了解居民需求、发现社区问题,根据居民需求开发社会服务项目,完善"以奖代补"项目模式,建立以政府购买服务为保障、项目化运作为纽带、社区公益慈善资源为助推的联动路径。

四是创新治理机制。社区"两委"带动社工、社区社会组织、居民骨干、志愿者等群策群力,共同参与社区协商、议事,确定共建共治共享的办法、方案和制度,促进基层治理现代化。

(二)以"五社"联动促进"五共"开展

"五社联动"助力"共同缔造"主要是以"五社"促进"五共",激发城乡居民参与社会公共事务和公益事业的内生动力,链接和整合社区发展资源,促进社区服务的供需对接,增强解决社区问题的合力,培育居民的社区公共意识和精神。

1. 促进决策共谋

一是帮助找准真实需求。这是实行决策共谋的前提。社区居民的需求具有多元性、多层性和多变性,专业社工能够协助社区"两委"、居民发现并辨别社区各类群体的需求,找到多种需求的"最大公约数"。其一,帮助表达需求。有些群众在一些正式场合不愿发表有效观点和建议,有些群众受表达能力所限难以有效表达自己的真实需求,这就需要社工协助社区"两委"帮助居民把需求表达清楚。例如,武汉市江夏区山坡街道高峰村党支部建立书记、副书记定期到村湾与群众话家常制度。其二,发现隐性需求。崇阳县一位村党支部书记说,扎实沉下去了解社区居民的隐性需求很重要。要重点关注农村"一老一小"的问题和其他特殊人群的需求。比如,对残弱老小孤等特殊人群的照料服务、心理疏导等;老年人吃饭不注意营养和健康,需要有爱心食堂,经费可以募捐,时令菜可以就地众筹,同时爱心食堂的志愿者还可以指导有慢性病的老年人科学正确服药,进行集体心理辅导、健康辅导等;农村移风易俗也是群众的隐性需求，很多村民都对愈演愈烈的人情送礼现象叫苦连天。在城市则主要是怎样破除隐形的居民心理隔墙，构建和谐小区，社工可以在发现问题、改变现状中扮演重要角色。

二是合理平衡多元需求。在资源有限时，社区中的多种需求无法同时满足，社会工作者能够采用专业手段平衡多方需求，最主要的手段是列出需求清单并对其进行排序，排序的原则主要有：多数同意原则、紧急性原则、重要性原则、需求满足的先后逻辑和困境群体优先原则等。

三是共谋需求满足方案。建立健全由社区社会组织负责人、社会工作者、社区志愿者、慈善组织负责人等参与的社区议事协商机制，聚焦于居民关心的民生实事和重要事项，定期开展民主协商，对拟开展项目的必要性和方案的合理性等进行评审，形成行动方案。

☞ 案例1

武汉市青山区冶金街道悦达社区共谋建设老年人服务中心。该社区的老年人希望在党群驿站开设一个室内活动空间，而社区居委会既不支持，也不反对。社区的考量：一是公共空间用途转变将导致行政协调工作增多；二是后期空间运营管理工作麻烦众多；三是活动噪声可能引起其他居民不满而造成矛盾。街道支持公共空间综合利用。社工利用"五社联动"的原则机制制订并实施了一个平衡多方需求的服务计划。第一步，满足社区居委会的第一项需求，厘清空间归属权问题，争取街道对空间开放的支持，降低社区的行政协调成本；第二步，满足社区居委会的第二项需求，提供多样化的室内活动，替代此前有争议的打"花麻将"活动；第三步，组织老年人骨干，包括强烈要求空间开放的老年人与社区党员代表等联合议事，征集多样化的活动意愿，提出组建自管队伍的设想；第四步，就中心的改造开放进行社区基金募款，以购买活动用品等物资，筹备中心开放；第五步，社工持续培育志愿者队伍；第六步，形成中心由老年人自营、自管、自娱的常态化运行机制。①

☞ **案例2**

　　武汉市武昌区中南路街道百瑞景社区居民共谋"共享书屋"建设。该社区地处武昌中南商圈，是一个现代化超大型社区，居民具有"三多一高"的特征（外来落户人口多、中青年多、高学历高收入多，居民对人文宜居的标准和美好生活的向往较高）。该社区一期常住人口1500余人，居民以中青年和少年儿童为主。一期内的回廊建成后一直闲置，许多居民反映，回廊上挂着商家的空调外机，每到夏天热风阵阵，严重影响路过的行人，而且有不少孩子喜欢在回廊玩耍，希望能合理利用闲置回廊，给居民打造一个老中青全年龄段适宜的集文化、休闲于一体的公共空间。社区"两委"联合社工人员通过前期线上问卷调查和后期线下入户走访相结合的形式，针对"建不建""建什么""在哪里建"等问题进行了意见收集，挖掘出居民"想读书、多读书、读好书"的"微心愿"。他们依托社区"多元共建客厅"，发动多方主体共同讨论"共享书屋"的设计方案，有人提议要高大上建商务风格，有人提议要以儿童需求为主建童趣风格，有人提议建温馨居家风格，也有人顾全大局提议建简约风格，最终讨论出七个方案。议事会上居民各持己见，难以定夺。社区充分考虑后采用民主投票的方法，利用线上及线下投票的方式发动居民以家庭为单位投票表决，最后从七个设计方案中选出投票率最高的童趣风格进行建设。②

　　① 任敏，罗雨笛，吕江蕊. 社区老年服务中心重开记：社工通过多元需求平衡促进"五社联动"的实践行动［J］. 中国社会工作，2023（15）：21-24.
　　② "美好环境与幸福生活共同缔造"2023年北京师范大学暑期社会实践项目调研资料。

2. 汇聚共建资源

社会工作者与社区"两委"协同，通过组织公益创投大赛、实施微公益项目、建立积分制和为志愿组织、社区志愿者赋能等途径，链接社区发展资源、汇集多方共建力量。一是激发居民参与社区事务的内生动力。实施"以奖代补"、积分兑换、评先奖优等激励措施，激发居民的参与热情。二是发掘并赋能社区工作骨干。通过会议、培训、督导等方式为社区工作者赋能，把他们培养为社区服务的带头人，再由骨干志愿者带动其他志愿者成立社区志愿者组织。三是发动男女老少齐参与。黄冈市推动成立社区"五老和谐理事会"，孝感市打造社区"长老缔造坊"，宜都市鼓励建立社区"儿童议事会"，红安县推广村湾"小手拉大手"行动，京山市发挥村组"妇女同心会"的作用。四是推动建立多种形式的众筹模式。有的地方对简易项目组织群众投工投劳，对一般项目组织群众参与建设，对复杂项目组织群众参与监督；有的地方探索小型建设项目，实行"点子群众出、方案集体定、材料就地取、用工本地找"；有的地方对"共同缔造"项目资金采取"财政资金奖一点、集体经济补一点、受益群众筹一点、乡贤能人捐一点、社会资本投一点"的众筹机制。五是推动辖区资源整合。社工根据社区实际情况，整合社区内外资源，建立信息互通、场地共用、活动联办等机制，提高社区治理效能。

☞ 案例 3

武汉市武昌区中南路街道百瑞景社区募集"共享书屋"资源。该社区的"共享书屋"建成后，首批招募 28 名有特长的"社区能人"、武汉小学老师、下沉党员、志愿者、居民骨干等组建一支"书屋志愿服务队"，实现学校、家庭、社会"三位一体"开展志愿服务，扩大"共享书屋"影响力，吸引更多的人参与"共享书屋"建设，助力"共享书屋"的可持续发展。截至目前，该志愿服务队成员已发展到50多人，先后举办了三次义卖募捐活动，共筹措资金7500余元。他们联合辖区内企业、学校开展大型书籍捐赠活动，获捐书籍3000余册，使以前闲置的书籍在居民中实现了"绿色流动"；通过建立公益赠书积分制度让公益赠书常态化，以家庭为单位制定积分手册，通过捐书获得积分，志愿者凭积分可在瑞景爱心商圈内获得相应服务或商品购买折扣，也可以为孩子兑换外出研学活动的机会等。①

👉 **案例4**

襄阳市襄城区庞公街道闸口社区汇聚力量在老旧楼栋实施"助老登高"项目。该社区精诚公寓建于20世纪90年代，共12个单元，一楼是沿街商户，因临街和房屋结构限制无法申请增设电梯，相对来说楼层较高，老年人等行动不便的居民上下楼比较吃力。社区干部在走访过程中发现，经常有老年人"望楼生怯"。经实地考察，征求民意，社区最终决定在每个单元的3层半处安装爱心座椅，供老年人上下楼歇脚。老年人在需要时，可拉下折叠椅使用，用完后折叠回墙上，设计科学合理，不占楼道空间，小小的爱心座椅成了老年人上下楼梯的"加油站"。在与襄阳市慈善总会、庞公街道的充分沟通下，闸口社区申请设立了"襄城区庞公街道闸口社区公益基金"，通过"1元捐"的方式，激发群众参与"共同缔造"活动的积极性、主动性和创造性，筹集善款7000余元；后运用爱心基金，在闸口4个老旧小区实施楼栋微改造，安装爱心座椅，帮助更多老年人可以走出家门、走下高楼，营造了良好的居家养老氛围，提高了老年群体的幸福感和安全感。

---

① "美好环境与幸福生活共同缔造"2023年北京师范大学暑期社会实践项目调研资料。

3. 创新共管模式

社会工作督导是社区公益项目质量监管的重要保证,多方参与是慈善资金合规使用的重要监督力量,社会工作者也是推动建立"共同缔造"项目共管机制的必要主体。在一些地方,社会工作者协助社区建立了"房前屋后自己管、户外区域就近管、公共场所轮流管、邻里之间互助管"的管理机制,在一些村(社区)建立了公共设施和公益事业多方联合举办、居民群众自治管护机制。

☞ 案例5

武汉市武昌区水果湖街道建立公益基金监督管理委员会。水果湖街道社会工作者利用腾讯公益种子资金建立了"水果湖街道社区基金",主要用于各社区志愿服务组织培育、志愿者能力提升和嘉奖。该街道放鹰台社区成立了一家志愿者组织——肖望强老旧小区加装电梯工作室,接受社区基金的资助和社会工作督导。街道社工站帮助该志愿者组织梳理了志愿服务组织架构,吸纳了更多志愿者协同解决老旧小区加装电梯过程中遇到的矛盾调解、设计优化、资金申请、政策倡导等问题。水果湖街道社会工作者按照《湖北省慈善条例》相关要求,协助成立了街道基金监督管理委员会,邀请志愿服务组织代表、热心居民、驻点律师和爱心企业、街道和社会工作者代表一起加入,不定期召开监理会联席会议,对社区基金的使用情况进行讨论并进行公示,接受全体居民监督,规范了社区基金全流程管理。[①]

---

① 湖北省社会工作联合会."五社联动"实务读本[Z].湖北:内部资料,2023:139–146.

案例6

麻城市龙池桥街道刘家畈小区开启"四巷共管"小区治理新模式。刘家畈小区位于麻城市龙池桥街道城西社区，建于20世纪80年代初，主要由4条主巷组成，占地12.1万平方米，现有下沉党员33名、居民484户1420人，单家独户建筑350栋。从2020年开始，该小区以党建引领"共同缔造"为切入点，深入实施"四巷共管"的治理方法，逐步推动老旧小区由"失管"变"共管"。街道社区党组织牵头，成立了小区综合党支部和党群议事会，社会工作者和社会组织参与，不定期开展"小区怎么管、大家商量办"讨论会，协商解决环境卫生、邻里关系、民风巷风、基础设施管理、平安建设等问题，制定共管公约，建立共管机制。一是强化下沉党员示范引领机制。推动下沉党员设岗定责，采取党小组包巷攻坚、党员联户示范的模式，着力破解停车、拆临拆违、电线改设等老大难问题。下沉党员和群众自愿报名领办"红色驿站"先锋岗，参与值班值守。二是调动公益和志愿服务力量。下沉党员利用自身资源，为社区争取共管项目资金。小区组建5支志愿服务队，每周在小区开展宣传教育、志愿服务活动。三是建立居民群众监管机制。小区改造期间，选择责任心强的居民代表作为群众监督员，对改造进度、质量、安全等工作进行监管。配齐"小巷管家"，每名"管家"负责一条主巷，每天一次走访巡查全覆盖。四是建立应急反应机制。针对居民反映的紧急性问题，小区建立了"三个半"工作机制，即接到群众反映后半小时内来到现场、半天内拿出解决方案、半周内进行一次回访，做到第一时间发现、第一时间反馈、第一时间解决。一系列举措的实施，使小区居民逐步成为小区治理的主人公，共管合力及效能大幅提升。

4. 建立多方共评机制

社会工作者在参与"共同缔造"项目的评估验收和优秀项目、优秀团队评选等方面发挥着重要作用。一是帮助拓展共评内容。从日常环境卫生评比，扩展到好人好事评选、人居环境整治和老旧小区改造评效，以及自治组织履责和公共服务质效评价。在湖北省 12345 热线平台开通评价功能，完善服务评价和反馈机制。二是参与建立共评规则。鄂州市对"共同缔造"项目实行"三个至少三分之二"评价规则：事前预评实施方案的合理性，至少得到三分之二村（居）民认可，项目方可开工建设；事中评价项目的建设进度和质量，至少获得三分之二村（居）民认可，方可验收；事后评估项目的实际效益，至少得到三分之二村（居）民认可，方可申请"以奖代补"。三是推动创新共评机制。大冶市等地创立自评与互评相结合、专业评与群众评相结合、评价与奖惩相结合的"三评"机制。

👉 案例7

宣恩县建立健全"1+1+5+N"的"有理大家评"机制。在乡镇和村（社区）分别明确1名召集人、1名联络员，同时发动不少于5名乡贤，以及N名热爱公益事业的群众、村干部、"两代表一委员"、法律顾问、志愿者等，组建群众威信高、人文地缘熟、法律政策懂、敢于说真话、为人处世好的"有理大家评"队伍。通过全员参与、开放式"评理"，将"评理"全程置于群众监督之下。一是建立入户走访机制。所有成员每月至少到联系群众家中走访一次，摸排群众纠纷、摸清群众心事、找准问题症结，对收集的意见建议和矛盾问题建立台账清单，及时分析研判。二是建立"小事快评"机制。对部分看似琐碎但与群众利益密切相关的"小事"画上"着重符"，组织人员第一时间上门"快评、快办、快处理"，将矛盾解决在萌芽状态，有效防止小矛盾拖成大问题。三是运用多元手段共治化积案。充分利用"有理大家评"队伍人熟、地熟、事熟的优势开展"评理",综合运用法律、政策等手段和疏导、救助等办法,构建全方位、多层级的多元共治格局,"因人、因事、因时、因地"精准搭配"评理员",灵活选择"评理"方式,把争议事项的来龙去脉、政策依据、处理措施讲清楚、说明白,干群齐心协力、多措并举解决矛盾纠纷。[①]

5. 促进公平共享

共享必须公平、广泛、持久。"五社联动"的作用主要在于:一是推动逐步拓展共享内容。推动建立相应的制度规则,逐步让全体城乡居民平等享有环境改善、公共服务、强村富民、精神文明的成果和温馨友好的社区氛围。二是促进各类群团广泛共享。通过实施公益项目使各类群体各得其所、共享其乐。武汉市武昌区、宜昌市等多地打造爱心驿站、开放式工会阵地,推动职工"专享"福利向居民"共享"发展,为户外工作者、新就业群体、"一老一小"群体提供关爱服务。三是丰富共享的平台和载体。建立社会组织,搭建共享平台。例如,江陵县推进土地、劳务、资本"三个合作社"建设,鼓励发展农村专业合作社,推广共享农庄模式,实现村集体、农民、市场主体收益共分、成果共享。南漳县搭建了乡村"共享社-互助社-互助小组"三级互助共享平台。四是创新公平共享机制。共享不是平均主义,需要与贡献大小关联,需要社会工作者参与策划兼顾公平和效率的共享机制。例如,仙桃市探索"股份分红+积分兑换"收益分配模式,建立与积分挂钩的共享模式,将合作社分红由"按人头平分"变为"随积分浮动",在年底分红时,从年末净收益中先提取 10%作为积分兑换基金,剩下部分按入股比例进行分红。

(三) 协力健全共建共治共享的社会治理机制

主要是以共享方式将服务对象转化为参与主体,吸引壮大共治、共

[①] "美好环境与幸福生活共同缔造"2023 年北京师范大学暑期社会实践项目调研资料。

建力量，健全多元参与的基层矛盾纠纷综合化解机制，完善"三方联动"的物业小区治理机制等。

👉 案例8

　　武汉市汉阳区琴断口街道冯家畈社区的社会工作者将新兴青年群团由服务对象变成参与力量。冯家畈社区位于王家湾商圈，多家美团驿站、菜鸟驿站、网约车、滴滴等合作商服务中心先后入驻该商圈，新兴青年群体规模逐渐扩大。2021年7月，该社区在紧邻商圈的地方成立汉商21世纪购物中心"阳小驿"新兴青年服务驿站，聚焦于新业态、新就业群体，全面推动新就业群体融入城市基层治理，形成"党建引领、多方协同、推动融入、精准服务"的工作模式。2022年4—6月间，社会工作者利用节假日，以公益集市、探访慰问等活动为抓手，对"阳小驿"服务驿站在册的483名快递骑手开展全面细致的需求调研。社会工作者针对服务对象对"户籍社保办理、婚恋交友团建"的主要需求，结合落地社区对"参与社区治理、探索基金建设"等相关要求，向街道公共服务办、工会联合会积极反馈具体情况，平衡多方利益，兼顾多方发展，初步制订"15分钟公益行动圈"方案。社会工作者依托街道物流行业党支部、汉商21世纪购物中心党建联盟综合党委、政务中心、工会联合会、社会工作服务站等资源，以腾讯公益项目为抓手，发挥"五社联动"机制优势，联合汉商21世纪购物中心中楼宇企业的党建力量，让服务对象在"15分钟公益行动圈"中既是受益人，也是参与人。社会工作者依托琴断口街道慈善冠名公益基金，联合楼宇企业，发动楼宇内爱心单位捐钱捐物捐服务，积极加入"15分钟公益行动圈"。比如，社会工作者依托汉商21世纪购物中心党建联盟综合党委，带动楼宇中艳阳天、望鹤酒店等5家公司，开展各种趣味活动，让服务对象多上楼，爱心单位多下楼。社会工作者链接数十家爱心单位共建街道社区公益基金，为服务对象提供太阳伞、劳保鞋、电影票等爱心实物以及其他免费服务，强化了社区公益基金的服务功能。社会工作者在为服务对象提供便利、暖心服务的同时，注重发挥服务对象"覆盖全面、直接到户"的优势作用，联合商圈物业公司、流浪乞讨人员救助管理工作小组、汉阳医院社会部和老年科等，组建"街边随手拍""买药送上门"等志愿服务队伍，创立"群众点单+社区派单+蜂鸟接单"的志愿服务模式，实现"15分钟找到人、15分钟帮到人"的目的，拓宽新就业群体社区参与渠道，发挥新就业群体职业特点，强化责任担当。①

（四）培育社区公共精神

"共同缔造"不只是建成一些物质性的项目，更重要的是培育"勤勉自律、互信互助、开放包容、共建共享"的社区公共精神，培养具有现代文明素养、全面发展的公民。"五社联动"在促进社区公共精神养成上的作用主要体现在以下几方面。

1. 促进文明家庭建设。主要是参与家风家教实践基地建设，设计好家风、好家训展示和巡讲项目，推动文明家庭创建、建设家庭诚信档案，帮助立家规、传家训。

2. 弘扬志愿服务精神。一是为社区志愿服务赋能。健全志愿服务培训体系，推动社会工作者为志愿者和志愿组织赋能。二是完善志愿服务供需对接机制。参与志愿服务信息平台建设，推进湖北省志愿服务信息互联互通、统一汇集、共享共用。三是促进志愿服务规范化发展。推动《社区志愿服务管理规范》执行，协助对依法成立的志愿服务组织进行身份标识。四是打造社区志愿服务品牌。组织新时代文明实践志愿服务项目大赛，打造有影响力、示范性强的志愿服务品牌。

---

① 湖北省社会工作联合会.“五社联动”实务读本［Z］.湖北：内部资料，2023：113-117.

3. 深化新时代文明实践行动。主要是开展多种形式的文明创建行动、完善多方面的公约体系、健全文明评价激励机制、促进传统乡风文明传承等。

案例9

武汉市江汉区民权街道打铜社区以文化认同强化社区共同体意识。该社区位于武汉市江汉路商圈，是一个开放式的百年老社区，因明清时期铜匠在此云集而得名，面积9万平方米，共有坤元里、段家巷、同安里、新风巷等11条巷道，各个巷道都有着自己独特的文化；常住人口近8000人，人口居住密集，人口结构呈现老年人多、低收入人口多、流动人口多等特征。社区联合专业社工，深入调研居民需求，在现有的公共空间内建立"唠天议事会"（唠天：武汉话聊天的意思），即运用开放空间，以"罗伯特议事""围炉煮茶"议事等方式引导居民表达需求、反馈问题，组织包括社区党员代表、居民代表、社会组织代表、志愿者代表、共建单位代表在内的多方主体代表召开议事会，创设了打铜社区独特的文化符号——社区吉祥物"铜小匠"，将铜锣形象与打铜社区青砖石墙元素相结合，相关人员胸前佩戴打铜社区"铜心共治，与爱同行"胸牌，开发出"铜小匠"钥匙扣、笔记本、抱枕、徽章、鼠标垫等多款产品作为公益产品。作为一个文化符号，"铜小匠"像文化纽带一样紧紧地将在地资源汇聚于社区建设中，传承了打铜社区百年"敬业、精益、专注、创新"的工匠精神，提升了打铜社区居民乃至武汉人民的文化自信，也提升了各社会治理多方主体的归属感和社区的品牌价值，为百年老社区注入新的活力。①

① 湖北省社会工作联合会."五社联动"实务读本［Z］.湖北：内部资料，2023：62-69.

三、"五社联动"的短板和难题

(一)"五社"要素的短板

一是社区工作者角色错位、行政化明显。"五社联动"立足于社区，但社区行政性任务过多，一些社区工作者不具备现代化治理理念和专业社工知识，无法将更多精力放在居民的引导、组织以及更多公益活动的开展上，也没有专业的能力孵化培育社区社会组织、组织居民开展自助互助服务等。

二是社会工作者的角色偏离、资源不足、能力不足。角色偏离主要体现在：有些社区嵌入式社会工作机构和社会工作者与社区专职人员职责划分不清，大多在做社区指派的行政性工作或临时性任务（如人口普查、数据统计），而不是在做专业社会工作。能力不足主要体现在：议事协商能力、矛盾化解能力、资源筹措和分配能力等均显得不足。一位社区工作者说：社区工作很复杂，有些事情专业社会工作者不一定能搞定。譬如，一位没有结婚的年轻社工去调解经常吵架的夫妻，能否奏效？此外，服务项目不稳定、人员流动性大等因素也制约了社会工作作用的发挥。

三是社区社会组织数量不足、质量不高。其一，总量不足、结构不合理。按照《湖北省民政事业发展"十四五"规划》以及《湖北省城乡社区服务体系建设"十四五"规划》要求，到2023年底，每个城市社区平均拥有10个以上社会组织，每个农村社区拥有5个以上社会组织。这些目标尚未全面实现，特别是社区公益基金发展总量和数量不够多、作用发挥不够。其二，活跃度不高、自我造血功能不强。大多数社区社会组织规模较小、结构松散；很多社区社会组织无固定活动场地，活动时间和频次未制度化、常态化。同时，大多数社区社会组织为备案型，自身规范建设不全，策划和运行项目的能力不足，发动群众、组织活动、服务居民的能力有限。特别是社区公益基金募集面临着较大困境，主要表现为募集资金的专业性较差、链接资源能力有限、项目开发能力较弱，吸引和动员辖区内企事业单位和社会公众参与募集的能力不足。其三，服务不精准、社会参与度不高。社区社会组织以文体活动类为主，同质化发展明显，结构类型单一，主要集中在教育宣传、文体娱乐等服务领域，助老扶幼、关爱帮扶、心理援助、法律咨询、矛盾调解等居民急需的专业服务领域的社区社会组织规模较小、服务能力欠缺。大批社区社会组织只能"锦上添花"，不能"雪中送炭"，无法满足社区居民多元化、个性化的生活需求。同时，部分社区社会组织没有健全的治理结构和内控制度，人员年龄老化、待遇有限，很难吸引高学历、能力强的专业人才，一些社区社会组织成为少数发起人或带头人"自说自话、自娱自乐"的自留地。不少社区社会组织链接资源能力较弱、群众需求摸得不准、活动策划能力有限，导致居民群众的参与热情不高，参与意识不强。其四，自主性、专业性不强。大部分社区基金的项目策划和资金使用是由专家指导或行政决定的，自下而上的民事民议、民主决策的过程并不明显，无法贴近广大社区居民的需求，以社区公益基金名义开展的项目活动难以动员更多群众力量的参与。

四是公益慈善资源分布不均、激活困难。一些山区的居民对慈善公益活动参与较少，加之住户分散，留守在家的多为老年人、儿童和文化水平较低的妇女，较难参与线上筹款，项目筹资局限于少数爱心商家，难以形成稳定且覆盖面广的筹资渠道。同时，组织负责人的能力需要持续培养，辖区内社区社会组织均处于起步阶段，组织框架和人员都不稳定且缺少"领袖"人物，组织发展依赖社区公益基金和项目资金。

（二）"五社联动"的机制不健全

一位社会工作机构负责人说，"五社联动"一定是要聚焦解决或者缓解某一个社会群体所面临的具体的、迫切的问题的。基于这种联动所提供的服务，一定是有效的、持久的、多元参与的服务，而不是单一的服务，从而形成一个围绕服务对象发展的服务链条。联动是有章法、有条理的，各个参与主体各司其职，在自己擅长的领域去做自己擅长的事，每个人（主体）负责服务链条的一个环节，保证项目服务的持续有效开展。但是，目前这种机制尚未真正建立，"五社"要素不同程度地存在缺位、越位、错位现象。

（三）"五社联动"与"共同缔造"结合不紧密

一是纳入总体部署不够。省、市、县层面"共同缔造"行动方案中很少提及"五社联动"。在"共同缔造"的配套文件中，也很少有关于发挥"五社联动"作用的专项文件。二是相关专业人员参与不深。目前，"共同缔造"的专家队伍中，很少有专业社会工作人才和社会组织专门人才。三是典型案例总结提炼不多。目前，一些专家总结的"共同缔造"案例，很少体现"五社"要素和"五社联动"的作用。一些地方建立"1名村干部+1名新乡贤+1名群众代表"的矛盾调解队伍、"众人说事理、熟人讲情理、专人论法理"的"有理大家评"机制和"一站式受理、多部门联动、多元化调解"的矛盾纠纷化解机制，也鲜有提到专业社会工作者在其中如何发挥作用。

四、在"共同缔造"中完善"五社联动"机制

（一）促进"五社"要素高质量发展

一是深化社区管理体制改革。其一，调整社区人口规模标准。建议根据城市建设发展的实际情况，将社区居委会覆盖的人口规模调整到5000~12000人，与完整社区的人口规模相一致，按照人口的一定比例配置专职社区工作者。其二，完善社区治理结构。健全社区居民委员会下属的各种委员会，推动居委会普遍建立物业和环境委员会，建立社区居委会、居民小组、业主大会、业主委员会、物业服务企业等多方协同联动机制。制定小区（小组）党支部和居民小组议事会成员、业委会成员工作经费、补贴政策。其三，持续推进"减负增效"。进一步落实和完善村（社区）工作事项准入制度。推动建立村（社区）统计数据"一套表"，党建、民生"两本账"，主体责任、事项准入和负面事项"三张清单"，加强社区管理和服务信息化平台的贯通和整合。

二是加强社会工作服务能力建设。其一，加强和改进社会工作人才培养。加强对在职社区工作者的社会工作知识和技能培训，加强高校社会工作专业学生的实践能力锻炼。开展社会工作专业岗位技能培训，落实专业社会工作者职业津贴制度。其二，打造社会工作服务品牌。实施社区治理创新助力计划、专业领域社会工作服务项目等，动员引导社会工作机构以承接运营、项目运作等方式参与基层社会治理，提升社区治理水平。其三，丰富社会工作方法。从"共同缔造"的实践中总结、提炼社会工作方法，促进社会工作方法与群众工作方法相互促进、共同提高。其四，紧跟社会工作发展的新动向。密切关注中央社会工作部成立后，社会工作内涵和外延的变化。

三是提高社区社会组织的能力和质量。其一，构建社区社会组织孵化体系。依托党员群众服务中心、社会工作服务站（室）、新时代文明实践所（站）等综合服务设施，建立街道（乡镇）、社区社会组织孵育基地，采取政府购买服务、建立专项基金、补贴活动经费、举办公益创投大赛、争取社会支持等措施，支持社区社会组织常态化开展活动。其二，优化社区社会组织服务体系。畅通社区社会组织参与社区治理和社区服务渠道，健全社区服务需求清单、社区社会组织服务供给清单和社区资源清单"三张清单"，通过组织开展社区服务项目洽谈会（对接会）、公益创投大赛、"社区公益节"等活动，形成社区治理和服务"微项目"库。其三，构建社区社会组织人才体系。鼓励社区党员担任社区社会组织负责人；鼓励下沉党员、社会工作专业人才、医生、教师、律师等骨干组建一批具有专业优势、对接社区需求的志愿服务组织；鼓励社区工作者培养居民小组长、楼栋长、居民骨干等社区骨干、能人组建社区社会组织，推动居民自我管理、自我服务。分级分层开展社区社会组织人才培训。鼓励社区社会组织从业人员参加社会工作知识培训和全国社会工作者职业水平考试。其四，构建社区社会组织激励体系。按照"一街多品""一社一品"的思路，推进街道（乡镇）、社区（村）加强品牌建设，资助、培育一批有活力、有公信力、有品牌影响力的优秀社区社会组织，打造一批社区社会组织品牌示范项目。

四是大力发展志愿服务和慈善事业。其一，壮大志愿服务力量。依托新时代文明实践中心全覆盖分层级建设志愿服务队伍，完善志愿服务时间记录、星级评定、嘉许激励等制度，健全村（社区）群众开展志愿服务活动激励机制。其二，提升志愿服务能力。持续推进志愿服务项目运作，分层级建设志愿服务项目库，定期发布《志愿服务项目指导目录》，便利志愿服务组织链接资源。常态化开展新时代文明实践志愿服务项目大赛，培育更多具有示范性的志愿服务项目。推进志愿服务信息枢纽平台建设，促进志愿服务信息共享、供需对接、资源整合。发展志愿服务专项基金和社区慈善基金。其三，营造志愿服务良好氛围。推广规范统一的志愿服务标识，发挥公益广告、艺术作品、微电影等文化载体浸润培育作用，构筑无处不在、无时不有的志愿文化风景。

（二）完善"五社联动"机制

一是扩大联动范围。加强与其他专业力量联动，如社会工作与社会心理联动、与群团组织联动、与企事业单位联动。二是健全联动制度。完善联席会议制度、信息联通制度、服务联办制度、效果共评制度。三是丰富联动载体。发展社校联建、社企联建、社医联建、社社联建、社村联建。四是加强理论研究。密切关注中央社会工作部对"五社联动"的新态度、新部署，深化对"五社联动"的机制研究。

（三）推动"五社联动"深度融入"共同缔造"

一是发挥党建引领基层治理作用。强化基层党组织在社区治理和服务全过程中统筹资源、协调各方的领导地位。组织党员干部走进社区、走进群众、组织群众，促进形成基层党组织与社会组织价值同向、目标同向、工作联议、项目联作、党员联管及场地、资金、人才相互支持的格局。

二是强化政府主导。推动公共资源和服务平台精准下沉到社区，完善政府向社会组织购买服务制度，推动综合执法机制向基层延伸。完善政府与社会良性互动机制。

三是促进社会工作人才融入"共同缔造"队伍。发挥社会工作人才在"共同缔造"项目策划、推动、评估和经验总结、案例发掘等方面的作用，在"共同缔造"中彰显"五社"因素及其联动效应。

加强"五社联动"的理论研究

邹学银[*]

"五社联动"这项工作，湖北省社工联一直在持续地做；中国社会工作学会也一直在关切，一直在持续地投入各种资源来做。笔者在很多场合谈"五社联动"，学界、高校持续研究、深化，虽然它来自基层的实践，但是从学理上还要做很多的研究。笔者在此再次呼吁，学术界要持续地做研究。大家说的"三社""五社"，最早来自"两社"，叫"双工联动"，"两社""三社""四社""五社"，真正的发扬光大是在武汉市，最终上升到党和政府的顶层设计，即 2021 年"五社联动"被写入中央文件，我们要持续地去贯彻、去深化、去践行。怎么推、谁来推，我们要去创新、去创造。

"五社联动"值得我们持续研究，湖北省特别是武汉市做了很好的实践创新、制度创新。例如，武汉市江汉区民权街道打铜社区通过"五社联动"机制推动社区基层治理，将社区打造为网红打卡点。

习近平总书记强调："要在全社会广泛弘扬奉献、友爱、互助、进步的志愿精神，更好发挥志愿服务的积极作用，促进社会文明进步。"① 志愿服务是社会文明的一个重要表现，社会工作及其理念也是现代社会文明的一个表现。

《志愿服务条例》中明确，志愿者"是指以自己的时间、知识、技能、体力等从事志愿服务的自然人"。"志愿服务是指志愿者、志愿服务

---

* 作者信息：邹学银，中国社会工作学会秘书长。
① 2022 年 4 月 8 日，习近平总书记在北京冬奥会、冬残奥会总结表彰大会上的讲话。

组织和其他组织自愿、无偿向社会或者他人提供的公益服务。"关于"五社联动"在地志愿服务力量的主要角色，中国社会工作学会专门组织了 5 名专家，分别撰写"五社联动"的社区、"五社联动"的社工、"五社联动"的社会组织、"五社联动"的志愿服务等内容。

在地志愿服务力量的角色，主要是关系协调、服务提供、价值践行。服务提供就是向社区居民提供一些自愿性的、无偿性的、公益性的志愿服务。笔者在这里想强调一下，志愿服务虽然不发工资，但是志愿服务一定是要有经费。

在地志愿服务力量的功能，一是社区服务的功能，二是社区治理的功能，三是文化传播的功能。

在地志愿服务力量的培育，主要是通过组织化动员、先锋示范、政策推动、平台搭建等方式去扩大志愿服务团队，特别是要依托现有的党群服务中心、新时代文明实践中心、社会工作服务站、退役军人事务站等为社区居民提供更多的行动舞台和参与的机会。

志愿服务团队、志愿服务组织要由娱乐型、休闲型，走向公益型、服务型、治理型，要朝这几个方面转变。

除了骨干培养、组织培育，志愿服务还有一个重要内容就是如何维持队伍，并发挥其应有作用。动员培育阶段最重要的一个任务就是稳定队伍，要明确社区志愿者的参与动机，要满足社区大多数志愿者的参与动机。另一个重要内容是主体性激发，还有组织归属的认同。

湖北省有一个社区志愿服务的案例很说明问题。有个志愿服务团队最早的时候只有 7 个人，这 7 个人能组织几十个人，社工只要抓住这 7 个人，整个社区就全活了。为什么这 7 个人就听社工的呢，社工说我从他们这些人的需求出发，这 7 个人有什么想法，有哪些需要，我们就去努力满足他们的需要，这 7 个人的积极性就调动起来了，就能带动几十个人。组织归属认同也好，主体性激发也好，做社会工作的一定要学会为他人考虑，为他人着想。

建立与完善志愿服务组织内部的沟通机制与渠道也是非常重要的。基层治理最重要的就是大家都来干，不是被动干，是主动干、积极干，参与其中。要加强建立和谐互助的团队关系，扩大志愿者间的人际交往网络，志愿服务队伍要活起来、动起来。同时，要建立开放、公平的参与机制，畅通组织内各类信息传递、交流的渠道。

2023 年党和国家机构改革后，社会工作归属到中央社会工作部，我们要加紧研究社会工作和志愿服务的融合发展。志愿服务的发展思路中，很重要的一个方面就是要实现志愿者角色的转变，强化角色认知，如身份认知、使命认知、职责认知。我们的目标是变成专门的志愿者，专门如医生志愿者、社工志愿者。还有要满足角色的期待，包括政府对志愿者的角色期待，志愿者对自己的角色期待和社工对志愿者的角色期待，每种角色期待是不一样的，要剔除不合理的角色期待，同时将合理的角色期待最大化实现。

新时代志愿服务发展的重要方向：一是志愿服务的组织化。志愿服务发展过程中，志愿服务人员要组织化，要建立志愿服务组织。人人都有志愿服务的一个善心，但是如何把人员组织起来，要通过组织化来实现。这个组织化发展是非常重要的。二是志愿服务的标准化、规范化。如志愿服务流程和内容的标准化、规范化，组织内部运营管理的标准化、规范化，这些都是未来我们要加紧研究的课题。三是志愿服务的可持续发展。要推动建立经常化储备、规范化管理、常态化服务、品牌化培育、项目化配置、社会化运作的志愿服务体系。

专业社会工作在"五社联动"中的支撑作用

秦 琴[*]

对"五社联动"要从结构层面展开思考,即基于"五社联动"社区治理项目的实施,不同地区、不同社会工作服务机构、不同行动者有不同的模式建构,但最终都会上升到结构层面形成的共生环境的问题上。本文将从结构主义视野出发,探讨专业社会工作如何在"五社联动"中发挥支撑作用。

"五社联动"是在湖北省民政厅、湖北省社会工作联合会的支持和推动下,在湖北省内一线社会工作者、高校专家督导团队的共同努力下形成的实践模式。这一模式在全国不断推广、探索,形成了大量的研究成果。

专业社会工作在"五社联动"中的支撑作用主要表现在两个方面:一是发现需求,联动力量解决问题。社会工作者通过需求评估发现居民需求后,尝试联动社区平台中可联动的力量,以合适的方式回应居民需求,这也是所有参与一线实践的社会工作者在专业性植入基层社会治理过程中的逻辑路径。二是建构场域,并在所形成稳定的结构关系的场域中,各个节点逐渐形成了某种行为惯习,也就是场域和惯习之间的相互关系。

---

* 作者信息:秦琴,武汉理工大学法学与人文社会学院教授。

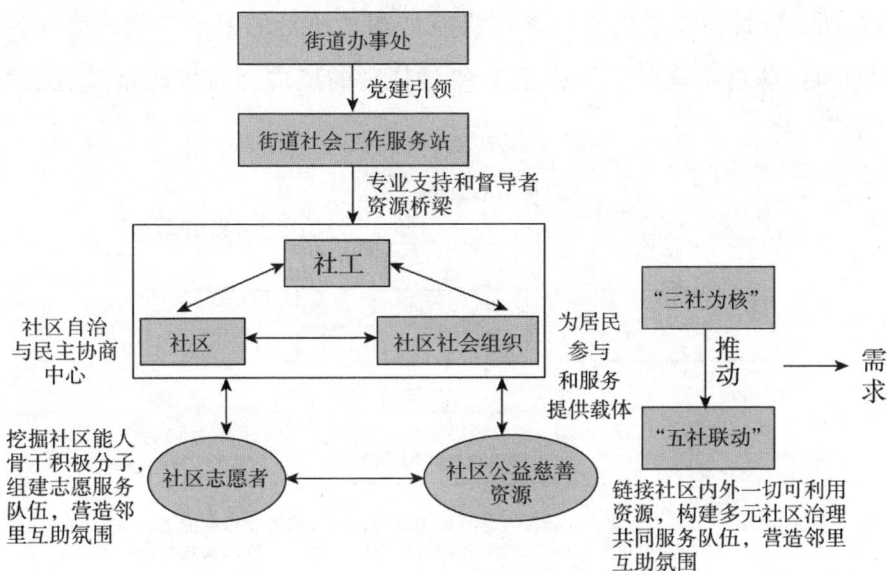

图1 "五社联动"的基本逻辑

从图1中可以看出，社会工作者、社区、社会组织作为"三社"的内核，存在于每个社区。而"五社联动"的基本逻辑是以"三社"对需求的满足来带动"其他几社"共同发力、回应需求，即以"三社"为内核来推动"五社联动"的发动机式的模型。但这种稳定的结构关系并非初始存在，而是一个建构的过程。

也就是说，"五社"这五个发力的点是存在的，但要形成一种稳定的结构关系，从建构主义的视角去看，一定要有一个激活或启动的力量。从理论层面上来讲，"五社联动"的运行若要回应需求、体现专业性，一方面需孵化社会组织、链接社区慈善资源，另一方面还要培育社区志愿者。简而言之，这种稳定的结构关系，不是一开始就有的，而是通过社区专业性的植入逐渐形成的，这就是场域的概念。只有场域建立起来后，这些发力的点才能形成稳定的行为惯习。

借用美国社会学家帕森斯（Talcott Parsons）的社会行动框架理论，我们可以对这一逻辑过程进行深入分析。帕森斯的社会行动框架理论认为，所有以目标为导向的行动都具有如图 2 所示的模型特征。他认为，行为和行动是不同的，行为是一种对刺激的反应，而行动是具有目标性的。

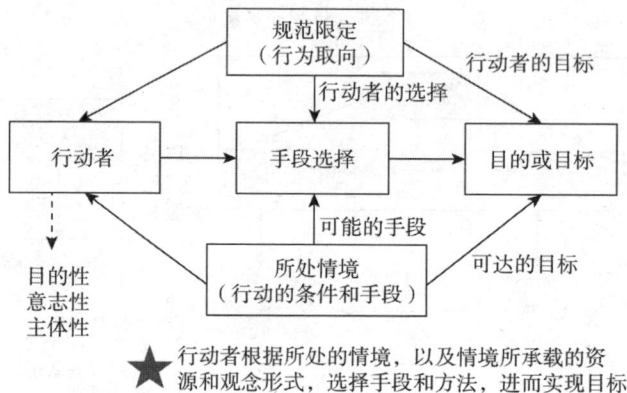

图 2　社会行动框架

社会行动框架中有四个要素，其中之一就是行动者。行动者以目标为导向，在社区基层治理的过程中，所有的行动都有两个限制因素：一个是所处社区的情境，即显性的制度、政策或规则给予我们的条件和手段；另一个是潜在的规则，它也会使我们的行动有所指向。

按照帕森斯的社会行动框架理论，从建构主义的视角去讲，"五社联动"需要从行动的思路去思考，即行动如何达到目标。如图 3 所示，这就是专业社会工作者在特定的"五社联动"模式中的重要作用，不仅有针对性地解决具体的问题，还承载着非常重要的支撑功能——建构场域。

那么这种场域是如何建构的呢？可以将图 3 植入社会行动的框架中。

在社区基层治理中，有几个发力的点，随着社会的变迁，发力点会各不相同。有些社区主要由社会组织或志愿者发力，有些社区主要由行政力量主导。但在当下环境中，尤其是在新冠疫情防控过程中逐渐生发的社区慈善资源、社区平台等力量在基层治理中发挥了重要作用。尤其是湖北省实施的"共同缔造"活动，让陌生人社会中"原子化"的分散

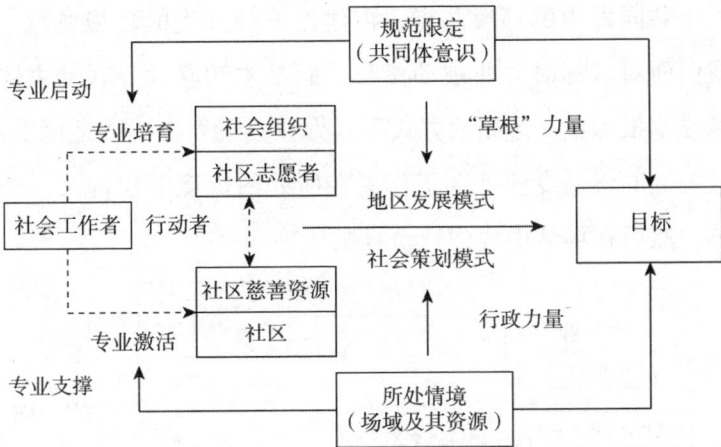

图3 建构场域，形成联动力量之间的行动习惯

个体间形成一些稳定的连接，从而使他们重新凝聚在一起。那么，从行动者的视角来看，如果把整个行动框架看作一台机器，即使其部件都是完整且完好的，但仍需要启动后才能运转机器。社会工作者作为行动者中间的一个角色，发挥的就是启动的作用。"五社"不是五个行动者，而是五个发力的点，这五个发力的点形成稳定的关系链接才能构成一个行动体，而行动体的一个重要启动力量就在于专业社会工作。

同时，社会工作在回应社区需求、解决社区问题的过程中还起到了支撑的作用。从行动者的视角来看，社会工作发挥其专业优势培育社会组织和社区志愿者、激活社区以及社区慈善资源，形成了稳固的行动体后，会结合目标选择具体的社区工作模式。在特定的社区，如果"五社"能够形成固定的场域，行政的力量在这个场域能起到推动基层治理的作用，可以选择社会策划模式；如果在前期的行动体里，骨干、能人等"草根"力量能够在一定规范限定下，形成共同体意识和惯习，并在场域逻辑里发挥作用，则可以选择地区发展模式。而行政力量和"草根"力量配合最为重要的点在于场域形成，启动的关键则在于专业社会工作者。

如图4所示，"五社联动"的重点是专业社会工作者在五个发力的点中找到一个共同发力的环境基点，再建构一种共生的环境场域。在这个场域，我们面对目标时并非被动参与，而是主动联动。联动主体可以为行政力量或草根力量，运用的方式可以为社会策划模式或地区发展模式。其中，最关键的就是专业社会工作者在所处的情境中建构某一个发力点的行动体，然后在场域中建构行动习惯。

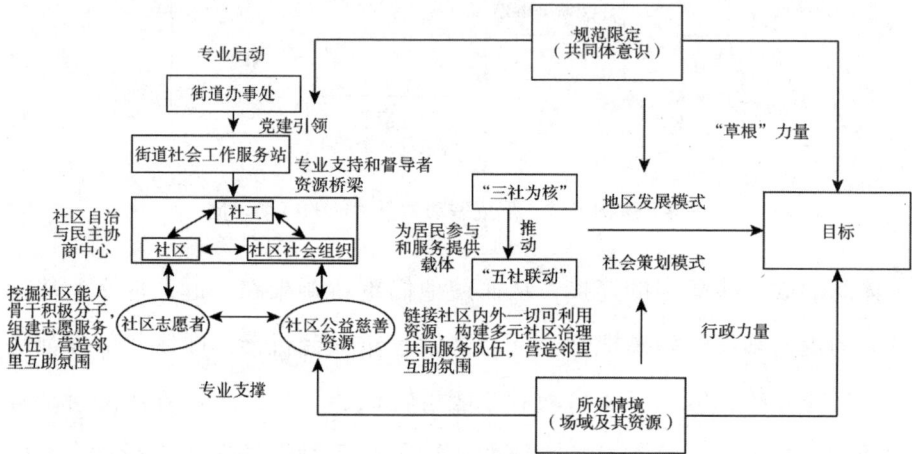

图4　多元共生的环境场域

湖北"五社联动"的发展历程：
基于社会工作专业实践的分析

叶景丽[*]

叶景丽*

2020 年春，随着新冠疫情防控"武汉保卫战"与"湖北保卫战"的启动，湖北省内 130 多家社会工作机构、行业组织以及高等院校的社会工作院系积极投身专业服务。据统计，共有逾 6300 名社会工作者主动参与了新冠疫情防控工作。他们在社区管理、隔离点运营以及方舱医院服务等多个关键领域发挥了重要作用，充分展现了社会工作的责任意识与职业担当。

在基层社区抗疫的最前线，志愿者与慈善资源力量得到了前所未有的激发。在此背景下，"五社联动"机制逐渐形成并得到发展——政府、社会组织、社会工作者、社区居民以及其他相关利益方之间的紧密合作机制。该机制不仅促进了信息互通与资源共享，还极大提升了基层群众应对突发性公共卫生事件的能力，为构建更加健全的社会服务体系奠定了基础。

进入常态化疫情防控阶段后，依托"五社一心""五社联动"项目，专业社会工作发挥了重要的"启动机"作用。围绕社区中心工作，社会工作者与社会组织、志愿者、慈善资源密切合作，将各方力量汇聚到具体的社区治理场景中，构建了"以居民需求为导向，以社区为平台、以

---

* 作者信息：叶景丽，湖北省社会工作联合会会长。

社会组织为载体、以社会工作专业人才为支撑、以社区志愿服务队伍为依托、以社会慈善资源为助推"的新型联动机制。"五社联动"机制起源于武汉，并在湖北省内推广开来，最终被《中共中央 国务院关于加强基层治理体系和治理能力现代化建设的意见》所采用。随后，民政部总结了这一经验，将"五社联动"机制推广到全国各地。作为亲历者，笔者将基于社会工作专业实践的视角，通过梳理湖北"五社联动"发展与演变的历程，深入分析"五社联动"的产生背景、实施过程、确立路径与发展意义，以望为社会工作专业实践的本土化发展贡献力量。

一、湖北"五社联动"的产生背景

2019 年，随着民政部机构改革的推进，社会工作被正式纳入民政部门的核心职责范畴。为了推动社会工作事业的发展，湖北省民政厅于同年发布了《关于加快推进全省民政领域慈善社工事业发展的意见》。该文件明确提出要"统筹推进慈善事业、社会工作、志愿服务与民政各项业务工作协同融合发展"，为相关领域的整合发展提供了政策指引。

2020 年，新冠疫情暴发，湖北成了这场公共卫生危机中的重灾区。疫情对当地居民的日常生活、生产活动以及身心健康造成了严重影响，迫切需要社会工作等专业力量的有效介入。在这样的背景下，"五社联动"模式应运而生，并迅速成为动员社会各界资源共同抗击疫情的重要机制之一。

（一）"五社联动"源自社会工作服务实践

在动员专业力量方面，湖北省社会工作联合会（以下简称"鄂社工联"）迅速动员全省范围内的广大社会工作者和社会工作服务机构，在确保做好个人防护和机构防疫措施的前提下，积极参与疫情防控工作。

鄂社工联启动了"线上+线下"相结合的抗疫服务模式，有效整合社会工作者、志愿者、心理服务专业人员等多方资源，以社区为阵地，积极开展包括心理疏导、关系调适和社会支持在内的多项社会工作专业服务。

在开展专业服务方面，鄂社工联组织社会工作者前往方舱医院和隔离点（康复驿站）开展专项服务，通过服务积累了较为丰富的实践经验。这些实践经验被整理成《社会工作助力医患齐心抗疫》，并被收录于中共中央党校中管干部教材《学习贯彻习近平新时代中国特色社会主义思想 打赢新冠肺炎疫情防控人民战争总体战阻击战案例》中。

在提升专业技能方面，鄂社工联通过总结服务过程提炼本土化的实践模式。2020年3月，在民政部驻武汉工作组的指导支持下，中国华侨公益基金会等慈善组织支持湖北省社会工作机构实施了疫后心理疏导项目。在此过程中，社会工作者积极动员志愿者协助社区，为受疫情影响的居民解决实际困难，有效弥补了疫情期间社区在人力和物力上的不足，为打赢疫情防控阻击战、总体战贡献了重要的社会协同力量。在服务过程中，"五社"要素发挥了很好的联动作用，在社区治理中的作用不断彰显，逐步形成了"五社联动"模式。

（二）"五社联动"是专业社会工作服务的工具箱

2020年2月，习近平总书记在统筹推进新冠肺炎疫情防控和经济社会发展工作部署会议中指出："要发挥社会工作的专业优势，支持广大社工、义工和志愿者开展心理疏导、情绪支持、保障支持等服务。"为积极贯彻落实习近平总书记的指示精神，湖北省社会工作者和社会工作服务机构围绕中心任务，服务于大局，积极主动地参与疫情防控的总体战与阻击战。通过他们的努力，不仅有效缓解了疫情期间的紧张局势，也为常态化防控条件下实施疫后心理疏导、"五社一心"以及"五社联动"等社会工作服务项目奠定了坚实的基础。

在实施"五社一心"疫后心理疏导项目时，针对服务对象对信息显露的顾虑、基层工作人员对人群标签化的担忧以及项目支持方对项目社会效果的归纳需求，鄂社工联提出了"以社区为平台，以社会工作者为支撑，以社区社会组织为载体，以社区志愿者为辅助，以社区公益慈善资源为补充"的"五社联动"服务机制。"五社联动"是社区社会工作在湖北疫后心理疏导项目中诞生的一种创新工作模式，是解决实际问题行之有效的工具箱。

（三）"五社联动"是"三社联动"的创新发展

"三社联动"即社区、社会组织、社会工作者三个主体之间的联动。在新冠疫情防控初期，"三社联动"机制发挥了重要作用，广大社会工作者参与线上抗疫，发挥了联动作用。随着抗疫实践的不断推进，社区志愿者和社会慈善资源逐渐显现出其在资源动员方面的突出优势。据统计，湖北省共有120多万名志愿者积极参与了人员流调、小区值守、环境消毒和关爱保障等多方面的工作。同时，湖北全省累计接受社会捐赠资金151亿元、物资2.32亿件，为武汉保卫战、湖北保卫战取得决定性胜利作出了积极贡献。

"三社联动"模式难以解决专业服务面临的物资与人力资源匮乏的困境，而"五社联动"机制则有针对性地解决了这两个难题。"五社联动"模式的形成，一方面是源自社会工作者对创新性服务的经验总结，另一方面是对既往"三社联动"模式的迭代升级。抗疫实践为"三社联动"向"五社联动"过渡提供了现实土壤。"五社联动"工作法在社区治理的场景中，凸显了社区志愿者和社会慈善资源的重要作用，是"三社联动"机制的创新发展。作为一种新兴的工作方法，"五社联动"在社区治理中不仅强化了社区志愿者和社会慈善资源的功能定位，而且体现了对原有"三社联动"机制的创新与发展。

二、"五社联动"的项目化实施过程

坚持以项目化的方式开展专业服务，是湖北省在落实"五社联动"机制过程中的关键举措。从 2020 年至今，在民政部的大力支持下，湖北省运用慈善组织资金资源，组织社会工作服务机构，在全省范围内 87 个社区、225 个乡镇（街道）实施 312 个"五社一心""五社联动"项目。这些项目的开展不仅有效化解了"疫后综合征"，还为创建"五社联动"机制进行了有益探索。据统计，受益于上述举措的人群累计达 236.8 万人次。

（一）以问题为导向，协助设计"疫后心理疏导"项目

"疫后心理疏导"项目，旨在解决疫情期间人民群众所面临的切实困难，有效应对疫情期间医疗物资供应不及、社区人力不足、重点人群的心理疏导和社会融入等问题，回应居民群众尤其是新冠康复患者、病亡者亲属的心理社会服务需求。在民政部驻武汉工作组的指导支持下，2020 年 4 月，中国华侨公益基金会、联合国儿童基金会等慈善组织资助湖北 14 个社区实施心理疏导社会工作服务项目。

鄂社工联协助湖北省民政厅共同制定了《疫后心理疏导社会工作服务项目实施方案》，并组织相关社会工作机构提供专业化的心理疏导服务。此外，鄂社工联还动员了大量志愿者。这些志愿者在社区的指导下提供、参与各类专业服务。这些努力不仅为抗击疫情的整体战役贡献了社会协同力量，而且对于缓解"疫后综合征"起到了重要作用。

（二）以需求为指引，组织实施"五社一心"项目

随着新冠疫情进入常态化防控阶段，湖北省作为全国受疫情影响最

重、管控时间最长的省份，经济社会发展面临前所未有的挑战和冲击。推动疫后重振任务显得尤为艰巨，弥补疫情防控暴露出的社区治理短板以及维护社区居民尤其是重点人群的心理健康成了亟待解决的问题。

2020年6月，在民政部慈善事业促进和社会工作司、阿里巴巴公益基金会支持下，武汉市35个社区开展了"五社一心·爱满江城"社会工作服务项目。此项目旨在通过一种综合性的联动服务模式——"五社一心"，来优化社区治理和服务体系。"五社一心"涵盖了五个关键组成部分：社区工作者的服务协调功能、社会工作人才的专业支撑、社区志愿者的支持角色、社区社会组织作为活动平台的角色，以及社区内公益慈善资源的补充作用，同时强调心理服务专家之间的协作。

"五社一心"社会工作服务特别关注受到新冠疫情影响的特定群体，包括但不限于新冠康复患者、病亡者亲属、因疫情致困的特殊群体和一线工作人员。该项目提供的支持范围广泛，从情绪管理和心理辅导到资源链接与困难纾解，致力于帮助这些个体重新融入家庭、社区乃至更广泛的社会环境之中。

为了确保项目的顺利实施，鄂社工联基于居民的具体需求制定了详尽的项目实施方案。在项目启动前，鄂社工联牵头编制了《上级支持的"五社一心"心理疏导社会工作服务项目工作指引（第一版）》，引导多方力量联合做好疫后心理重建工作。该指南不仅为社会工作者提供了操作层面的指导，而且鼓励他们运用专业知识和技能，与社区志愿者、社区社会组织、社区公益慈善资源和心理服务专业力量密切合作，共同为上述四类重点服务对象提供高效且有针对性的服务，以促进疫后社区秩序的恢复进程。

（三）以治理为目标，统筹推进实施"五社联动"项目

在协调多元主体汇聚协同效能的过程中，凝聚共识才能厘清职责与角色的具体边界。社会心理服务体系建设由卫生健康部门主管，社会工作由民政部门主管。在"五社一心"项目推进过程中，由于涉及跨部门协作，出现了职责重叠及角色定位模糊的问题，这影响了相关部门之间有效合作机制的形成。鉴于此，鄂社工联提出将"五社一心"模式调整为更加注重多方协同作用的"五社联动"模式。在"五社联动"模式下，提升社会治理效能成为凝聚不同部门参与服务过程的主要驱动力，较好地避免了边界不清带来的服务困境。

2020年底，在中华慈善总会和腾讯公益慈善基金会的支持下，"五社联动"服务项目得以在武汉市43个社区、湖北省其他市州123个乡镇（街道）中实施。该项目致力于助力提升社区治理效能，促进形成一种政府引导、社会各界共同参与、成果共享的基层社会治理新范式，构建"共建共治共享"的基层社会治理格局。随着项目的深入执行，"五社联动"不仅成为一种行之有效的实践框架，也为进一步探索和完善我国城乡社区治理体系提供了宝贵经验。

三、"五社联动"机制的创立路径

2021年4月，《中共中央 国务院关于加强基层治理体系和治理能力现代化建设的意见》（以下简称意见），强调了发展公益慈善事业的重要性，并指出需要完善社会力量参与基层治理的激励政策。同时，意见还倡导创新社区与社会组织、社会工作者、社区志愿者及社会慈善资源之间的联动机制，以提高基层社会治理的整体效能。

在此背景下，民政部指导腾讯公益慈善基金会和中华慈善总会共同在湖北省的102个乡镇（街道）实施"腾讯公益·五社联动·家园助力站"及"中华慈善总会·五社联动·志愿加油站"项目。为确保项目的顺利开展，鄂社工联积极参与了方案的起草过程。

为加强对社会工作服务的专业辅导，鄂社工联创新性地提出了"三项清单"的需求调研方式，将视角从"问题导向"转变为"发展导向"。为了帮助项目实施机构充分发挥社会工作的专业优势，鄂社工联明确了三项关键清单："社区资源清单""居民需求清单""机构和社区能力清单"。基于此，各乡镇（街道）建立并运营了社区公益基金，旨在促进"五社"元素更有效地参与基层治理。此举不仅提升了居民群众参与社区治理的组织化水平，也促进了志愿服务活动的常态化。此外，鄂社工联通过挖掘潜在的社会慈善资源、募集慈善资金等方式，增强了社区社会组织和社区志愿服务队伍的能力，资助了一系列社区公益项目的实施、助力社区志愿服务发展、关注社区困难群体帮扶、支持社工站运营等，解决居民群众急难愁盼，畅通"五社联动"内部"微循环"。在解决社区环境卫生、治安管理以及邻里矛盾纠纷调解等问题方面，"五社联动"机制通过提供智力和人力资源支持，既维护了良好的社区秩序，也丰富了居民的精神文化生活。

通过"能力清单"联动"资源清单"解决"需求清单"，是"三张清单"发挥其实际效能的底层逻辑。具体来说，"三张清单"的提出探索形成了三条创建"五社联动"机制的有效路径：一是以社区微项目设计与实施作为核心手段来筹集资源并管理社区公益基金；二是举办社区微公益（大）赛，以此激活和培育更多的社区社会组织；三是以建立社区志愿服务积分兑换平台为抓手，进一步推动志愿服务成为一种常态化的社区行为。上述措施共同构成了高效且可持续发展的基层社会治理新框架，为"五社联动"机制的落地提供了可行路径。

四、"五社联动"的作用影响和发展意义

过去3年间，在慈善资金的支持下，鄂社工联组织并参与了312个

"五社一心"与"五社联动"项目。这些项目的实施激活培育超过 1500 个社区社会组织，发展并注册志愿者近 16 万人，引导开展志愿服务活动超 4000 场，总结形成社区治理案例 708 个，累计受益人群达 236.8 万人次。更为重要的是，"五社"要素（社区、社会组织、社会工作者、社区志愿者和社会慈善资源）在项目推进过程中得到了全面的成长与发展。这一成就不仅体现在数量上的增加，更在于各要素之间协作的成熟和完善，形成了更加高效、协调的工作机制。这样的合作模式能够更好地应对社区内存在的各种挑战，促进社区和谐稳定发展，并为实现基层社会治理现代化奠定坚实基础。

（一）"五社联动"的作用影响

"五社联动"不仅拓展了传统社会工作服务项目的实施路径，还从系统的视角出发，促进了多方参与社区治理的协同合作。

1. 社会工作专业方法的应用

湖北省通过政策引导，加强了对社会工作专业方法的认可与应用。中共湖北省委发文明确指出，对于取得社会工作者职业资格证书的社区工作者，按月发放职业补贴；湖北部分市州规定，社区支部书记和社区主任的候选人必须持有社会工作者职业资格证书；武汉、宜昌、鄂州等地进一步要求社区工作者都要持证上岗。这些措施极大地提升了湖北省社区工作者的专业化水平。2023 年，湖北省报名参加社会工作者职业资格考试人数同比增长 65.7%，其中大部分为社区工作者。

2. 社会工作专业人才队伍和机构的高速发展

"五社联动"项目通过构建"培训+督导+评估+研究"的闭环模式，显著增强了社会工作者服务能力、机构管理能力和整个行业的公信力与影响力。自项目实施以来，湖北省的社会工作服务机构数量和社会工作者持证人数分别由 2020 年的 439 家、22352 人增长到现在的 786 家、

52618 人，展现出快速稳健的发展趋势。

3. 社会资金的有效引入

"五社联动"项目吸引了大量社会资金的支持。仅在 2023 年项目周期内，依托社区公益基金募集的款项（含物资）就达到了 600 万元。此外，湖北省民政厅在 2022 年、2023 年两年投入 1.2 亿元，用于支持村（社区）实施"五社联动"共同缔造项目，旨在助力提升社区治理效能和服务乡村振兴。

4. 志愿服务的蓬勃发展

随着"慈善+社工"的理念深入人心，湖北省的志愿服务事业也迎来新的快速发展期。全省注册志愿者人数由 2020 年初的 688 万人增长到 2023 年的 1100 万余人，这反映了公众志愿服务热情的高涨以及社会各界对志愿服务价值的认可。

（二）"五社联动"的发展意义

1. "五社联动"是本土化的社区工作法

近年来，社会工作教育界和实务界均致力于探索适合我国国情的社会工作本土化路径。作为社会工作的三大基本方法之一，社区社会工作主要以社区居民为服务对象，通过专业社会工作者的介入，识别社区需求，挖掘并利用社区资源，动员和组织社区居民开展自助互助活动，化解社区冲突，并预防和解决社区问题。"五社联动"机制通过整合社区、社会组织、社会工作者、社区志愿者、慈善资源多主体间的协同力量，来解决社区治理的实际问题。这一模式凝聚了多方智慧，探索出一条符合中国国情的社会工作发展道路，在一定程度上推动了社会工作的专业化和本土化发展进程。

2. "五社联动"是提升社区治理能力的重要路径

"五社联动"机制依托于社区，链接并利用社会慈善资源，强调在发挥"五社"各要素优势的基础上，推动社会工作服务、志愿服务、慈善服务之间的优势互补与合作，把"五社联动"机制充分嵌入社区治理的具体场景中。"五社联动"中的多元共治方式，不仅有助于建立有序的社区制度和空间结构，改善居民的生活环境，还增强了居民间的沟通交流，畅通了各方主体的利益表达渠道，有效地促进了居民社区自治的参与度。

3. "五社联动"可在"共同缔造"中展现作为

中国共产党湖北省第十二次代表大会强调，在城乡社区广泛开展美好环境与幸福生活共同缔造活动，发动群众参与决策共谋、发展共建、建设共管、效果共评、成果共享。"共同缔造"是贯彻落实中央关于构建"共建共治共享"基层治理格局要求的湖北实践。"五社联动"围绕"美好环境与幸福生活"的共同目标，广泛联动多主体参与社区治理，持续激发社区内在资源活力，提升居民自我管理、自我服务的意识和能力，从而有力地推动了"共同缔造"氛围的形成和发展。

4. "五社联动"是新时期群众工作方法的有益探索

群众工作是中国共产党的一项根本性、基础性工作，做好这项工作是践行党的初心使命的必然要求。"五社联动"坚持以党建为引领，主动服务党和国家的工作大局，践行"一切为了群众、一切依靠群众，从群众中来、到群众中去"的群众路线。在开展服务的过程中，"五社联动"始终把居民群众的需求放在首位，充分调动群众的积极性，立足解决群众急难愁盼，回应群众对美好生活的向往，凝聚群众共识，激发参与热情。因此，"五社联动"不仅是新时代党的群众工作法的创新实践，也是实现社会治理现代化的重要途径。

湖北省正以专业社会工作服务实践为引擎，引领"五社联动"机制从指标驱动向项目驱动转型，从活动导向向组织导向转变，推动机制的高效运作。回顾往昔，"五社联动"机制在湖北这片热土上孕育而生，积累了宝贵的实践经验；展望未来，全国范围内尚有广阔的天地等待着

"五社联动"机制深入探索与实践。"五社联动"机制不仅为社会治理注入了新的活力，更为实现中国式现代化提供了强有力的支撑和无限的可能。

"五社联动"机制的形成发展过程分析

吴斌祥[*]

2020 年 5 月以来，在民政部的大力支持下，在湖北省委、省政府的正确领导下，湖北省民政厅总结武汉抗击新冠疫情的经验，以"五社一心"项目助力化解"疫后综合征"为开端，以"五社联动"项目推动社区疫后重振为发展，以"五社联动"机制创新基层社会治理为深化，彰显了以"五社"要素为代表的社会力量在基层社会治理中的协同作用，为中国式现代化背景下社会工作事业高质量发展开辟了广阔空间、探索了有效路径。回顾湖北省"五社联动"机制实践探索和理论构建历程，梳理其形成、演进的内在逻辑，具有较强的现实意义和理论价值。

一、"五社一心""五社联动"的背景

长期以来，湖北省将"三社联动"作为基层社会治理创新重点，积极探索实践，推动社区、社会工作、社会组织三个要素联动发展，"三社联动"机制向社会让渡治理空间，引入社会组织和专业社会工作力量参与基层治理，在推动形成多元化协同治理机制方面进行了有益的探索。2019 年新一轮机构改革中，湖北省民政厅参照民政部的做法，设立慈善事业促进和社会工作处，负责慈善、社会工作、志愿服务及福利彩票宏

---

* 作者信息：吴斌祥，时任湖北省民政厅慈善事业促进和社会工作处处长、一级调研员。

观管理职责。该处成立伊始，就着手促进慈善事业、社会工作、志愿服务从职能上的物理融合向化学融合的转变，在全国率先出台促进慈善事业、社会工作、志愿服务融合发展的意见，并被民政部简报推介。

从实践来看，湖北省的新冠疫情防控和疫后重振为"五社"力量联动提供了现实土壤和广阔舞台。在 2020 年的新冠疫情防控工作中，湖北省社区、社会组织、社会工作者"三社"力量发挥了重要作用，全省 2.7 万多个城乡社区、17 万多名城乡社会工作者奋战在社区疫情防控第一线，众多社会组织发挥自身优势主动投身疫情防控工作，1 万多名社会工作者广泛开展心理疏导、资源链接、社会融入等专业服务，"三社联动"机制作用初步显现。全省 120 多万名志愿者参与人员摸排、小区值守、环境消毒、关爱保障等工作，全省累计接受社会捐赠资金 151 亿元、物资2.32 亿件。这些捐赠为武汉保卫战、湖北保卫战取得决定性胜利作出了积极贡献。在这一过程中，社区志愿者和社会慈善资源两个要素异军突起，表现十分抢眼，为将社区志愿者和社会慈善资源纳入基层社会治理体系奠定了实践基础。

二、"五社一心"概念的提出及项目化实施

为认真贯彻落实 2020 年 2 月 23 日习近平总书记在统筹推进新冠肺炎疫情防控和经济社会发展工作部署会议上"要发挥社会工作的专业优势"和 2020 年 3 月 10 日在湖北武汉考察新冠肺炎疫情防控工作时关于"要加强心理疏导和心理干预"重要指示精神，正在湖北省指导疫情防控工作的民政部指导组成员、民政部慈善事业促进和社会工作司司长贾晓九多次召集心理服务专家、中国科学院心理研究所研究员刘正奎教授，湖北省民政厅慈善事业促进和社会工作处负责人等，共同研究发挥社会工作专业优势，助力心理疏导和心理干预的思路和举措。经过深入社区调研

和集体研究，逐渐统一认识，认为应完善传统的"三社联动"机制内容，纳入社区志愿者和社会慈善资源两个要素，整合社区、社会组织、社会工作者、社区志愿者、社会慈善资源五个要素和资源，同时引入心理服务专业力量参与，"五社一心"这个概念应运而生。

"五社一心"概念提出后，本着以社区为项目实施的基本单元，每个项目投入 20 万~25 万元经费的思路，在民政部的指导下，湖北省民政厅会同省社会工作联合会拟定了"五社一心"社会工作服务项目的实施方案。在民政部慈善事业促进和社会工作司的积极推动下，阿里巴巴公益基金会捐赠 1000 万元资助湖北社会工作专业力量，为包括重点人群在内的社区居民提供心理疏导社会工作服务。

从 2020 年 5 月开始，"阿里公益·五社一心·爱满江城"心理疏导社会工作服务项目在武汉市 7 个中心城区的 35 个社区实施，联合武汉市 27 家社会工作机构，组建"社会工作者+心理服务专业力量+社区工作者+志愿者"团队，针对包括重点人群在内的社区居民开展情绪疏导、心理辅导、资源链接、困难纾解等服务。为确保服务有序开展，湖北省社会工作联合会采取线上方式，邀请中国社会心理学会会长佐斌教授、中国科学院心理研究所龙迪教授等 16 位专家开展心理服务和社会工作专题辅导。武汉市民政局加强调度推进，指导武汉市社会工作联合会出台《"五社一心"心理疏导社会工作服务工作指引》。经过一年实施，项目累计受益群众达 4.9 万人，持续关爱陪伴服务对象 1359 人，开展重点辅导个案 192 次，开展心理支持类、增能类等小组活动 119 次，开展心理知识健康讲座等社区活动 450 场。同时，襄阳市、黄冈市、荆门市等地的社会工作机构也积极行动起来，全省累计探访服务对象 14828 户，其中康复患者等重点人群 6991 人，为 4410 人提供专项心理支持服务。根据专业评估，服务对象的心理健康状况明显好转，对生活的信心和参与社区活动的意愿明显增强。

三、"五社一心"转向"五社联动"

"五社一心"项目的顺利实施，为社会工作专业力量与心理服务力量联手开展心理疏导社会工作服务探索了有益路径，取得了良好成效。但与此同时，"五社一心"社会工作服务项目在实施过程中也面临着新的考验。一是部分社区居民包括康复患者家庭对社工入户开展心理疏导服务存在一定的情绪，怕被贴上"有心理问题"的标签。二是湖北省卫健委已组织精神医学、心理学等方面的专家负责心理疏导工作，并推动在湖北省人口福利基金会建立"湖北省阳光心理健康服务公益基金"。"五社一心"项目中民政、卫健部门的职责边界较为模糊，如何形成工作合力尚需探索。三是"五社一心"项目要适应疫情防控形势变化，展现新作为，必须与时俱进。为适应新形势，结合民政部门职责、职能以及广大社区居民对提升社区治理能力和水平的强烈需求，工作专班提出了是否将"五社一心"转向"五社联动"的建议。

经征求民政部慈善事业促进和社会工作司、相关高校专家、社会工作机构负责人、一线社工的意见，形成了两种主要观点：一种观点为保留"五社一心"的说法，将"心"解释为同心圆，寓意"五社"力量共同构建基层治理"同心圆"；另一种观点为直接转向"五社联动"，理由是正因为湖北省"三社联动"工作基础好，才有可能升级为"五社联动"，且"五社"的职能基本都在民政部门，便于协调推动落实。通过充分讨论，大家达成一致意见：要积极适应新形势，组织动员社会工作专业力量实施"五社联动"项目，助力基层社会治理。

从 2020 年 11 月开始，在民政部慈善事业促进和社会工作司的推动下，湖北省引入中华慈善总会善款 1000 万元、腾讯公益慈善基金会 2000 万元捐赠资金，实施"五社联动·爱满荆楚"项目，采取"民政部门指导、慈善组织资助、行业组织统筹、社会工作机构实施"的运作方式，在武汉市的 43 个社区、武汉市以外市州的 123 个街道（乡镇）落地实施，积极助力社区疫情防控，广泛开展社会工作专业服务，推动形成"五社联动"机制，促进基层社会治理。湖北省每年财政预算安排的 6000 万元社会工作和志愿服务培育引导资金，也主要用于支持实施"五社联动"社会工作服务项目。湖北省社会工作联合会负责"五社联动"项目的培训、督导、评估工作，成立了项目专班，编制了《"五社联动·爱满荆楚"社会工作服务项目实施指南》，全过程把控项目实施质量。"五社联动"项目的覆盖面和影响力逐步扩大，从武汉市扩展到除神农架林区以外的湖北省其他所有市州，共有 170 家社会工作机构参与项目实施工作，共计服务社区居民 236.8 万人，"五社"要素得到发展壮大。"五社"力量积极参与社区治理，通过建立和创新"五社联动"机制，基层社会治理的参与主体增多了，群众参与社区活动、服务社区的能动性提高了，居民自我管理、自我服务的能力提升了，基层组织的凝聚力增强了，基层治理特别是社区治理正在形成共建共治共享格局。

四、"五社联动"机制初步形成及推广

为充分总结提炼实施"五社一心""五社联动"项目的实践经验，进一步推广应用"五社联动"机制，湖北省不断加大政策创制力度。2021年 4 月 6 日，湖北省民政厅印发《湖北省城乡社区"五社联动"工作指引》，明确了"五社联动"的适用范围、基本内涵、要素功能、基本原则、工作目标、联动路径、工作分工和保障措施。湖北省委、省政府先后将"五社联动"纳入《关于新时代推动湖北高质量发展加快建成中部地区崛起重要战略支点的实施意见》《关于推动新时代全省民政事业高质量发展的意见》《关于深化新时代志愿服务工作 助力基层社会治理的意

见》等重要文件中，"五社联动"机制成为湖北省基层社会治理的重要内容之一。2021年4月28日，《中共中央 国务院关于加强基层治理体系和治理能力现代化建设的意见》指出，要发展公益慈善事业，完善社会力量参与基层治理激励政策，创新社区与社会组织、社会工作者、社区志愿者、社会慈善资源的联动机制。这标志着起源于湖北省的"五社联动"机制已成为国家基层治理体系的重要组成部分。

为认真贯彻中央关于加强基层治理的重要文件精神，湖北省民政厅组建了工作专班，认真研究起草"五社联动"综合性政策。关于社区志愿者、社会慈善资源这两种新增要素的功能定位问题，一度形成了两种观点：一种观点认为应以社区志愿者为辅助，以社会公益慈善资源为补充，主要理由是这两种要素还在培育发展之中，功能定位不能过于夸大；另一种观点认为应以社区志愿服务队伍为依托，以社会慈善资源为助推，主要理由为应以发展的眼光看问题，这两种要素潜力巨大、活力十足。经过多次热烈讨论，并征求民政部慈善事业促进和社会工作司、全国知名社会工作专家以及相关实务工作者意见，最后采纳了后一种观点的意见。2021年11月，湖北省民政厅出台了《关于创新"五社联动"机制提升社区治理效能的意见》，对"五社联动"机制建设作出全面安排部署。

在"五社一心""五社联动"项目实施的同时，湖北省民政厅、省社会工作联合会分别联合有关高校开展"五社联动"理论研究。以民政部慈善事业促进和社会工作司副司长（当时挂职湖北省民政厅党组副书记、副厅长孟志强）为组长的"五社联动"课题组，联合华中科技大学任敏教授专家团队，开展专项调研，促进实践探索与理论研究同步推进。课题组组织编写了案例研究成果，及时总结了全省各地"五社联动"实践探索形成的工作经验，进一步深化了对"五社联动"内在规律的认识，厚植了"五社联动"的发展基础。值得一提的是，课题组的理论研究成果《作为基层治理创新实践的"五社联动"：内涵、机制与效果》，荣获民政部 2021 年民政政策理论研究二等奖，并得到时任民政部部长李纪恒、副部长王爱文的批示肯定。

2021 年 9 月 25 日，全国"五社联动"社会工作理论与实务研讨会在武汉市举行，民政部慈善事业促进和社会工作司司长贾晓九、副司长孟志强（当时挂职湖北省民政厅党组副书记、副厅长）、陈军，中国社会工作学会会长王思斌、中国社会心理学会会长佐斌以及关信平、马凤芝、李迎生、陈树强、张和清等省内外社会工作领域知名专家学者等参加会议，湖北省前期实施的"五社联动"社会工作服务模式获得广泛关注与肯定。与会领导与专家一致认为，研讨会的举办为湖北省乃至全国"五社联动"和专业社会工作的深入发展，提供了有益的指导和借鉴。

五、"五社联动"机制的不断深化与拓展

2022 年至今，湖北省团结凝聚全省社会工作行业力量，积极探索"五社联动"发展模式，着力推进"五社联动"机制在基层落地实施。湖北省民政厅党组成员、副厅长赵显富多次组织召开视频推进会，部署和调度全省"五社联动"工作。湖北省民政厅确定武汉市武昌区等 12 个县（市、区）为全省"五社联动"社会工作服务体系建设重点县。以试点为牵引，全面推行"五社联动"机制，积极构建"县（市、区）—街（乡）—重点社（村）"三级社会工作服务体系，提炼总结典型案例。同时，不断丰富"五社联动"应用场景，与省文明办、省卫健委、团省委等省直部门、群团组织协作，共同推进"五社联动"机制在新时代文明实践志愿服务、医务社会工作、青少年事务社会工作等专业领域广泛应用。

争取民政部支持，链接腾讯公益慈善基金会、中华慈善总会资金

3000万元，在全省102个乡镇（街道）实施"五社联动·家园助力站""五社联动·志愿加油站"社会工作项目，分别探索社会慈善资源和社区志愿者带动的"五社联动"发展模式，共选派400余名专业社工进驻社区开展专业服务，围绕社区社会组织、社区志愿者和社会慈善资源强基赋能，共培育社区社会组织1164个，发动7万余名志愿者参与社区（村）自管、公益活动，运行102个乡镇（街道）社区公益基金，募集慈善资金（含物资折算金额）435万元，服务群众达64万余人次，有效激发了社区活力，提高了群众参与社区治理的积极性。

继续加强"五社联动"理论和实务研究，湖北省民政厅指导省社会工作联合会编辑出版《"五社联动"理论探索与实务研究》，为全国社会工作行业推进"五社联动"提供有益参考。湖北省社会工作联合会分别委托北京师范大学教授朱耀垠、华中师范大学教授吕方等专家开展"五社联动"与"共同缔造"活动、新时期群众工作路线研究。2023年11月，由湖北省社会工作联合会、华中农业大学主办的"五社联动"理论研究与督导工作交流会在武汉市召开，邀请北京师范大学、华东理工大学等多所高校教授作主题分享，共商"五社联动"机制建设大计，省内外线上线下累计3500余人参加。截至会议召开之日，湖北省共计链接慈善资金8200万元，在全省87个社区、225个乡镇（街道）实施312个"五社一心""五社联动"项目，有效助力化解"疫后综合征"，有力促进基层治理和乡村振兴，累计受益群众达236.8万人次。

湖北省的"五社联动"机制建设虽然取得了一定进展和成效，但仍存在一些困难和不足，主要表现在：一是"五社联动"机制还处于初步探索阶段，在一定程度上存在条块分割现象，需进一步改进完善；二是"五社联动"机制尚缺乏丰富的应用场景，如何在养老服务、儿童福利、社会救助、社会事务等更多民政业务领域加以推广应用，乃至拓展到信访、司法、教育等其他专业领域，还有很长的路要走；三是如何运用

"五社联动"机制促进形成共建共治共享的基层治理新格局，还有大量的理论和实务问题需要研究与突破。

"五社联动"机制建设是一项系统性工程，任重道远，湖北省只是做了一些初步探索，希望今后在全国社会工作行业的共同努力下，"五社联动"走得更实、走得更深、走得更远。

"五社联动"机制的实践要素、推进策略与服务路径

——基于湖北"腾讯公益·五社联动· 家园助力站"项目的研究

王卫民[*]

摘　要： 在国家共同富裕政策的指引下，落实"五社联动"机制是基层社会治理现代化的创新性探索。本文基于湖北省"腾讯公益·五社联动·家园助力站"公益项目的服务过程，从实践要素、推进策略与服务路径三个方面总结"五社联动"机制的有效经验。实践表明，"五社联动"机制的落地需要依托资源、人才、组织、服务和平台这五方面的实践要素，运用行政统筹、培训赋能与分级督导的推进策略，从举办社区微公益大赛、实施社区微项目服务及搭建志愿服务微平台这三条路径予以推进。

关键词： "五社联动"；"腾讯公益·五社联动·家园助力站"；基层治理和服务路径

一、问题缘起

2021 年 4 月 28 日，《中共中央 国务院关于加强基层治理体系和治理

---

* 作者信息：王卫民，湖北省社会工作联合会秘书长。

能力现代化建设的意见》中提出:"要完善社会力量参与基层治理激励政策,创新社区与社会组织、社会工作者、社区志愿者、社会慈善资源的联动机制",标志着"五社联动"模式已被正式纳入新时代中国城乡基层治理体系和治理能力现代化的顶层设计框架之中。"五社联动"是在湖北疫情防控阻击战中形成的创新型社会治理模式,并在实践中展现出较好的服务成效。在此背景下,深入探讨"五社联动"机制的理论与实务研究,不仅对于发展社会治理的理论体系具有重要价值,同时也对解决当前基层面临的现实问题具有深远的意义。

"五社联动"机制起源于本土的服务实践,并经由新闻媒体的报道为社会大众所熟知。自2020年以来,《人民日报》、《中国社会报》、腾讯新闻等各级媒体,通过专题报道、人物访谈以及案例分析的形式,较为全面地介绍了"五社联动"机制的成功经验,为理论研究提供了大量实证资料。"五社联动"机制作为基层治理实践中的探索成果,逐渐显现出在促进基层社会治理模式创新、增强社会协同力量以及优化公共服务供给方面的独特优势。

事实上,"五社联动"机制的发展是在不断地探索与试错中前进的,也引发了学术界的关注与研究。首先,在理论层面关注"五社联动"机制的现实基础与科学内涵。"五社联动"项目的实施过程能增强联动各方的理解和配合,有助于促进基层社会治理体系的完善[1],普遍认为"五社联动"是新时代中国特色社区治理现代化的新成果。其次,在实践层面总结了"五社联动"机制的协同优势。"五社联动"机制在服务"一老一小"[2]、共同富裕[3]和乡村振兴等广泛应用场景中发挥着积极作用,有

---

[1] 王思斌. 打造现代化的基层治理服务新格局:解读《中共中央 国务院关于加强基层治理体系和治理能力现代化建设的意见》[J]. 中国社会工作, 2021 (24): 15-17+22.

[2] 张娟. 推进"五社联动"关爱"一小一老"[J]. 中国民政, 2023 (6): 36-37.

[3] 林霄. 城市社区"五社联动"促进共同富裕的实践探索与政策优化:以福建省福州市J社区为例[J]. 发展研究, 2023, 40 (7): 71-76.

助于实现社区善治、加强党建引领、激发多方主体的内生动力。"五社联动"机制对于提升社区服务质量、增强居民参与、凝聚社区共同体意识、促进社会融合等方面卓有成效①。最后，从政策层面展望了"五社联动"机制未来的发展方向。"五社联动"机制的完善，需要应对资源配置不均、协作机制不完善、评估体系缺失等挑战②，需要从政策倡导、技术革新、能力建设等方面，以加强顶层设计和系统性思考予以解决③。

通过系统回顾学术界和实务领域的相关文献，我们发现现有讨论都集中于对过往成功经验的总结，却缺少对困难处境的反思。多方社区治理主体之间的有机互动、党建引领服务激活社会，能够更好实现"政府治理、社会调节与居民自治之间的良性互动"的目标④。"五社联动"机制作为党中央关于城乡基层治理体系和治理能力现代化的重大决策部署，如何在各地"落地生根"，并最终"开花结果"，如何将"五社联动"机制从顶层设计描绘的美好愿景，转化为赋能基层、造福群众的社区治理"实景"，还需要更加系统的分析。

2020年以来，湖北省以实施"五社一心""五社联动"社会工作服务项目为契机，充分发挥社会工作专业优势，调动蕴含于基层之中的丰富的社会力量，从实践中逐渐探索形成了以党建为引领，以居民需求为导向，以社区为平台，以社会组织为载体，以社会工作专业人才为支撑，以社区志愿服务队伍为依托，以社会慈善资源为助推的新型联动机制。在民政部支持、腾讯公益慈善基金会资助下，自2021年以来，湖北省先

---

① 卓彩琴，马林芳，方洁虹，等. 从单一主体到五社联动：社会工作者推动农村社区治理结构优化的行动研究 ［J］. 社会工作，2022（2）：46-63+107-109.

② 吕洁琼. 制度逻辑与组织行动：技术应用何以有效：基于社区治理中平台应用的案例研究 ［J］. 华东师范大学，2024（2），288.

③ 邱国良，李静，王松阳. 基层治理"五社联动"机制：实践运作、治理限度与优化路径 ［J］. 社会工作与管理，2024，24（1），70-78.

④ 许宝君，陈伟东. "三社联动"到"五社联动"的转换逻辑及实现路径 ［J］. 浙江社会科学，2023（9）：80-88+159.

后在全省近百个乡镇（街道）推广以落实"五社联动"机制为目标的社会工作服务项目。通过"腾讯公益·五社联动·爱满荆楚"和"腾讯公益·五社联动·家园助力站"公益项目（简称"家园助力站"项目），广泛在城市与农村社区开展社会治理创新实践。本研究将基于湖北省在省域层面推广及应用"五社联动"机制的经验，总结"五社联动"的实践要素、推进策略与服务路径。

二、"五社联动"机制的实践要素

"五社联动"机制的实践要素是协调基层治理目标与社会服务项目的必要条件。探索"五社联动"机制的有效实践如何推进基层治理体系的完善和发展，有助于我们在推广"五社联动"项目中明晰机制、把握重点。基于对"家园助力站"项目的实践经验和理论思考，本文认为，"五社联动"机制赋能基层治理，提升协同效能，需要依托"五有"要素——有平台、有资源、有人才、有队伍、有服务。

（一）有平台

"五社联动"机制中协同优势的发挥，需要借助联动平台的搭建才能实现。在新时代背景下，基层治理工作已经超越了单纯的专业主体嵌入社区的传统模式，而是向着与多方主体共同参与、协同治理的方向转变。在此过程中，平台扮演着核心角色，它不仅促进了"五社"之间的信息高效传递与透明交流，还使得各类主体能够更加紧密地协作。无论是社区需求的变化、社会组织和社会工作者的专业知识分享、志愿者的时间与技能贡献，还是慈善资源的获取与分配信息，都可以通过这一平台实现主体间关系的"嵌合"。这种转变不仅加强了各主体间的沟通与合作，也极大地提升了社区治理的实际效果。

（二）有资源

在"五社联动"机制下，构建以社区公益基金为核心的资源整合"循环链"是实现成功运作的核心要素，能够推动社区基金的"项目化"运作转型。此过程围绕"资源、问题、能力"三张清单展开，充分发挥社会工作的专业特长来设计和实施服务项目。项目通过与具有公开募捐资质的慈善组织合作，有效调动并利用慈善资源，支持社区、社会组织、志愿服务组织及专业社会工作者开展针对性的服务，解决居民身边急难愁盼。这种做法不仅畅通了"五社联动"体系内的"微循环"，保证了资源的高效流转与应用，更为社区的持续健康发展奠定了坚实的基础。

（三）有人才

在"五社联动"框架下，社会工作者扮演着连接社区与居民、社会组织、志愿者和慈善资源之间桥梁的关键角色。加强社会工作者的能力建设，特别是项目设计、资源筹集和动员群众参与等方面的能力，被视为提高社区治理效能的关键路径。社会工作者不仅需要执行传统的个案管理、小组工作和社区活动，还应通过社区公益基金的平台，激发社区内部的活力和发展潜力，有效应对社区面临的问题。通过这种方式，社会工作者能够更有效地促进社区资源的合理配置和利用，进而推动社区的和谐与持续发展。

（四）有队伍

"五社联动"项目倡导"服务+赋能"相结合的运作模式，服务重点从"培育"社区社会组织转向"激活"社区社会组织。该项目通过赋能社区及社区社会组织，使之能够自主地识别需求、动员资源、设计并实施社区微项目。这一过程不仅能够提升社区的自我管理水平，同时增强了社区居民的参与意识，促成了良性循环的可持续发展机制。

（五）有服务

立足社区实际、民生之盼打造地方特色服务，是构建"五社联动"群众基础的重要途径。社区居民的需求呈现出多样化的特点，提供高质量且多元化的服务成为连接各方资源的重要纽带，对于协助解决居民面临的急难愁盼至关重要。一方面，社会资源与志愿服务的充分流动，破解了"联而不动"的困境；另一方面，以民生需求为导向，精心组织的多样化服务活动，如智慧助老、健康义诊、亲职教育等，满足了居民的多元化需求，切实提升了社区民众生活质量。

三、"五社联动"的推进策略

明确"五社联动"赋能基层治理的理论基础、运行机制和操作方法，对于汇聚社会各方力量共同参与，构建科学有效的"五社联动"推进体系至关重要。具体来说，这套推进体系由行政统筹、培训赋能、分级督导和项目管理四个子系统构成。

（一）行政统筹

在"五社联动"推进体系中，组织领导是确保项目顺利实施的关键。党的领导和行政统筹构成了"五社联动"机制得以成功实施的基石。党的领导为项目指引了明确的方向；通过行政统筹，能够有效地动员和整合社区内外资源，形成强大的合力，推动"五社联动"项目有效落地。

以"家园助力站"项目为例，该项目涵盖了县市区、街道（乡镇）、社区（村）等多个层级，涉及慈善和社会工作行业组织等多元主体。因此，行政资源的统筹是确保项目顺利推进不可或缺的因素。项目资金作为社区公益基金的种子资金，用于支持社区社会组织和志愿者开展社区服务活动；而社会工作者的经费保障需要项目实施地的行政系统予以协调解决。为此，湖北省社会工作联合会积极寻求支持。湖北省民政厅领导组织召开了多次专题协调会和调度会，以增强各市（州）、县（市、区）行政部门之间的协调和指导力度，确保社会工作者的工资得到妥善保障，保证了该项目能够按计划启动和执行。

（二）培训赋能

培训赋能聚焦于提升各方主体对"五社联动"机制的理解，是提升"五社联动"项目质量和效果的重要环节。以"家园助力站"项目为例，项目实施机构涵盖了 54 家社会工作服务机构和 6 家心理服务机构、基金会、志愿服务组织。机构背景的多样性给项目的统一推进带来了一定的挑战。为此，湖北省社会工作联合会面向"五社"主体，开展了 18 场专题培训。参与培训后，社会工作者链接辖区内慈善资源的能力得到提升，居民参与设计管理志愿服务项目的潜力得到激发。据统计，项目周期内共计培养了 248 支社区社会组织，涵盖了困难群体帮扶、社区环境整治和政策文化宣讲等领域。

（三）分级督导

分级督导是确保"五社联动"项目科学性与有效性的关键机制，涉及不同层级专家的深度参与，通过研究与实践为项目提供专业指导与支持。此机制不仅涵盖了项目实施过程中的监督与评估，还包括对项目成果的研究与反馈。专家的督导工作有助于及时识别并解决实施过程中遇到的问题，从而优化项目设计，提高其适应性与有效性。

在"家园助力站"项目中，湖北省社会工作联合会将 60 个项目按地区环境特征划分为 6 个片区，设立总督导、片区督导团队及督导工作专班等 3 个层级。特别是片区督导团队，以省内 6 所高校社会工作院系牵头，聚集省内部分高级社会工作师共同组成，旨在确保项目的有序实施和课题的深化研究。在督导过程中，湖北省社会工作联合会组织专家编写了《督导工作手册》和《督导工作指引》，明确督导任务与思路。通过督导体系的周密设计，有效地统一了行政、督导和项目实施机构等多方的力量，不仅提升了实施机构的专业能力，还促进了项目的高质量实施。

（四）项目管理

项目管理是"五社联动"项目成功实施的关键支持机制。陪伴引导式项目管理方法强调与社区实践的紧密结合，通过持续的陪伴式指导，帮助社区解决实际问题，提升项目管理的质量和效果。这种方法注重项目的个性化和灵活性，能够根据社区的具体情况和需求灵活调整策略与方法，从而增强项目的针对性和实效性，推动社区治理的创新性发展。

在"家园助力站"项目初期，实施机构的社会工作者在社区公益基金的使用、微公益项目的设计、志愿者动员及资源筹集等方面的经验尚显不足。为有效提升项目管理效能，湖北省社会工作联合会围绕"五社"要素，研发了一系列实用工具和案例，包括社区"微心愿"项目、"微公益"赛事和志愿服务积分兑换机制等，以示范教学的方式指导项目实践，帮助社会工作者快速掌握关键技能。此外，通过建立多层次、多维度的督导体系，不仅为项目实施提供了有力的技术支持，也促进了项目管理人员之间的信息共享和经验交流，进一步提高了项目管理的专业化水平。

四、"五社联动"机制的服务路径

"五社联动"项目取得了丰硕的实践成果，特别是形成了一批有代表性的社区案例，展示了这一机制在推动社区治理创新方面的强大潜力。这些案例共同表明，通过一体设计和同步推进社区微公益大赛、社区微项目设计与实施以及社区志愿服务积分兑换微平台，可以有效构建"五社联动"机制，促进社区的和谐发展。

（一）"微公益"大赛，激发居民参与热情

社区"微公益"大赛作为一种创新的参与模式，有效激发了居民的参与热情。通过精心设计和实施"微公益"项目，居民被积极引导参与项目的设计与评选过程，形成了资源募集与活动开展的良性循环。"微公益"大赛不仅为居民和社区社会组织提供了一个展示创意和能力的平台，其竞赛形式还增强了项目的吸引力和竞争力，促进了社区资源的整合与服务创新。因此，有必要在深入了解社区"微公益"大赛流程的基础上，将其纳入社区公益基金的常规运营机制中，使项目实施机构熟练掌握社区"微公益"大赛流程，引导居民跟进社区微项目资源募集和活动开展，并进行社区微项目结项评审和成果展示。这样做可以提升社区社会组织在"微项目"设计、服务团队组建和服务开展等方面的能力，提高居民的组织化程度。例如，黄冈市罗田县河铺镇的社会工作者从专业视角出发，设计了社区微项目的实施方案，并对参与项目的申报者进行了专项培训，确保项目能够有效回应社区的实际需求，从而改善社区环境。

（二）"微项目"实践，形成居民参与机制

"微项目"的设计与实施不仅能够解决社区内的具体问题，提升居民的生活质量，还能增强社区的凝聚力，促进社区治理的创新和进步，激发社区居民更加积极地参与社区事务。在"微项目"实施过程中，居民可以直接参与社区问题的解决与服务的提供，形成一种长效的居民参与机制。

社会工作者在设计"微项目"时，需要厘清"居民需求清单""社区资源清单""机构与社区能力清单"。基于实地调研的基础，围绕社区中心工作，挖掘可用资源并准确把握群众需求，设计出符合实际的"微项目"。在社区"两委"的支持下，社会工作者动员辖区内的企事业单位、商户及居民进行捐赠，成立基金管理委员会，运营社区公益基金。通过"微项目"筹集资金，为项目提供必要的资源，解决居民房前屋后的小事。

以武汉市武昌区水果湖街道为例，该项目点的社会工作者以"微项目"设计与实施为抓手，在腾讯"99公益日"活动中，通过设计募集方案、筛选服务对象、对接爱心企业、调动内外部资源等措施，鼓励居民参加"小红花答题"活动。此次活动共动员了700多位居民参与，筹集项目资金3.6万余元。在"99公益日"活动结束后，该项目点又收到了辖区爱心企业捐赠的现金3万元。

(三)"微平台"兑换，巩固居民参与意识

社区志愿服务积分兑换"微平台"是激活社区志愿服务的重要方式，也是激发居民持续参与、推动项目良性发展的重要手段。该平台主要通过以下两个机制实现其功能。

其一是积分获取机制。居民通过参与社区组织的各类志愿服务活动，可以获得相应的积分。组织方根据志愿服务的性质、时长和质量，设定详细的积分规则，记录居民的服务时长或贡献度。这种机制确保了志愿服务的规范化和透明化，使居民的努力得到量化和认可。

其二是积分兑换机制。居民的志愿服务积分存储在个人账户中，可以累积且长期有效。社区或合作商户提供积分兑换服务，居民可以使用积分兑换所需商品或服务。这种机制不仅为居民的志愿服务行为提供了实质性的奖励，还能提升他们参与社区服务的积极性和持续性。

社区志愿者积分兑换"微平台"的建立，为居民参与社区服务提供了额外的激励机制。通过将志愿服务与实质奖励相结合，积分兑换平台有效巩固了居民的参与意识。这种激励机制不仅认可了志愿者的贡献，还通过及时反馈增强了居民参与社区服务的持续性与积极性。

以武汉市汉阳区琴断口街道为例，该项目利用疫后生鲜市场升级的契机，与摊主合作，将多种商品列入捐赠清单，明确兑换标准。例如，1棵白菜对应10个志愿服务积分，促进了志愿服务的积极参与。这种清晰的兑换标准不仅简化了操作流程，还大大提高了居民参与志愿服务的积极性。通过这种方式，社区成功地吸引了更多居民参与志愿服务，形成了良好的志愿服务氛围。

五、总结与思考

面对新时代完善基层治理体系，提升基层治理能力的时代命题，推动"五社联动"机制的落实落地是一项重要的实践。"家园助力站"等项目的成功经验表明，"五社联动"机制在社区治理中具有显著的作用。该机制通过整合社区、社会组织、社会工作者、社区志愿者和慈善资源等多主体间的协同力量，特别是在赋能社会工作者和社区工作者方面，发挥了重要的作用。具体来说，社区工作者和社会工作者依托社区平台，有效链接和利用社会慈善资源，推动社工服务、志愿服务、慈善服务优势互补、形成合力，从而解决社区治理中的实际问题。

在更广泛的意义上，"五社联动"机制在基层社区的成功实施，标志着中国本土化社会工作实践模式探索迈出了坚实的一步。通过"五社联动"，构建了多元共治的局面，不仅拓展了社区空间，健全了规章制度，改善了居民生活环境，还有效促进了居民切实参与社区建设的过程，为基层治理现代化提供了可操作的策略和方法。通过有效整合社会资源，提升了基层治理效能。为了进一步提升"五社联动"模式的效果，未来应持续创新，强化社区与社会组织、社会工作者、社区志愿者以及社会慈善资源之间的联动机制，彰显社会工作者的专业力量与积极作用，构建更加完善、高效、可持续的基层治理体系。

湖北"五社联动"机制推进策略及展望

姚韦伟[*]

创新社区与社会组织、社会工作者、社区志愿者、社会慈善资源的联动机制（以下简称"五社联动"），是中央关于加强基层治理体系和治理能力现代化建设的重要决策部署。湖北省作为"五社联动"的发源地，高度重视"五社联动"机制建设，将其作为提升基层社会治理效能的有效手段扎实推进。"五社联动"从武汉市抗击新冠疫情的行动中产生并不断丰富发展，逐渐累积形成了系统性经验创新，被民政部在全国推广。

回顾 3 年来的发展历程，可以看到湖北省的"五社联动"在民政部的精心指导下，在行政部门、行业组织、高校院系、专业机构的共同努力下，初步形成了重点突出、点面结合、协同联动、特色鲜明的推进格局。无论是"五社联动"项目的有序实施、"五社联动"机制的落实落地，还是"五社联动"理论和实务的不断创新，都彰显了湖北省社会工作行业围绕中心、服务大局的责任担当。基于实践经验，总结以下推进策略。

一是坚持党建引领，把方向。认真贯彻习近平总书记关于社会工作、基层治理有关重要指示批示精神，将"五社联动"项目实施与省委开展的"美好环境与幸福生活共同缔造活动"（以下简称"共同缔造"）协

* 作者信息：姚韦伟，时任湖北省民政厅慈善事业促进和社会工作处副处长。

同推进。在实施"五社联动"项目的过程中，强化基层党组织的领导核心作用，明方向、议大事、聚共识，引导社工感党恩、听党话、跟党走，向居民群众特别是困难群体传递党的温暖。"五社联动"机制纳入全省深化"共同缔造"、推进党建引领基层治理体制机制创新任务清单，将党的政治优势和社会力量的协同作用，转化为实际的治理效能。

二是强化顶层设计，优保障。省委、省政府将"五社联动"纳入《关于新时代推动湖北高质量发展加快建成中部地区崛起重要战略支点的实施意见》等重要文件，高位部署推进。省民政厅印发《关于创新"五社联动"机制 提升社区治理效能的意见》等专项文件，明确目标要求。省民政厅党组多次听取项目汇报，研究解决重大问题。湖北省先后链接慈善组织资金 8300 万元，争取省级财政支持 6000 万元，用于"五社联动"项目实施工作，为"五社"要素健康有序发展奠定了坚实基础。

三是发挥要素作用，激动能。坚持党建引领、双轮驱动，发挥社区的内生驱动、社会工作的专业驱动作用，强化社区自治功能，培育发展社区社会组织，发掘培养社区志愿者骨干，链接整合社会慈善资源。坚持优势主导、活力赋能，提高社区居民参与社区治理的积极性，激发内生动能。"五社"要素相融互促、成果共享，"五社"力量常态化助力基层社会治理，其联动效应的显现使共建共治共享理念在荆楚大地逐渐深入人心。

四是凝聚行业力量，强支撑。发挥省社会工作联合会的枢纽作用，依托省级社会工作人才专家库、高校社会工作院系，开展系统化的专业培训和日常化的专业督导、实践化的行动研究，帮助全省社会工作者掌握社会工作、慈善事业、基层治理等方面的知识和技巧。发挥省慈善总会的协助作用，制定社区公益基金使用指引，研发社区公益资金管理系统，指导项目承接机构做好筹款、运营、信息公开等工作，并加强与慈善组织的联动，促进社会工作与慈善事业深度融合发展。

五是开展试点示范，促落实。以武汉市武昌区等 12 个"五社联动"社会工作服务体系建设重点县为牵引，全面推行"五社联动"机制，不断丰富应用场景，积极构建"县（市、区）—街（乡）—重点社（村）"三级社会工作服务体系，大力促进"五社联动"机制在"一老一小"服务、社会救助等民政领域的广泛应用。同时，与省文明办、省卫健委共同推动"五社联动"机制在新时代文明实践志愿服务、医务社工等更大范围、更宽领域的有效运用。

六是挖掘先进典型，扩影响。依托湖北民政网、湖北慈善社工微信公众号等平台，开展形式多样的"五社联动"宣传活动。征集"五社联动"典型案例，开展"五社联动"社会工作项目及实施机构规范化创建活动。调动高校和实务专家力量，围绕"五社联动"与"共同缔造"活动、新时代群众工作方法等主题进行深入研究，出版《"五社联动"理论探索与实务研究》。举办"五社联动"社会工作理论与实务研讨会、"五社联动"理论研究与督导工作交流会，广泛凝聚行业共识，扩大"五社联动"的影响力。

以上经过实践检验的有效策略，让"五社联动"机制成为湖北省推动基层社会治理现代化、促进慈善社会工作事业高质量发展的重要方法和路径。面对新时代党和政府对于高质量社会建设的新期待、新要求，面对机构改革的新形势、新任务，湖北省"五社联动"的探索还存在一些亟待解决的问题，在凸显社会工作专业优势方面还有很大的发展空间。

一要积极融入党的社会工作体系。在本轮党和国家的机构改革中，民政部的指导城乡社区治理体系和治理能力建设、拟订社会工作政策、指导社会工作人才队伍建设等职责，中央精神文明建设指导委员会办公室的全国志愿服务工作的统筹规划、协调指导、督促检查等职责，划给了中央社会工作部。这意味着"五社"中的"三社"即社区、社会工作者、社区志愿者的业务主管职责将划归到新成立的中央社会工作部。"五社联动"要在党的社会工作体系中找准新定位，必须更加注重在党建引领基层社会治理中发挥积极作用，与党的社会工作人才队伍建设协同推进。同时，也要加强与民政部门社会组织管理、慈善事业发展相关业务的协作。

二要持续加强"五社联动"的理论研究。"五社联动"的实践成效日益显现，基本框架日渐明晰，但作为一项已在全国推广的社会治理实践机制，其学理性、逻辑性和实践指导性还有所欠缺，需要更多的社会工作、基层社会治理等方面的专家学者深入研究，形成具有权威性、指导性的"五社联动"理论成果，实现理论研究与实务探索的同步发展，并进一步发挥理论的指导作用。因此，社会工作业务主管部门和行业组织理应主动担当，组织专家学者开展伴随式督导研究，集中力量开展课题攻关，编辑出版"五社联动"有关理论专著，研制发布"五社联动"相关服务标准。

三要大力推进"五社联动"的实务探索。通过实践探索，各地"五社联动"典型案例纷纷涌现，其中部分案例的示范性很强，可在湖北省范围内推广应用，还有一些案例尚不成熟，需要进一步积累沉淀。"五社联动"为社会工作创新发展开辟了广阔空间，让社会工作机构和社工不再单打独斗，逐步学会设计并实施社区公益项目，链接和利用社会慈善资源，调动各方力量来解决居民群众急难愁盼。下阶段，要积极衔接有关部门、慈善组织，拓宽"五社联动"项目的资金渠道，支持社会工作机构和社工继续围绕重点领域和人群开展专业服务，推进社会工作服务向纵深发展。

综上，推进"五社联动"是一项系统性工程，既需要部门之间、行业之间的协同联动，也需要行政、高校、实务等多方采取共同行动，还需要省、市、县、乡、村各个层级的协调配合，这样才能让"五社"要素得到充分发展、发挥各自优势、形成联动效应，也才能让社会工作更好地落地社区、联系群众、服务居民，成为让党放心、让群众满意的一支可靠可信可用的专业力量，成为社会建设的生力军。

"五社联动"机制下社区志愿服务
常态化运作的困境及优化路径

卜清平　余艳萍　李利玲*

一、前言

近年来我国志愿服务事业发展较快，逐步走上常态化、法治化、规范化的轨道。在新的发展阶段，如何推进社区志愿服务活动的常态化发展，实现社区志愿服务活动由阶段性向经常性过渡，由低质发展向高质量发展是一项较为紧迫的任务。为此，全国各地都在探索与创新社区志愿服务常态化的新载体和新途径。

"五社联动"是在湖北省抗击新冠疫情的背景下应运而生的，社区志愿者作为一个新的主体被纳入"五社联动"机制，极大地促进了社区志愿服务的发展。在国务院办公厅印发的《"十四五"城乡社区服务体系建设规划》中，也将社区志愿者队伍建设作为社区人才队伍建设行动的重要内容，鼓励社区培育各类志愿服务队伍，完善社区志愿服务制度。党的二十大报告明确提出"完善志愿服务制度和工作体系"。如何利用"五社联动"机制助力社区志愿服务常态化发展，丰富社区志愿服务常态化内容，提高社区志愿者服务水平是需要深入推进和继续挖潜的重要课题。

* 作者信息：卜清平，武汉理工大学法学与人文社会学院社会学系主任、特岗教授；余艳萍，武汉理工大学法学与人文社会学院副教授；李利玲，武汉市儿童福利院一级教师。

（一）研究意义

1. 理论意义

通过对"五社联动"机制下社区志愿服务常态化运作的研究，一方面可以有效地梳理和归纳相对分散的志愿者组织理论，为志愿服务事业的可持续发展及社会治理创新理论提供研究案例，为其他省份社区志愿服务的发展提供理论上的借鉴；另一方面从治理理论视角探讨制约社区志愿服务常态化发展的因素，可以丰富协同治理理论的内涵。

2. 实践意义

通过对"五社联动"机制下社区志愿服务常态化运作的研究，一方面有助于促进政府制定社区志愿服务常态化发展政策，为社会治理创新提供有效载体，有利于促进社区志愿服务事业的常态化创新发展；另一方面，有助于更好推进社区志愿服务，提升志愿服务的效能，进而提升基层治理水平。

（二）研究方法

1. 深度访谈法

本文选取武汉市汉阳区、黄冈市黄州区、鄂州市鄂城区等，对相关社区志愿服务组织负责人、骨干志愿者和社工等代表进行深度访谈，围绕"五社联动"机制下社区志愿服务开展的现实困境，为志愿服务常态化运作提供针对性建议。

2. 问卷调查法

通过设计问卷，在科学抽样的基础上，笔者对 10 个项目点的居民参与社区志愿服务特征与问题进行调查，为社区志愿服务常态化运作提供翔实的数据支撑。

3. 文献分析法

笔者通过对省市的社区志愿服务的相关文件、会议纪要、年鉴、数据等资料进行分类整理、归纳、分析，洞悉政府出台相关政策的背景，为志愿服务常态化运作提供了充分且全面的政策依据，同时也为实地调研提供具体而科学的指导。

二、"五社联动"机制下社区志愿服务基本情况及典型经验

（一）社区志愿服务基本情况

社区志愿服务是社会发展的重要组成部分，对促进社区建设和提升社会福利具有积极影响。本文对 10 个项目点的社区志愿服务情况，包括志愿者人数、参与度以及服务时长等要素进行分析，为社区志愿服务的改进提供数据支持。

1. 志愿者登记数量和平均年龄

项目点的现有登记志愿者人数差异较大，其中鄂州市鄂城区 X 街道、黄冈市蕲春县 X 社区、武汉市东湖新技术开发区 G 街道 Y 社区、武汉东湖新技术开发区 X 街道项目点登记志愿者人数较多，达到了 2000 人以上；鄂州市华容区 B 村、武汉市黄陂区 M 社区登记志愿者人数较少，分别是 150 人和 241 人。有的项目点新招募志愿者人数众多，如鄂州市鄂城区 X 街道项目点新招募 2200 名志愿者，黄冈市蕲春县 X 社区项目点新招募 596 名志愿者，有的项目点新招募社区志愿者人数极少，如黄冈市英山县 B 村项目点仅招募 34 名志愿者（见表 1）。

常联动的志愿者平均年龄为 49.1 岁，以老年人居多，其中鄂州市华容区 B 村、黄冈市蕲春县 X 社区项目点志愿者的平均年龄为 60 和 61 岁；仅有两个项目点（黄冈市黄梅县 L 村、武汉东湖新技术开发区 X 街道）

的志愿者有较多的中青年志愿者参与，平均年龄为 35 岁（见表 1）。

表 1　登记志愿者人数及常联动的志愿者平均年龄

项目点	登记志愿者人数（人）	自项目实施以来，新增加的志愿者人数（人）	常联动的志愿者平均年龄（岁）
鄂州市鄂城区 X 街道项目点	7300	2200	48
鄂州市华容区 B 村项目点	150	132	55
黄冈市英山县 B 村项目点	150	34	60
黄冈市蕲春县 X 社区项目点	3680	596	61
黄冈市黄州区 L 社区项目点	603	86	55
黄冈市黄梅县 L 村项目点	762	61	35
黄冈市罗田县区 H 社区项目点	415	305	42
武汉市东湖新技术开发区 Y 社区项目点	2600	62	55
武汉东湖新技术开发区 X 街道项目点	2354	200	35
武汉市黄陂区 M 社区项目点	241	190	45
平均数	1613.5	386.6	49.1

2. 志愿者参与度

项目点现有志愿者人数和实际参与志愿服务的人数之间存在一定的差异，其中鄂州市华容区 B 村项目点参与志愿服务人数占登记人数的 91%，黄冈市黄州区 L 社区项目点参与志愿服务人数占登记人数的 83%，武汉市黄陂区 M 社区项目点参与志愿服务人数占登记人数的 81%。数据显示，还有大量登记的志愿者未参与活动，特别是武汉市东湖新技术开发区 Y 社区项目点参与志愿服务人数仅占登记人数的 4%，黄冈市黄梅县 L 村参与志愿服务人数仅占登记人数的 8%（见表 2）。针对这两个项目点志愿者参与程度不够高的实际情况，笔者建议项目点应加大对志愿服务的宣传力度，鼓励更多的居民参与志愿服务，并通过提供更多的服务机会、培训和奖励制度提高志愿者的参与度。

党员志愿者具有政治觉悟和组织纪律性，可以发挥更大的作用，带动其他志愿者的参与和行动。部分项目点的志愿者中有较多的党员，其中黄冈市蕲春县 L 社区参与志愿服务的党员人数占比 40%。但还有一部分项目点志愿者中党员占比较少，比如武汉东湖新技术开发区豹澥街道参与志愿服务的人数中党员仅占比 2%（见表 2）。笔者建议项目点在招募志愿者时重点关注党员，并通过开展相关活动和培训，鼓励他们在志愿服务中发挥带头作用，进一步增加党员志愿者的参与度。

表 2　志愿者参与度统计

项目点	参与志愿服务人数（人）	参与志愿者占登记志愿者比例（%）	3 次以上联动志愿者人数（人）	参与的党员志愿者人数（人）	参与党员志愿者比例（%）
鄂州市鄂城区 X 街道项目点	3700	51	1200	550	15
鄂州市华容区 B 村项目点	170	91	56	16	9
黄冈市英山县 B 村项目点	51	34	46	3	6
黄冈市蕲春县 X 社区项目点	1143	31	68	461	40
黄冈市黄州区 L 社区项目点	500	83	300	39	8
黄冈市黄梅县 L 村项目点	61	8	61	5	8
黄冈市罗田县区 H 社区项目点	288	69	69	13	5
武汉市东湖新技术开发区 G 街道 Y 社区项目点	106	4	30	24	23
武汉东湖新技术开发区 X 街道项目点	1190	51	50	20	2
武汉市黄陂区 M 社区项目点	196	81	50	54	28

3. 志愿服务时长与积分

总体而言，志愿者参与项目的志愿服务总时长较高，说明志愿者们对志愿服务充满热情和责任感。为了进一步提高志愿者的积极性和满意度，项目点可以积极回应志愿者的需求和意见，提供更好的环境和支持，同时加强志愿者培训和技能提升，激励更多人积极参与。

积分制度在激励志愿者方面起到了一定的作用。比如黄冈市黄州区 L 社区、武汉东湖新技术开发区 X 街道项目点志愿者已兑换 93% 以上的积分总时数。在鄂州市华容区 B 村，积分登记时长除了志愿服务时长（即志愿者参加活动的时间），还加上了岗位积分对应的时长，比如担任队长完成统筹、管理等任务，每个月会加时长，表 3 中可见该地区志愿者积分登记总时数远高于志愿服务时长，志愿者已兑换 62% 的积分总时数。然而，有的项目点已兑换积分时数相对较少，可能是由于积分兑换机制尚未被广泛宣传和应用，建议相关项目点进一步完善积分兑换机制，提高其透明度和灵活性，鼓励志愿者积极参与并兑换相应的时数，以增强积分制度的激励效果。

表 3　志愿者服务时长与积分统计

项目点	志愿服务总时长（小时）	积分登记总时数（小时）	已兑换积分总时数（小时）
鄂州市鄂城区 X 街道项目点	16000	16000	6000
鄂州市华容区 B 村项目点	1502	7092	4405
黄冈市英山县 B 村项目点	1111	1111	954
黄冈市蕲春县 X 社区项目点	10349	9517	5836
黄冈市黄州区 L 社区项目点	11000	11000	11000
黄冈市黄梅县 L 村项目点	1500	1500	987
黄冈市罗田县 H 社区项目点	762.1	404.8	387

项目点	志愿服务总时长（小时）	积分登记总时数（小时）	已兑换积分总时数（小时）
武汉市东湖新技术开发区 G 街道 Y 社区项目点	374	374	191.5
武汉东湖新技术开发区 X 街道项目点	13436	2400	2234
武汉市黄陂区 M 社区项目点	969	969	100

4. 社区志愿服务队伍培育情况

各项目点发挥社工站、社会工作者的专业带动和支持作用，促进社区志愿服务队伍的成长。数据显示，10 个项目点在落地社区/村常联动的志愿服务队伍数量差异较大，其中 2 个项目点联动队伍数量庞大，分别是鄂州市鄂城区 X 街道项目点的 64 支和黄冈市罗田县 H 社区项目点的 28 支，其他 8 个项目点联动的志愿者服务队数量较少，均未达到平均数 15.6 支。10 个项目点进入落地社区/村后，积极培育新的志愿者服务队伍，其中以黄冈市罗田县 H 社区、武汉东湖新技术开发区 X 街道、武汉市黄陂区 M 社区这三个项目点最为突出，均培育了 10 支以上的新队伍（见表 4）。

2 个项目点新培育的志愿者服务队伍极少，其中黄冈市英山县 B 村项目点仅培育 3 支，武汉市东湖新技术开发区 G 街道 Y 社区项目点仅培育 1 支。社会工作者的专业带动和支持作用相对薄弱，社区志愿服务队伍的培育较其他项目点而言相对滞后，发展活力和持续性均显不足。

表 4　志愿者服务队伍数量统计

项目点	服务队总数量（支）	新培育志愿者服务队的数量（支）
鄂州市鄂城区 X 街道项目点	64	6
鄂州市华容区 B 村项目点	12	7

项目点	服务队总数量（支）	新培育志愿者服务队的数量（支）
黄冈市英山县 B 村项目点	6	3
黄冈市蕲春县 X 社区项目点	7	5
黄冈市黄州区 L 社区项目点	6	6
黄冈市黄梅县 L 村项目点	5	5
黄冈市罗田县 H 社区项目点	28	11
武汉市东湖新技术开发区 G 街道 Y 社区项目点	5	1
武汉东湖新技术开发区 X 街道项目点	12	12
武汉市黄陂区 M 社区项目点	11	11
平均数	15.6	6.7

各项目点通过诸多方式培育和发展社区志愿服务队伍。

一是挖掘社区居民骨干，基于他们的兴趣和专长发起成立社区志愿服务组织。如罗田县 C 社会工作服务中心在黄冈市罗田县 H 社区成立"肖家湾退役军人志愿队"，由退役军人牵头组建志愿服务队，服务社区退役军人，关爱困难军人家庭，解决退役军人的社会再融入问题。黄冈市黄州区 D 社会工作服务中心在 C 社区培育"红星之家志愿服务队"，在社区社会工作者的引导下，根据入户收集需求，围绕居民房前屋后的卫生环境为治理点，助力社区环境治理，建立社区"星家"公益基金。武汉市 M 社会工作服务中心在 G 街 Y 社区培育"至善阅读推广志愿服务队"，与志愿者负责人、骨干保持联络沟通，贴合社区需求，协助社区处理促进家庭亲子有效阅读、营造书香社区事务，开展阅读分享、阅读推广类型的志愿服务，更好应对家庭亲子阅读、沟通交流方面的问题。

二是激活社区已有居民兴趣团体，引导其参与社区志愿服务。如罗田县 C 社会工作服务中心在黄冈市罗田县 H 社区开展项目期间，通过社区微公益项目资助，培育"兴旺社区爱心志愿队"，在社会工作者的指导下针对社区的特殊群体提供贴心服务。蕲春县 Y 社会工作服务中心在蕲春县 X 社区培育"居吉地星火服务队"，主要开展文化氛围营造、贫困互助、社区卫生环境保护、安全宣传检查等类型的志愿服务。武汉市 Y 社会工作服务中心在黄陂区 M 社区激活已有兴趣团体，培育"红湖村志愿服务队"，开展环境治理帮助残疾人、贫困互助、社区文化类型的志愿服务，动员居民参与志愿服务活动，协助处理村环境卫生治理事务。

三是积极链接社区外部专业志愿服务组织进入社区，在为社区居民提供专业志愿服务的同时，带动社区内部志愿者的成长。鄂州市 Z 社会工作服务中心在华容区 B 村培育"杏福联盟志愿服务队"，运用"五社联动"机制，引导志愿服务队对接企业资源，深挖村社资源，开展为老、助老类型的志愿服务。黄梅县 H 社会工作服务中心在黄梅县 L 村链接小池镇弘博儿童培智中心，培育了"七彩课堂志愿服务队"，为残障儿童提供送教上门志愿服务。武汉市 X 社会工作服务中心在武汉东湖新技术开发区 X 街道培育"困境儿童保护志愿服务队"，链接武汉市"艺惠文化"，提供志愿者支持，为困境儿童保护提供志愿服务。

（二）社区志愿服务的典型经验

1. 党建引领型

党建引领型是以党组织的引领作用为核心，以党员志愿者为主体开展志愿服务。党组织通过组织动员的方式，调动社区居民参与各类志愿服务活动。例如，在党建单位成立志愿者协会或组织志愿者队伍，通过组织活动、宣传推广等方式，引导居民积极参与志愿服务。党组织建设相关平台，如党员志愿服务站点、社区服务中心等，提供志愿服务的场所和设施。这些平台可以成为党员志愿者和居民开展志愿服务的便捷基地，为志愿服务的组织和协调提供支持。党员志愿者是党建引领型志愿服务的主力军。党员志愿者作为先锋，通过自己的实际行动和服务成果，激发居民的积极性和参与意愿，形成良好的示范效应。在这个过程中，党组织不断创新志愿服务的形式和内容。例如，通过开展红色文化知识竞赛、红色文化创作比赛等活动，让居民更加积极主动地参与志愿服务，从而提升了服务的质量和影响力。

黄冈市黄州区 D 社会工作服务中心探索"党建+志愿服务"的治理模式。以社区为平台，充分发挥社会工作者的专业能力，引导社区社会组织在服务社会、服务群众中发挥作用。一是依托社区开展积分兑换活动。目前，已兑换了 7000 多分，极大地激发了志愿者的服务热情。二是整合党建、街道商会、共建单位等各类资源，开展系列志愿服务活动。围绕"邻里学""邻里情""邻里乐"等主题，分别开展"百家宴"、趣味运动会等睦邻便民活动。

黄梅县 H 社会工作服务中心探索党建引领下多元联动模式。在 X 镇社区公益基金建设初期，滨江新区党委政府联合撬动了区域化党建单位、商会、居民志愿者、社区企业、社会组织等主体，并在社区公益基金运营过程中激发这些主体的主观能动性。最终形成持续性自下而上的多元化资源供给渠道，达到了多元协同共治局面。在 2023 年探索社区公益基金建设的过程中，初期召集社区社会组织骨干、志愿者召开"社区参事"议事会，挖掘大家的共需、急需和难需之点。在有较为明确的需求方向后，镇民政办、L 村、社区社会组织借第二届湖北省数字公益节发起 1 个"一起捐"通道，共筹集资金 6316.68 元。

黄冈市 W 社会工作服务中心引导志愿者队伍开展红色志愿服务。以弘扬红色文化和革命传统为主题，开展志愿服务活动。社会工作者组织 B 村留守妇女组建"巾帼志愿服务队"，结合该村红色美丽村庄建设，带领村民群众开展以中国工农红军第四军鸡鸣河会议旧址纪念馆和红四军革命烈士纪念碑为中心的红色传承守护系列清洁志愿服务活动，营造红色文化氛围，助力红色革命意志传承。

2. 有效协作型

在这种模式下，各个社区中的不同社会组织、企事业单位、学校和居民共同参与，形成一个协调合作的网络。社区内的各方通过密切沟通和合作，共同制订志愿服务计划，并明确各自的角色和责任。依托不同的需求和资源，各方根据自身优势和特长，选择性地参与其中，形成互补的合作关系。社区志愿服务常态化运作的特点是多方参与、需求导向、互相合作、资源共享。通过有效协作，不同社会主体的优势得到充分发挥，共同为社区居民提供更好的服务和支持。

黄冈市黄州区 D 社会工作服务中心在社区开展有效协作型的志愿服务运作模式，建立社区公益基金并完善管理流程，以"微公益"项目的形式吸引居民参与志愿服务，并通过开展大型公益集市活动影响周边资源进行筹款，实现资源循环助力社区治理。项目持续期间，社区公益基金主要来源有二，一是通过"99 公益日"拓宽慈善资源。积极链接社会各界慈善资源，开展了"资源下沉·城乡互联"公益集市活动，链接了30 多家企业，设置了 45 个公益摊位，三天时间共有 2000 多人参与捐赠活动，筹款 2 万余元；二是以公益集市为载体，打造"集市+"概念，为社区公益基金募捐提供了可操作的路径。面向社会筹得社区公益基金3.26 万元，获捐赠物资折价 2.24 万元。开展了社区扶危济困和走访慰问活动（助困、助残、助老等），提升了困难家庭生活水平及抗风险能力；扶持了社区发展社会组织及开展慈善活动，培育了 7 个服务组织，参加志愿活动服务的志愿者 8000 余人次，增添了社区志愿力量，激发了志愿活力；发展社区文化，开展了形式多样、内容丰富的大型活动 238 场，丰富社区居民文化生活，提升了居民的获得感和幸福感；开展有利于社区治理邻里关系和生态环境的公益项目，为改善社区环境提供了较大助力。

鄂州市 W 社会工作服务中心在鄂城区 X 街道通过建立社区资源圈，

活跃辖区内组织、商铺、企业以及各类事业单位等，使"以志愿服务兑换服务积分，以积分兑换产品或服务，产品/服务来源于社区资源圈中，盘活社区其他可发掘资源，以社区为平台为提供产品和服务的商铺、企业等"的良性循环机制稳步地进行，进一步完善志愿者激励回馈机制，扩充壮大了志愿服务队伍和资源。

3. 运作规范型

运作规范型的社区志愿服务模式在"五社联动"机制下能够有效地管理和组织志愿活动，提高服务质量和效能，让志愿服务成为社区发展的重要推动力量。在这种模式下，社区志愿服务以一定的规范和标准进行组织和管理，确保服务的质量和效果。这种模式还为志愿者提供了更有组织性和更规范的参与平台，建立起志愿者注册和管理系统，对参与志愿服务的人员进行登记、分类和统计，以便更好地安排服务资源，增强了志愿者的参与动力和责任感。志愿服务涉及老年人陪伴、儿童教育辅导、环境保护等多个领域。志愿者可以根据自己的兴趣和特长选择参与的项目，并在服务过程中遵循相关的服务规范和操作指南。

黄冈市黄州区 D 社会工作服务中心在东湖街道建立"五星+组织培育"机制，激发社区自治活力。在社会工作者的引导下，完善"建立'星'机制—宣传'星'形象—培养'星'习惯—营造'星'风尚—运营'星'基金"五位一体的"五星"策略。成立社区社会组织—"红星之家"志愿服务队，并建立了团队公约和章程，规范服务管理；建立了家庭式小积分激励机制。"红星之家"志愿服务队与居民骨干共商共议出"以行动换积分"的办法，每月开展一次评比，激发居民参与环境卫生清理的积极性。根据社区现实需求，在社会工作者的引导下，志愿者与辖区单位、社区居民共同开展"家乡星变化"公益创投项目，社会工作者进行了项目设计辅导、运营及实施，提升了志愿者的专业服务能力，助力社区环境治理。建立社区"星家"公益基金。志愿者以公益集市等方式，链接企事业单位 30 余家，筹得公益基金 11550 元和 100 个分类垃圾桶。动员居民积极参与社区各类活动，建立社区志愿者队伍，激发社区内部活力，优化了社区多元融合、优势互补、协调发展的良性治理生态。

罗田县 C 社会工作服务中心在河铺镇以"社区微公益创投"的开展推动社区社会组织规范化建设。社会工作者从召开项目说明会，设立"社区微公益创投"项目、让很多村自主地参与项目；通过主办全县第一场"社区微公益创投大赛"，筛选出 11 个社会组织进行资助。社会工作者对 11 个社会组织进行招募志愿者、组建服务队、组织备案、骨干培育、服务指导等，让社区原本零散的志愿服务成为有组织、有章程、有规范的社会服务组织；运用慈善基金支持资助 11 个社会组织开展各类志愿服务，涉及人群有残疾人、"三留守"人群、单亲儿童、退役军人、文艺爱好者、重病患者家庭，服务面广、服务对象精准、服务效果良好、社会反响甚佳。

4. 广泛参与型

在广泛参与型模式下，社区志愿服务常态化运作能够充分发挥志愿者的多样性和服务的多元性。通过吸引更多不同背景的志愿者参与志愿服务，社区可以获得更广泛的资源和专业知识，提供更全面、更多样化的服务，为社区居民提供更贴近需求的支持和帮助。首先，广泛参与型模式鼓励社区居民的多样性参与。这意味着年轻人、中年人、老年人，不论职业背景、教育水平或技能专长，都有机会成为志愿者，为社区作出贡献。这种多样性的志愿者群体可以汇聚各种资源和能力，以满足社区多样化的需求。其次，广泛参与型模式促进了服务的多元化。志愿者可以从各自的兴趣、技能和专业背景出发，选择合适的志愿服务项目参与。比如，在教育领域，志愿者可以开展辅导、义务教育支援等活动；在健康领域，志愿者可以组织健康宣教、社区体检等服务；同时，还可以有文化艺术、环境保护、公共安全等多个领域的志愿服务项目供志愿者选择参与。广泛参与型模式还通过鼓励志愿者的主动性和创新性，确保服务的多元化。志愿者可以提出自己的建议和创意，发起新的志愿服务项目，满足社区不同层面的需求。这样的模式能够激发志愿者的参与热情，提高他们的积极性，并且能够更好地适应社区的变化和发展。

黄冈市 H 社会工作服务中心在黄梅县 L 村积极探索社区基金本土化发展路径，通过品牌服务与特色主题活动挖掘参与主体。第一步，集合辖区居民参与"社区参事"议事会，从中发掘骨干人员；第二步，通过活动，联动小池镇文明实践站、小池镇商户、社区组织、爱心居民等多元主体参与社区公益基金建设，实现商企联合、商居联动、邻里互助，在联动中营造氛围；第三步，成立社区公益基金管理委员会，多方共同助力社区公益基金运营，推动社区实现自我服务、自我管理。

黄冈市 W 社会工作服务中心在英山县 B 村开展工作时，结合当地民风民俗对专业社会工作进行本土化调整，有利于提高社会工作在乡村的可实施性，降低村民的排外感，提升村民的接受度，促进孵化组建村民志愿者与社区社会组织，并使之成为社会工作者与村民的沟通桥梁。在白羊山村开展项目初期，社会工作者经村"两委"介绍，结识了 1 位有理发手艺的村民，后通过实地走访又结识了 2 位同样有手艺的村民，并与他们初步达成了合作意向。经过数次合作后，成功将其中 2 人转化为村民志愿者。同时，社会工作者开始在村中广泛招募村民参与服务活动，通过活动逐渐培养村民的志愿服务意识。从简单易操作的服务内容（例如擦桌子、倒茶水、指引活动签到等）和关系较近的服务对象（例如自家所在小组、自己娘家小组以及其他有相关亲属关系的老年人等）入手，激发志愿者的成就感和归属感。同时利用志愿服务的"志愿积分"机制，激励志愿者服务的主动性，并且鼓励他们以"老"带"新"，支持志愿者带领自己身边人一起来"玩"。

5. 服务专业型

通过服务专业型的模式，社区志愿服务常态化运作能够更好地满足居民的需求。专业方法的运用可以提供更准确、科学的需求分析，确保志愿服务的针对性和实效性。同时，专业服务的开展可以提高服务质量和确保服务效果，为社区居民提供更加全面而专业的支持和帮助。首先，通过运用专业方法充分了解居民需求。社区邀请专业社会工作机构参与志愿服务工作。社会工作者带领社区志愿者通过调查、访谈等方法，收集和分析居民的需求和问题。他们深入了解社区居民的具体情况，包括教育、健康、就业等方面的需求，从而为志愿服务的开展提供有针对性的建议和方案。其次，运用专业方法开展专业服务。根据社区居民的具体需求，志愿者可以利用自身的专业知识和技能提供相应的专业服务。

黄冈市黄州区 D 社会工作服务中心在东湖街道创新"互联网+社区治理"模式，让志愿服务更有广度，实现了社区与居民的无缝衔接，建立起从"脚尖"到"指尖"即时沟通、良性互动的治理机制。社会工作者和志愿者骨干采取"520 爱心来敲门工作法"，收集居民"金点子"，问计问需于民，凝聚了深厚的群众基础，探索出一条适合居民自治发展的新路子。

鄂州市 W 社会工作服务中心在鄂城区 X 街道组建社区为老服务型志愿服务队，开展帮扶慰问活动，为特殊困难群体链接援助资源，寻求社会组织和社会公益慈善资源的资助。服务队还及时识别个体情绪极其不稳定的服务对象，链接心理、精神卫生专业力量，提供心理疏导或心理治疗服务。

黄梅县 H 社会工作服务中心作为技术支持，在黄梅县 L 村实施项目建设，与社区共同培育孵化了 5 个社区社会组织，经过实地走访、研讨，结合群众实际需求，服务老年人、困境儿童等群体，不断推动社会工作的本地化发展，并将这些孵化组织作为社区服务的载体，推动"五社联动"作用的发挥。社会工作者还引导孵化组织围绕社区老、残、弱三类人群，开展特殊困难群体帮扶、养老护理培训、夕阳红茶话会、为残疾儿童上门送教、"牵着蜗牛去散步"等活动，不断丰富社区文化内涵。其中"七彩课堂"志愿服务队开展了社区社工站品牌服务——"送教上门"残疾儿童帮扶项目，通过"一对一结对帮扶"为残疾儿童提供专业康复、心理疏导、情感慰藉、链接慈善资源等服务。

6. 多元激励型

在多元激励型模式下，社区志愿服务常态化运作能够引导和激励更多的志愿者参与。积分兑换和其他激励方式的运用可以提高志愿者的积极性和投入度，同时也能够给予他们实际的回报和认可，为社区志愿服务的可持续发展提供有力支持。积分兑换是一种常见的激励机制，它通过给予志愿者一定数量的积分作为回报，鼓励他们积极参与志愿服务活动。志愿者根据自己的工作时间、任务完成情况等获得相应的积分。这些积分可以用于兑换各种奖励和福利，比如小礼品、优惠券、实物等。社区可以与相关商户合作，请商户提供优惠的商品或服务，让志愿者通过积分兑换获得实际的回报。这样的激励机制能够增强志愿者的参与意愿，提高他们的积极性和参与度。此外，社区还可以设置积分制度的等级规则，根据志愿者的服务时长、服务质量等因素来划分不同的等级。随着志愿者的参与和贡献增加，他们可以逐渐晋升到更高的等级，并享受相应的特权和优待，如参加培训班、参与高级项目等。这种等级制度能够激发志愿者的个人成长和发展动力。多元激励型的模式还可以结合其他激励方式，如荣誉证书颁发、公开表彰等。社区定期评选优秀志愿者，给予当选者荣誉证书或进行公开表彰他们的贡献和努力。这种形式的激励可以提高志愿者的成就感和自豪感，同时也能够起到榜样和示范作用，鼓舞更多人加入志愿服务行列。

武汉市 Y 社会工作服务中心在黄陂 M 社区通过多元激励带动社区志

愿者。通过线上居民群和微信公众号宣传，以及线下各类宣传活动，带动居民加入志愿者队伍，让居民从旁观者变成参与者。开展志愿者积分兑换活动，制定完善的志愿者管理条例，提升居民参与社区志愿服务活动的主动性和积极性，为社区治理注入新活力；以 M 社区为志愿者服务试点，主动注册为志愿者的居民达到 261 人，志愿服务时长达到 977 小时。按照能人专业特长、服务意愿，对社区能人编排，联合社区工作者、社会工作者和社区等多方力量大力弘扬志愿服务精神，定期组织开展各类志愿服务活动，展现"有我有奉献、有爱有精神"的时代风采，丰富辖区居民业余文化生活，切实提升社区服务水平，传递邻里亲情，共建和谐社区。

鄂州市 W 社会工作服务中心建立社区积分兑换机制，激发居民参与志愿服务的热情。项目以华容区 B 村为试点，召开村民议事会，结合村规民约以遵纪守法、环境治理、良好家风、助人为乐、创业带富、移风易俗等方面共计 40 项为评分内容，建立和完善了一套积分兑换奖惩机制，其中积分细则里包含加分项 40 项、减分项 5 项，积分兑换服务清单22 项。根据村民需求，"爱心超市"配备了粮油物资、家用五金、生活日用品、手套棉袜等用于志愿者积分兑换。村民可以通过保持家庭卫生、清理村组环境、落实门前"三包"、化解邻里矛盾等多种方式获得积分，并到"爱心超市"兑换生活物资，得到实实在在的激励。在试点村取得了可喜成果后，D 镇组织召开了全镇积分兑换培训会，将试点村的工作经验在全镇 18 个村（社区）进行了推广。以积分量化群众真善美，用积分兑换的方式激发志愿者、社会组织活力的方式不断深入人心，逐步实现了村民从"观众"到"演员"，从"客人"到"主人"，从旁观者到参与者的转变。

三、"五社联动"机制下社区志愿服务常态化运作的现实困境

(一)"五社联动"机制下,社区的核心作用与服务组织优化存在提升空间

1. 社区作为治理主体的核心作用有待加强

社区作为"五社联动"的核心要素,是一切工作的基础。自新冠疫情以来,街道下放部分权力至社区,基层工作人员更加忙碌。"权力下放"方便了居民生活,但在客观上也加重了社区的行政压力。调研得知,各项目在推进过程中,部分社区没有精力主动参与,协同治理,核心作用有待加强。社会工作者作为进驻社区的外来主体,在推动社区治理优化的实践中受阻。特别是在链接资源方面,主要面临的难题是没有稳定的资源获取渠道,这就需要社区发挥核心作用,充分调动政府政策资源。

2. 志愿服务的组织化与体系化建设尚需完善

在开展志愿服务过程中,有效的组织架构对于协调和推进志愿者工作至关重要。然而,在一些社区中,志愿者组织往往缺乏明确的层级体系和职责划分,志愿者可能无法准确了解自己的角色和任务,从而影响志愿服务的质量和效果。

社区在志愿服务常态化运作中应发挥桥梁和纽带作用,但现实中存在着沟通和协调机制不够完善的问题。社区党组织应加强与志愿者组织之间、志愿者之间的沟通和协调,通过定期会议、培训交流等方式,促进信息的传递和资源的共享,从而提高志愿服务的整体效能。

（二）资源保障机制与联动协同效能尚待强化

1. 筹资渠道多元化与长效保障机制待健全

"五社联动"机制下，社区志愿服务常态化运作需要各方共同提供资源和资金支持。但在项目实际运作中，各参与方投入的资源和贡献存在差异。这种情况导致某些项目的资源和资金支持相对不足，无法充分发挥志愿者的潜力和服务能力难以开展更广泛、高质量的志愿服务活动。志愿者在开展志愿服务过程中需要一些基本的物质支持，比如交通费、培训费等。资金的缺乏还导致志愿者的积极性受到一定限制。

调研访谈中，多个项目点提到社区开展志愿服务的资金有限以及带来的影响：

资金筹措方面存在难点，乡镇和农村参与爱心慈善捐赠的个人和企业较少，在资源链接上常常受阻，开展活动需要的经费和志愿者补贴很难筹措到，一定程度上影响了志愿者的开展志愿服务的积极性。（H市L县Q社区项目点）

志愿服务组织缺乏稳定、可靠的资金来源，活动开展没有保障。（H市H县L村项目点）

对于社区志愿服务常态化运作而言，筹集足够的资源和资金是非常关键的。然而，很多社区缺乏筹资经验和能力。

一方面，社区缺乏专业的筹资人员，无法有效地进行筹资工作。非专业筹资人员不熟悉筹资的方法和渠道，也不了解如何与潜在的捐赠者、赞助商或基金会进行有效沟通。

运营资金不足是困扰志愿队伍的最大问题。主要原因在于：现有的志愿者组织是社区建立起来的。志愿服务处于社区推动的模式，导致志愿者组织不善于通过企业单位或民间组织筹集活动经费，社会资金资助志愿工作不足。（W市D区Y社区项目点）

另一方面，志愿者本身也缺乏筹资的经验和能力。志愿者通常更注重参与服务工作本身，对筹资方面的工作感到相对陌生。缺乏筹资经验和能力导致志愿者难以有效地寻找到适合的筹资机会和渠道，限制了志愿服务项目的规模和质量。

2. 多元主体协同的深度与效能尚未充分释放

尽管"五社联动"机制旨在通过多元社会主体协作推动志愿服务常态化，但在实践层面仍面临协同效能不足的困境。主要表现为：一是协调与沟通机制不健全，各参与方（社区、社会组织、社会工作者、社区志愿者、社会慈善资源）缺乏高效的信息共享平台和资源整合路径，导致服务需求与供给匹配效率低下，资源重复投入或覆盖盲区并存。二是协同动力与整合能力不足，部分主体因权责边界模糊、目标诉求差异，尚未形成可持续的利益共享和责任共担机制，难以突破"碎片化协作"状态。在调研中，部分地区反映"企业捐赠物资因缺乏统一调度，未能精准对接社区需求"（H 市 H 县 L 村）。

（三）组织规范化管理与内部治理机制有待提升

1. 权责分工待明晰，纵向协作待畅通

志愿者组织缺乏明确的组织结构和职责分工，这导致志愿者无法准确了解自己的职责和任务，使志愿活动出现混乱、重复或交叉的情况，增加了协调和管理的难度，影响工作效率和协作效果。

由于缺乏有效的沟通与协调机制，各参与方之间的信息传递和交流困难重重。志愿者组织内部缺少有效的沟通和协作机制，导致信息传递不畅、合作困难，进而影响到组织的整体运转和团队凝聚力，导致项目推进缓慢，服务质量无法得到有效的保障。

2. 志愿者管理和培训需完善，规范化流程需明确

项目点没有建立健全的志愿者管理和培训机制，在志愿者招募、培

训、分配和监督管理等方面存在不足，缺乏对志愿者的支持，使他们面临参与项目时产生困惑和不确定性，影响了志愿服务的质量和效果。

志愿服务管理制度不够接地气，没有和当地的实际情况结合，缺乏合适的平台进行展示，较难提升志愿服务队伍的积极性和荣誉感。（W 市 H 区 M 社区项目点）

社区志愿服务常态化运作需要有明确的工作流程和制度来指导志愿者的行动。然而，在现实中，一些项目点缺乏规范化的工作流程和制度，导致对志愿者活动的安排、记录和评估等方面无法进行有效地监管和管理。规范化的缺失阻碍了志愿者活动的持续性和可持续性。

（四）志愿服务多元参与动员与品牌影响力建设亟待深化

1. 志愿者队伍结构多元化与可持续性有待提升

一是志愿者成员结构单一。目前社区志愿服务群体构成比较单一，年龄结构较老龄化，由于退休老人有更多的时间和精力参与志愿服务活动，所以社区招募到的志愿者中老年人占比较高。志愿服务队伍在专业构成上也缺乏多样性和广度。这种单一的专业构成导致服务队伍的能力和视野受限，无法满足社区的多样性需求。

二是志愿者流动性高。现有的志愿服务队伍绝大部分都是社会工作者根据志愿者的爱好或特长而组建成立的，因服务时间、身体状况、资金等因素导致人员不稳定，志愿服务队伍存在较高的成员流动性，参与服务的时间也不稳定。有的志愿者可能只参与一两次服务或在特定时段参与，便暂停或退出。这种不稳定性使得志愿服务队伍无法保持稳定的规模和运作，使得志愿服务无法持续。

2. 志愿服务宣传渠道覆盖广度与影响力辐射有待拓展

一是较为缺乏全面的宣传渠道和多样化招募策略。社区缺乏多样化的招募策略，无法吸引更广泛的志愿者群体参与。传统的渠道和方式难以覆盖更多潜在的志愿者,尤其是年轻人群体,还会限制志愿服务的曝光范围和传播知名度。

二是缺乏针对性的宣传内容和形式。社区居民对于志愿服务的认识较为模糊,宣传内容和形式又没有有针对性地设计,无法引起社区居民的关注和兴趣,进而降低他们参与的意愿。

三是缺乏持续地宣传和教育活动。宣传和教育活动是提高社区居民对志愿服务认知的重要途径之一。然而,现实中社区缺乏持续地宣传和教育活动,无法持续地向社区居民传递志愿服务的概念、意义,导致社区居民对志愿服务的认知仅停留在表面层面,无法理解其深层次的价值和意义。

四是缺乏互动参与的机会。部分社区居民缺乏直接参与和体验志愿服务的机会,使得社区居民无法亲身感受志愿服务的价值和影响,难以建立起对志愿服务的认同感和参与意愿。同时,缺乏互动参与的机会也限制了志愿服务宣传教育的有效性。

(五)志愿服务专业化发展与长效运作机制亟待优化

1. 服务策划与实施的体系化、精细化水平有待提升

一是志愿服务存在表面化现象。一些志愿者组织对项目未能进行专业化设计,缺乏深入的需求调研和分析,以问题解决模式为主,缺乏深入的专业服务,这导致志愿者的专业服务只停留在表面,无法真正满足受助对象的深层次需求。

二是服务缺乏系统性和策略性。有些志愿服务较为零散,缺乏整体性策略规划,导致专业服务的连续性和延续性不足。另外,缺乏对服务有效的评估和监督机制,导致服务质量参差不齐,无法及时发现和解决潜在问题。

2. 服务项目多元化与可持续运作模式尚需完善

前文提到，志愿者队伍缺乏专业技术人员，平时开展的志愿服务活动主要集中在助老助残、困难关爱慰问、文明劝导、政策宣传等方面，服务内容单一、狭窄，不能满足居民多样化、个性化需求。常规的志愿服务活动因开展的频次较多，志愿者成就感低，参与兴趣不足。

同时，还存在志愿者培训和能力匹配问题。一些志愿者组织没有提供充分的培训机会，或者对志愿者的专业背景和服务需求之间没有进行有效的能力匹配，这导致志愿者提供的专业服务与实际需求之间存在不匹配的问题，影响到专业服务的持续性。

（六）志愿服务效能评估与可持续激励机制有待健全

1. 服务记录与评价机制尚未形成闭环

"五社联动"机制下，社区志愿服务常态化运作的一个困境是志愿者的服务没有得到公平公正的记录和认可，这可能导致志愿者感到服务价值被忽视或轻视，影响他们的参与和长期投入服务的动力。

一是缺乏完善的志愿服务记录机制。一些社区缺乏完善的志愿服务记录机制，无法准确记录和统计志愿者的服务时长、贡献和成果。对志愿者的服务仅通过口头表扬或简单的签到表来记录，缺乏系统性和全面性，这使得志愿者的服务成果无法被完整地体现和认可，从而降低了他们的参与动力。

二是较为缺乏公开透明的评价和认可机制。一些社区缺乏公开透明的评价机制，无法充分认可和表彰志愿者的服务贡献，同时，缺乏明确的评价标准和程序，志愿者的服务难以得到客观的评估和认可，这会削弱志愿者的积极性和动力，尤其是对于追求成长和个人发展的志愿者。

因为家庭琐事，志愿服务不被家人理解，志愿者积极性和动力较难长期维持。同时，志愿者的服务没有被公平公正地记录，这影响了志愿

者的积极性。(H 市 L 县区 H 社区项目点)

2. 激励手段的多样性与有效性亟待增强

目前一些社区的激励手段主要依赖于物质奖励或表彰，缺乏多样化的手段，难以满足志愿者个体差异和多样性的需求。有的志愿者可能更看重非物质方面的激励，如个人成长、社交互动、知识学习等，这些方面的激励不容忽视。另外，有些社区在反馈方面缺乏及时、有效的机制。志愿者在进行志愿服务时希望得到及时、有效的反馈，以了解自己的贡献和影响。然而，在现实中，缺乏有效的反馈机制会导致志愿者无法清楚地了解自己的成果和效果，从而减弱他们的动力。

四、"五社联动"机制下社区志愿服务常态化运作策略

(一) 加强社区党建引领，提升社区党建能力和水平

"五社联动"机制下，加强社区党建引领是实现社区志愿服务常态化运作的重要策略之一。通过优化对志愿者组织的领导和引导，可以有效提升志愿者组织的组织能力、专业水平和服务质量，进而推动社区志愿服务工作的开展。

1. 加强社区党建引领作用的发挥

一是建立健全志愿者组织管理体系。社区应建立健全志愿者组织的管理体系，明确组织的职责、权责和运作机制，设立专门的组织管理部门或委员会，负责志愿者组织的规范管理、培训指导和评估监督等工作，这样有助于提高志愿者组织的整体管理水平和服务质量。

二是加强组织间的协作与合作。促进不同志愿者组织之间的协作与合作，通过建立定期沟通交流的机制，鼓励志愿者组织之间相互支持、资源共享、经验借鉴，增强志愿服务的整体效益。同时，也可以发挥组

织协调作用，推动志愿者组织在项目协作、资源整合等方面进行更加紧密的合作。

三是完善志愿者组织评估和监督机制。建立志愿者组织的评估和监督机制，对志愿者组织的运作情况、服务质量等进行定期评估和监测。根据评估结果和监测反馈，及时提供指导意见和改进建议，推动志愿者组织的规范化发展和提升。这有助于确保志愿者组织按照要求履行职责，提供优质的志愿服务。

2. 提升社区党建的能力和水平

一是提供专业指导和培训。社区可以通过组织培训班、研讨会、经验分享会等活动，传授志愿者组织管理、项目策划、服务技巧等方面的知识和经验，为志愿者组织提供专业指导和培训支持，提升志愿者组织的专业水平，提高志愿服务的质量和效果。

二是建立志愿者组织与社区居民互动的平台。搭建志愿者组织与社区居民互动的平台，促进双方之间的有效沟通和互动。例如，定期组织各类志愿者活动、展示成果展等，还可以听取社区居民的意见和需求，通过志愿者组织为其提供更有针对性的服务。

三是通过加强社区党建引领、优化对志愿者组织的领导和引导，规范和提升志愿者组织的运作水平和服务质量。这不仅有助于增强志愿者组织的组织能力与专业性，还能够引导志愿者组织更好地满足社区居民的需求，推动社区志愿服务常态化运作的发展。

（二）加强资源整合，优化"五社联动"协同治理

1. 整合资源，弥补志愿服务资源缺乏

一是拓展多元化的筹资渠道。社区可以积极寻求多元化的筹资渠道，包括寻求与政府、企业、社会基金会等的合作和支持，建立与各方合作的长期合作关系，争取更多的资源和资金支持，确保志愿服务项目的开

展和运作，充分发动个体户、私营企业、个人参与志愿活动，并投资志愿队伍，补充志愿活动经费不足。如发动私营企业、爱心商户投资志愿活动时，可以采取交换资源的方式，在志愿活动时免费为企业单位、爱心商户打广告，达到共赢。政府加大购买力度，可以采取公益创投的形式，择优资助志愿服务队，通过树立优秀标杆，更好带动周边资源和其他志愿服务队的积极性，形成良性循环。

二是探索社区自身的资源。社区可以发掘和利用自身潜在的资源，有效利用和整合社区内部的资源，加强"五社联动"，为志愿服务提供物质和经济支持。

三是拓展多元积分制兑换平台，建立积分监督体系。从内在动力出发，以家庭为单位建立积分账户，从外在动力出发，票选出由社区骨干所组成的积分制"考评"监督委员会，每个星期线上线下同步公示社区内所有家庭的积分情况。社区还可拓展多元化的积分兑换平台，如爱心超市，智慧课堂，绿色街道等，既能弥补物质激励的不足，也能激发社区的内在活力。

2. 协作共赢，优化协同效能不足困境

一是各主体发挥专有优势。社会工作者利用专业优势，激活社区内在潜力，培育社区的内生动力，推动社区治理专业化。社会工作者帮助社区深入了解居民的需求，协助社区开展各类活动，这实际是为社区"减负"。社区"两委"要用好各种政策和资源，比如利用政府的会议宣传社区的做法；社区社会组织凝聚和团结居（村）民，更精细更精准地提供社区服务、参与社区建设；社区志愿者调动居民的积极性和主动性，随时随地参与社区建设。

二是建立有效的沟通与协调机制。建立社区各方的沟通与协调机制，通过共同商讨、协调和解决问题，确保联动机制真正发挥作用。及时沟通有助于搭建合作框架，协调资源和需求，提高效率和效果。比如推动社区议事厅、社区合伙人等制度,让企业志愿者、社区志愿者、大学生志愿者等各类主体通过合伙人的机制参与到联动平台中,并定期开展相关的联动活动。

三是建立共享资源平台。创建志愿服务资源共享平台,集成社区内各方的资源信息、需求信息和志愿者信息。通过信息共享和资源整合,促进社区各方之间的互相支持和协同发展。

四是探索开放性合作模式。鼓励不同组织之间的开放性合作,实现资源的共享和互补。建立联合项目,共同筹集资源和资金,开展联合志愿服务项目。

(三)完善志愿服务组织管理机制,深化规范化管理

1. 规范社区志愿服务组织运营,增强服务效能

一是提升社区志愿者服务规范性。通过健全需求评估机制、内部治理机制,包括决策机制、监督机制和考核机制以及过程导向的评估机制,优化组织结构,明确志愿者组织的层级结构和职责分工,确保各部门和岗位职责明确,避免任务重叠和职责不清。明确决策的流程和程序,规定决策权限的界定和分工,确保决策过程的透明性和高效性。完善监督和评估机制,建立志愿者工作的监督和评估机制,定期对志愿者的工作进行评估,及时发现问题并提出改进意见。

二是提升社区志愿者项目策划能力。加强对社区志愿者培育的指导、培训,包括制度建设、服务设计,协助社区志愿者队伍打造标识度高的特色服务项目,提升其在宣传方面的能力。

2. 加强志愿者管理服务水平,提升服务能力

社区志愿者是"五社联动"中的重要元素,提升服务能力,需要打造一个"专业社会工作者引领志愿者,志愿者协助专业社会工作者"的互动格局。要建立健全基层志愿服务制度,加强志愿者管理机制建设,

不断规范志愿服务水平。其次，线上线下相结合，拓展召集志愿者的渠道，充分调度社会力量参与社区公共事务，逐步完善市、区、街道、社区四级联动的社区志愿服务体系，探索志愿服务新模式，开发"菜单式"志愿服务项目。

同时，还要加强志愿者权益保障，制定志愿者权益保障的政策和规定，确保志愿者的合法权益得到保障；建立申诉和解决纠纷的渠道，建立有效的沟通和协作机制，建立定期的会议和沟通平台，加强内部的信息共享和团队协作，提高组织的运转效率和团队凝聚力。社区"两委"、项目牵头人要安排专人对接社会组织运营管理、定期开展社会组织运行情况座谈会，汇报社会组织运作情况。

（四）优化"赋权—扶助"的志愿者常态化发展模式

1. 扩大志愿服务队伍，完善志愿者赋权机制

一是拓展多样化招募渠道、制订特定策略。社区可以在传统媒体宣传外，利用社交媒体、线上平台、与大学和企业合作等方式进行宣传和招募，以吸引更多志愿者参与志愿服务。同时，针对不同群体制定特定的招募策略，如针对不同年龄、阶层、职业的人群，则需要考虑到服务内容、形式和时间，设计多样化的服务项目。通过志愿服务可有效动员企业、两新组织群体参与到志愿服务中。特别是企业志愿服务不仅可以提供人力资源支持，而且一般还会提供物质和资金的捐赠。

二是定期举办志愿服务微公益项目大赛，一方面可以为志愿服务队伍提供一定的资金或技术指导支持；另一方面，在举办大赛的过程中也培育了志愿服务队伍的自我管理与服务能力，激励各志愿服务队伍主动开展志愿服务活动，还要对其所开展的服务活动进行宣传报道，提升志愿服务队伍影响力，为后期志实现自我造血功能奠定基础。

三是建立具有吸引力的激励和认可机制。社区应建立激励和认可机

制，包括物质奖励、证书荣誉、个人发展机会等，增加志愿者的参与动力和意愿。志愿者的付出和贡献要得到及时和公正的认可，让他们感受到自己的价值和作用。

四是提供持续的培训和发展机会。社区可以为志愿者提供持续的培训和发展机会，包括专业知识培训、领导能力培养和项目管理技能等，这样可以激发志愿者的学习兴趣和成长需求。通过"走出去、请进来、互相交流学"等方式，定期、不定期地开展志愿者增能培训活动；通过以项目化运作的方式，在社会工作者的指导下，熟练掌握项目的策划、设计、链接资源、开展、总结复盘等环节。

五是建立志愿者参与决策和沟通机制。通过建立志愿者参与决策和沟通的机制，例如在成立社区公益基金会的过程中，可以动员更多的志愿者积极参与，成为基金会的发起人，搭建共同的决策平台，建立志愿者参与决策机制，不仅可以实现公益金的循环持续，还实现了志愿者的常态化参与。又如社区定期召开志愿者交流会议，增加志愿者的归属感和参与感，促进他们的长期参与志愿服务活动。

2. 构建多样化宣传方式，提升志愿服务宣传成效

一是构建多样化宣传渠道和方式。社区应利用多种渠道和方式进行对志愿服务的宣传，通过全面覆盖的宣传渠道，能更好地向大众传递志愿服务的信息。各级政府部门应加大对志愿服务的宣传力度，巡回报道身边的感人事迹，宣传志愿服务文化，营造参与志愿服务的浓厚氛围。

二是定制个性化宣传内容和形式。根据不同群体的需求和兴趣，定制宣传内容和形式，结合社区居民感兴趣的话题、利用多媒体元素、故事分享等方式，使宣传更加生动有趣，引起社区居民的关注和共鸣。

三是强化持续性宣传和教育活动。定期组织宣传和教育活动，通过举办志愿者分享会、讲座、培训等活动，提供持续的宣传和教育机会，加深社区居民对志愿服务的认识和了解。

四是增加互动参与的机会。开展互动参与活动，让社区居民亲身体验志愿服务的价值和影响。例如，组织志愿者招募活动、公益项目体验等，让社区居民参与其中，亲身感受志愿服务的意义和乐趣。增强社区居民对志愿服务的认同感和参与意愿。

（五）强化专业引领和支撑，打造多样化志愿服务项目

1. 强化专业引领，提升项目策划与管理能力

一是强化社会组织和社会工作者在"五社联动"中的专业引领作用。通过专业引领和支持，对社区志愿服务项目加强策划与管理，充分发挥社区志愿者的作用。

二是开展专业化需求评估与调研。在开展志愿服务前，要先进行对社区需求的专业化评估和调研，了解社区的实际需求和问题，确保志愿服务的针对性和有效性，避免盲目开展服务活动。

三是制定策略性的项目计划。根据社区需求评估的结果，制定策略性的志愿服务项目计划，将计划与社区的长远发展相结合，注重项目的可持续性和影响力。

四是设立明确的志愿服务目标。社区应制订明确的志愿服务目标，明确服务的领域、对象和重点工作，明确项目的目标、实施步骤和预期成果，避免志愿服务流于形式化、表面化。

2. 聚焦社区实际需求，打造多样化志愿服务项目

社区志愿服务应聚焦、细化社区居民实际需求，着力打造能够常态化开展、具有清晰服务模式、稳定志愿服务团队和具有一定覆盖面的社区志愿服务项目或活动。

一是聚焦社区居民的深层次需求。通过开展调研，收集居民的意见和建议，按照服务时间、服务特长、服务意愿将志愿者资源进行重新整编。对社区需求进行分级分类回应，将分散的、异质性的服务需求与非

规模化的服务供给进行对接。

二是建立支持性社区网络。创建支持性的社区网络，鼓励社区居民相互支持和帮助。志愿者可以组织社交活动、兴趣小组、互助小组等，为居民搭建建立联系、共享经验和获得支持的平台，满足居民在情感层面上的需求，减轻孤独感和情感压力。

三是提供情感支持与聆听服务。通过相关培训，志愿者可以提供情感支持和聆听服务。通过认真倾听他人的故事、感受和困惑，志愿者可以为社区居民提供心理鼓励和支持，满足居民在情感层面上的需求，减轻压力、焦虑和抑郁等不良情绪。

四是开展心灵抚慰活动。组织心灵抚慰活动，如音乐疗法、艺术治疗、冥想等，为居民提供平静和放松的体验，促进居民的情绪管理、减轻他们的焦虑、提高他们的心理健康水平。

四是鼓励个人发展与自我实现。通过启发、培养和支持社区居民的个人发展与自我实现，提供职业咨询、技能培训等服务，帮助居民发现潜能、树立目标、增强自信心，满足他们在认知、创造力、成长和成就感方面的深层次需求。

五是激发社区居民的社会参与意识。志愿者可以通过参与志愿服务项目、社区议题讨论、志愿者培训，引导社区居民参与社会活动和公益事业，激发他们的社会责任感。

（六）优化志愿服务记录机制，完善志愿服务长效激励

1. 优化志愿服务记录机制

一是对志愿服务记录机制进行全面、有效地优化。建立系统化的志愿服务记录机制，对服务时长、项目参与情况、贡献和成果等进行准确记录。加大积分储蓄的长效性作用，做到坚持专人管理台账，使每次活动都有记录，每一次时长都有痕迹，每一次服务都可视化。

二是设立公平公正的激励和奖励制度。社区需要基于服务时长、项目质量、成果效益等设计激励和奖励制度，对志愿者的实际贡献和成果来进行评价，确保公平公正。

三是建立公开透明的评价和认可机制。通过设立评审委员会、邀请独立评估等方式，确保志愿者的服务得到客观、公正的评价，并及时公示结果。

四是建立定期反馈和沟通机制。通过面谈、问卷调查、志愿者大会等形式，及时回馈志愿者的表现和成果，确保志愿者了解自己的服务情况，感受到志愿服务带来的价值和意义。

2. 完善志愿服务长效激励机制

一是完善多元化激励手段。除物质奖励和荣誉表彰外，还可通过短期表彰和长期表彰结合的形式，完善多样化的激励手段，以满足志愿者的多元需求。如积分制度，志愿服务等级晋升等，使志愿者能够获得持续的激励和回报，提高志愿者参与志愿服务的积极性与获得感。

二是制订个性化激励措施。通过了解志愿者的兴趣、技能和价值观，根据个体差异制订个性化的激励措施，提高其参与志愿服务的投入程度，并以此激发更广泛的社会网络参与志愿服务。

乡镇（街道）社工站与
社区公益基金合作生产的研究报告

郑广怀[*]

　　2017年6月，《中共中央 国务院关于加强和完善城乡社区治理的意见》提出"鼓励通过慈善捐赠、设立社区基金会等方式，引导社会资金投向城乡社区治理领域"，促进了社区基金会模式在全国的实践与推广。2021年4月，《中共中央 国务院关于加强基层治理体系和治理能力现代化建设的意见》提出"创新社区与社会组织、社会工作者、社区志愿者、社会慈善资源的联动机制"（以下简称"五社联动"），"五社联动"由此成为国家提升基层治理能力、发展公益慈善的顶层设计。而乡镇（街道）社工站是政府统筹协调建设、通过购买服务项目运作、突出社会工作专业能力的基层服务型社会组织，与作为汇聚区域慈善资源平台的社区公益基金，同属"五社联动"的重要主体，推动两者的协力共生是践行与完善"五社联动"的必然之举。

　　国外社区基金会的发展已有百年历史，社区基金会指的是为引导和支持社会组织参与社区治理，提高城乡社区发展治理水平，按照《基金会管理条例》的规定依法登记，利用自然人、法人或其他组织捐赠的财产，为提出社区公共问题解决方案的本地行动者提供资金资助。社区基金会在参与社会治理方面实现了三大创新：一是慈善不再只是富人的特

---

* 作者信息：郑广怀，时任华中师范大学社会学院副院长、教授。

权，社区公益基金为爱心人士参与社区慈善事业提供了途径；二是整合社会资源，推动社会发展；三是增加了居民参与地区发展的途径。① 社区公益基金不同于社区基金会，它不具有独立法人资格，为主要挂靠在社区基金会法人或具有公募资质的慈善机构（组织）下面，用于社区公益事业的专项基金。社区公益基金在与第三方管理机构签订协议后，方有可公开募捐以及使用资金开展活动的资格。② 国内社区公益基金的发展最早源于农村的反贫困研究。我国出现最早的社区发展基金是1993年贵州省草海自然保护区的"村寨发展信用基金"，后来安徽省霍山县1998年成立的"社区基金"、香港乐施会从1999年起在内地西部地区实施的"社区发展基金"、财政部和国务院扶贫办从2006年开始推广的"贫困村村级发展互助资金"也都属于社区发展基金的范畴。③

国内社区公益基金起步较晚且发展困难，在运营管理上存在专业性不足、制度缺失、公众认同与居民参与不足、利益相关方难以建立有效联结等问题，导致社区公益基金出现形同虚设、筹款不力、资金监管审批较为混乱等问题。笔者在督导湖北省第三片区"五社联动·家园助力站——社区公益基金助推基层社会治理创新合作项目"（以下简称"五社联动·家园助力站项目"）时发现，社区公益基金应依托专业的服务平台，如乡镇（街道）社工站，建立完备的管理制度，同时利用乡镇（街道）社工站的人力优势，整合社区内外资源，深入参与基层社区治理，解决"在地化"的问题。因此，本文以湖北省第三片区"五社联动·家园助力站项目"为案例，以增能理论为视角，试图通过行动研究推动乡镇（街道）社工站的专业能力建设，带动社区公益基金完善制度建设，进而探索乡镇（街道）

① 曾永和."1234"：对社区基金会的管窥［J］.中国社会组织，2018（10）：32-34.
② 何宇，高布权.社区治理"三维"互动创新路径与启示：以成都社区基金为例［J］.北京城市学院学报，2021（6）：32-34.
③ 王曙光，胡维金.社区发展基金与金融反贫困［J］.农村经济，2012（2）：10-14.

社工站与社区公益基金协力共生的路径,实现"五社联动"创新模式探索。

一、研究设计

(一)相关文献回顾

1. 社区公益基金的功能和作用

社区公益基金作为社区公益慈善资源的重要组织形式,其在基层社区治理中的功能和作用为学界所关注。社区公益基金能够为社区居民等关心社区建设、发展的捐赠人提供便捷、常态化的捐赠渠道和平台①,能够有效地链接资源,发挥资金"储水池"的功能,实现除政府购买服务之外对社区困弱群体帮扶的有效补充;同时,也能够为社区培育的社会组织提供资金支持,促进社区社会组织的可持续发展。此外,也有学者关注社区公益基金的筹款渠道和筹款方式。社区公益基金的筹款渠道主要包括:个人从"受益人"变成"捐赠人",发动企业履行社会责任进行捐赠;发动社区共建单位、爱心商家、社会组织进行捐款等。随着国家慈善事业的发展,社区公益基金的筹款形式也呈现多样化趋势,包括开展公益项目或公益创投、利用互联网捐赠平台募集资金、与基金会形成联合体共同募捐等形式②。

2. 乡镇(街道)社工站与社区基金合作生产的缘由

乡镇(街道)社工站在基层社会治理中发挥越来越重要的作用,通过社会工作的专业方法,链接整合资源,在开展济困解难和社区治理方面发挥着关键作用。相较于社区公益基金的"星星之火",乡镇(街道)

---

① 胡小军. 社区基金的功能定位与建设路径 [J]. 中国社会工作, 2022 (31): 1.
② 原珂. 社会治理视阈下社区基金会"资金池"创新举措探究 [J]. 甘肃社会科学, 2023 (3): 161-170.

社工站在实践发展和理论研究上渐成"燎原之势"。社会工作服务站作为"五社联动"的重要平台，其重点聚焦于困弱群体，围绕民生保障与基层治理，通过个案、小组、社区等社会工作专业理论、方法，在提升民政部门基层服务能力与公益资源利用效率、激发居民参与意识与培育社区志愿服务组织、协助社区自治与推进社区发展等方面发挥独特的作用。①目前，国内乡镇（街道）社工站的运营模式大体分为三种：一是政府通过购买第三方服务，由社会工作机构来进行运营；二是政府建站，通过招聘专业社工进行运作；三是基层政府工作人员直接参与社会工作服务站运营各项工作。以上三种模式都需要依靠政府财政资金，必要的资金保障是社会工作服务站有效运行的关键。但从目前的形势来看，过于依赖政府资金造成社会工作服务站"自造血"功能不足，政府、有无资金、资金多少以及资金的持续性问题，都直接影响社会工作服务站的建设标准和运营范围。② 尤其在我国中西部地区和农村地区，经济发展较为滞后，基层民众需求多元，对社会工作服务站建设的需要更为迫切，但由于经济发展水平低、财政资金紧张，这些地区的建站任务不能顺利完成或持续进行。

此外，资源因素也是制约乡镇（街道）社工站发展的关键因素之一。社会工作服务站多数为第三方运营，开展各类居民服务需要丰富的社会资源作为保障，政府作为购买服务的主体，是社会工作服务站最主要的资源提供者。但从全国的形势来看，政府资源毕竟有限，尤其在经济欠发达地区。并且，政府在行政管理层面上难以对零散的资源进行整合，因此，仅靠政府难以支撑社会工作服务站长远发展，不予以改进势必影

---

① 王思斌．积极建设乡镇（街道）社工站 促进基层治理现代化［J］．中国社会工作，2021（22）：7.

② 赵军雷．新时期乡镇（街道）社工站建设策略初探［J］．社会与公益，2020（12）：52-55.

响社会工作服务站的服务质量和效果。①

3. 合作生产概念的提出

合作生产（co—production）的概念由美国政治经济学家奥斯特罗姆
（Elinor Ostrom）基于社区治安的研究提出，其核心是服务对象参与公共
服务的提供，提倡居民自助与社区互助，以期实现单方供给向多元供给
的转变。② 该理论强调各社会组织应当构建开放型制度，以打破服务提供
者与服务使用者之间的边界③，并促进多元主体参与项目的规划、设计、
集资、管理、执行、交付、监督与评估。而多元主体在全程参与过程中，
可以贡献各自力量、充分达成共识、实现价值共生，将行动流转变为价
值链。④ 在现代化的基层社会治理过程中，多元主体不再是被动的参加
者，而是主动的协商者，应重塑公众在公共服务生产过程中的问题发现
者、合作生产者、评估者和监督者的角色，最终使公众成为公共服务的
根本所有者。⑤

合作生产将公共服务变成一个开放系统，服务提供者与服务使用者
在价值共创中进行互动，所有参与者都可以充当资源整合者。⑥ 然而，合
作生产并不是简单的参与过程，也不是简单的信息交换，而是涉及参与

---

① 李鸿，张鹏飞. 乡镇（街道）社工站建设依据与路径探索［J］. 济南大学学报，2022
（3）：121-128.

② OSTROM E. Metropolitan reform：propositions derived from two traditions［J］. Social science
quarterly. 1972：474-493.

③ STEINER A，MCMILLAN C，HILL O'CONNOr C. Investigating the contribution of community
empowerment policies to successful co-production-evidence from Scotland［J］. Public management review，
2022：1-23.

④ 王学军. 公共价值视角下的公共服务合作生产：回顾与前瞻［J］. 南京社会科学，2020
（2）：59-66.

⑤ 同④.

⑥ Cordella，Antonio，Andrea Paletti，et al. ICTs and value creation in public sector：
manufacturing logic vs service logic. Information Polity. The International Journal of Government and Democ-
racy in the Information Age 23：25-41.

主体关系的重组，涉及参与者之间的互动和合作。① 公民和社区的合作生产成为改善公共价值成果的关键驱动力，但公民只愿意在他们真正需要的活动中共同生产。②

合作生产何以可能？既有研究提出，在公共行政进行数字化转型的过程中，数字化工具和应用为公共服务机构和公民提供了合作生产的机会，公共行政部门可通过在线平台、社交媒体、应用程序等数字化平台，为公民提供信息和服务，同时为公民共同参与制订与他们相关的解决方案提供必要的机会。与此同时，公民在共同生产中可提供投入和资源，最终实现公共服务的创新。③

合作生产概念在公共管理领域已有丰富的研究，但在基层社会治理创新过程中，实现不同主体之间的合作生产，还鲜有研究。乡镇（街道）社工站作为居民参与社区公共事务的重要平台，聚焦于居民需求，解决居民最关注的问题。国外对社区基金会的研究由来已久，社区公益基金是社区基金会的简易实现形式，是基层社会治理的一种创新性平台。基层社区发挥主动性，整合内外慈善资源，增加居民参与地区发展的途径，共同推动社会发展。以上两者都是"五社联动"的重要一环，如何"联"才能"动"，是本研究主要关注的问题。

① Gawłowski, Robert. Co-production as a tool for realisation of public services ［M］. Zarzadzanie Publiczne 2018（4）：71-81.

② BOVAIRD T, LOEFFER E. From engagement to co-production：the contribution of users and communities to outcomes and public value ［J］. VOLUNTAS：international journal of voluntary and nonprofit organizations, 2012（4）：1119-1138.

③ EDELMANN N, MERGEL I. Co-production of digital public services in Austrian public administrations ［J］. Administrative sciences, 2021（11）.

（二）研究目的与研究框架

1. 研究目的

本研究的目的是：在基层治理大背景下，乡镇（街道）社工站与社区公益基金如何参与合作生产过程；通过行动研究方法，探讨两者合作生产的预期结果。

2. 研究框架

本研究采用社会工作的增能理论，通过行动研究方法，以湖北省第三片区"五社联动·家园助力站项目"为例，研究运用合作生产行动策略，通过推动社区公益基金的制度建设和乡镇（街道）社工站的能力提升，发挥社区公益基金的地缘优势和乡镇（街道）社工站的人力优势，建立合作生产的互动关系，探索湖北省"五社联动"的经验模式（见图1）。

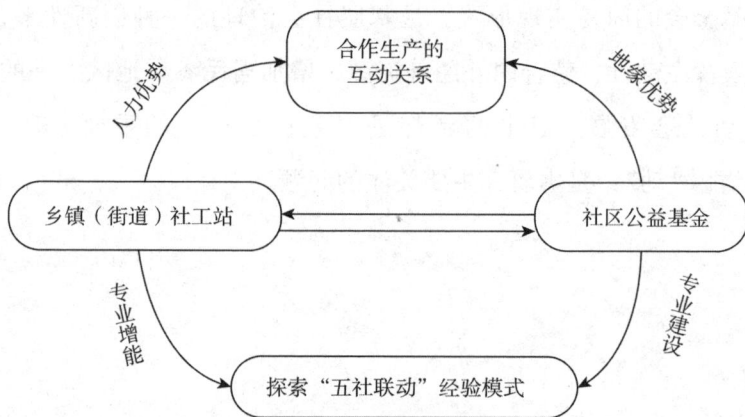

图1 本文的研究框架

3. 研究方法

本研究主要采用行动研究法（action research）。作为一门实践性学科，社会工作的研究并不只是为了做研究而研究、为建构理论而建构理论，而是为了实践而研究。这正是社会工作知识的本质，也是社会工作的研究与其他学科相区别之处。一般而言，其他社会科学研究的目标主要是理解社会、描述社会现象以及解释社会的运作、社会问题背后的原因。虽然社会工作也从事这样的研究，但社会工作会更进一步探索解决社会问题的方法和路径。行动研究法是一种新型的研究范式，[①] 它集研究、教育和实践于一体。笔者认为这种方法是社会工作最重要的研究方法，因为从它的本体论和认识论的基本主张、研究目标到研究的方法都与社会工作的内在特质非常贴近。例如，在农村社会工作的领域中，行动研究能够很好地帮助农村社会工作者认识农村社区，在实践行动中寻找研究问题，制定农村社会工作的介入方案和实践行动方案。更重要的是，在实践的过程中不断地反思与农村社区民众的位阶、合作信任关系，在资料分析过程中持续地反思，与现有的理论进行对话，累积经验，从而建立新的理论和实践模式。

行动研究提出，研究即实践，研究者即行动者。行动为研究和理论反思提供了对象和依据，其核心在于理论和实践的循环往复的过程，即在行动中积累丰富的实践经验，再进行理论研究，并将研究成果用于指导行动。[②] 有别于传统社会科学的研究，行动研究有很强的实用性关怀。它不是一个研究者对行动者行动的研究，也不全然作为一种学术探究的研究方法。如我国台湾学者夏林清所言，它是致力于寻求改变的一种方法。行动研究的目标非常清晰：其一，研究者是在其专业角色的社会实践中进行研究，是为了改进实务工作和更有效地完成专业实践而做研究，而不是为了研究而投身于观察其他行动者的社会实践。其二，行动研究本身就是一种社会实践，通过研究的过程，探究介入和改变的方法，从而

---

① 古学斌.行动研究与社会工作的介入 ［J］.中国社会工作研究，2013（00）：1-30.
② 张和清.社区文化资产建设和乡村减贫行动研究：以湖南少数民族 D 村社会工作项目为例 ［J］.思想战线，2021（2）：21-29.

改变现有的社会制度和系统、摆脱社会压迫、消除社会不平等、实现公平正义的社会理想；要实现这些理想，行动研究的过程就要更加强调向民众学习，做增权的工作；在知识生产的层面更是要生产批判性知识。

本行动研究的资料主要来源于督导文件、深度访谈、阶段性工作汇报。项目初期，研究者首先收集 9 个项目运营机构、项目社工、项目所在街道以及试点社区的基本情况，制订差异化的督导方案，并与项目执行机构建立专业的督导关系，确定项目存在的问题。项目中期，笔者通过"线上+线下"的陪伴式督导，观察项目承接机构和社工工作推进的情况，以及社区公益基金的运作情况，根据所查阅文献和督导反馈，设计访谈提纲，选取一些典型项目运营机构负责人进行访谈，一方面推动社区公益基金建立健全各项管理机制，另一方面链接讲师资源开展专业能力培训。项目末期，研究团队与项目执行机构梳理项目成效、打磨典型案例，不断反思实践的全过程，再进行总结提炼和理论研究，通过第三方评估检验研究成果，并进入文章撰写阶段。

二、乡镇（街道）社工站与社区公益基金合作生产情况介绍

（一）"五社联动·家园助力站项目"介绍

2022 年 3 月，民政部与腾讯公益慈善基金会启动"五社联动·家园助力站——社区基金助推基层社会治理创新合作项目"，该项目通过"五社联动"机制，以乡镇（街道）社工站为依托，以社会工作者为支撑，充分发挥社区公益基金在整合公益资源、拓宽慈善渠道、改善社区民生、提升社会治理水平等方面的作用，推动形成共建共治共享的社会治理格局，湖北省作为主要试点推进区，将建立 60 个社区公益基金。该项目与社会工作服务站项目的工作重点不同，需要项目运营机构和驻站社工具

备较强的专业能力和水平。笔者所在的研究团队负责对该项目第三片区的运营机构和项目社工进行督导，因此本研究选取第三片区的 9 个项目站点作为行动研究的对象。

（二）第三片区项目情况介绍

湖北省第三片区的 9 个项目站点分布在孝感、荆门、仙桃、天门、潜江 5 个地区，其中分配在街道社工站的有 8 个项目，分配在乡镇社会工作服务站的有 1 个项目，除了仙桃市沙嘴街道家园助力站项目由武汉市洪山区助丽社会工作服务中心承接，其他几个项目均由当地的社会工作机构运作，与社会工作服务站承接机构重合，因此项目承接机构对街道的情况非常熟悉。第三片区承接项目的 9 家社会工作机构，只有 1 家成立时间超过 5 年，有 1 家为刚刚成立，其项目运营经验为零。

1. 孝感仙桃片区项目基本情况

云梦县社会工作协会承接云梦县城关镇项目，被选取为试点的云台社区是一个混合型社区，由老城区居民和进城买房的城区新居民组成。由于老居民和新居民的生活习惯不同，邻里关系存在不和谐的现象。随着年龄增长和身体状况的恶化，老旧社区的留守与空巢老人面临着越来越多的健康问题，需要身心健康方面的支持；而新居民中的留守家庭则面临着迫切需要解决的社会问题，如留守儿童的托管、课业辅导、心理辅导和家庭教育指导等。汉川市心连心社会工作服务中心承接汉川市仙女山街道项目，被选取为试点的仙女山社区辐射官备塘社区、福星社区。武汉市洪山区助丽社会工作服务中心签约"五社联动·家园助力站项目"，所承接项目落地在仙桃市沙嘴街道，以沙嘴社区为试点开展工作。

2. 荆门片区项目基本情况

钟祥市爱华社会工作服务中心承接钟祥市郢中街项目。郢中街道位于钟祥市城区，是钟祥市政治、经济、文化中心，下辖 22 个社区、4 个

村，总面积 89.14 平方千米、总人口 20 余万。其中，城市低保 826 户
1211 人，农村低保 311 户、506 人，特困人员 91 人；60 岁及以上老年人
26857 人、70 岁及以上老年人 19525 人、80 岁及以上老年人 2753 人、90
岁及以上老年人 403 人、100 岁以及上老年人 4 人，60 岁以上的残疾人
862 人、重度残疾人 282 人。辖区内社会组织及志愿者力量资源丰富，但
无规范管理机制，故没有发挥出其组织及志愿服务的功能，亟需专业社
工支撑引导，建立完善规范的管理机制，将社区社会组织及志愿者服务
力量激发出来，引入社区公益慈善资源搭建平台，更好地发挥"五社联
动"机制的功能。武汉市阳光社会工作服务中心承接京山市曹武镇项目。
曹武镇是典型的农业乡镇，其社会工作服务站也是第三片区唯一的一个
乡镇社会工作服务站。曹武镇的源泉村因整村土地流转，基本上没有年
轻人留在村里，常住人员基本上为老年人。全村总人口 1072 人，常住人
口 500 余人，村内 70 岁及以上老年人有 119 人。村内因土地全部流转，
已找不到务工机会，70 岁及以上老年人失去经济收入来源。多数老年人
考虑到子女的经济负担重，很少跟子女索要赡养费。村内老年人的生活
条件差，平时省吃俭用，尽可能节省开支。村"两委"针对村内老年人
的生活状况，积极寻求解决办法，要让老人老有所养、老有所医、老有
所乐。荆门市蓝天社会工作服务中心承接的"五社联动·家园助力站项
目"落地于荆门市掇刀区兴隆街道。兴隆街道的 6 个社区历经从农村村
委会向城市社区转变的过程，社区内的居民大多是通过征地拆迁安置到
目前居住的社区的，对社区的归属感不强，且文化水平参差不齐，部分
居民仍然保留着农村生活习惯，对于社区的管理不理解、不配合，这对
相关单位的社区治理能力提出了挑战。除此之外，兴隆街道内企业众多，
在促进本地居民就业的同时也吸引了大批外地人口前来就业、生活。大
量新居民和临时居民的涌入，给城市发展带来了困扰，解决社区治理、
社会融入等问题是兴隆街道面临的首要任务。

3. 潜江天门片区项目基本情况

潜江市益加社会工作服务中心于 2022 年 4 月申报承接"五社联动·家园助力站项目"，所承接项目落地于天门市九真镇九真社区。天门市九真镇辖 30 个行政村、2 个社区、402 个村民小组，总人口 7.19 万。九真社区位于九真镇中心区域，户籍人口 8183 人，户数 2244 户，常住人口 3022 人，社区属于一个混居社区，以"三留守"人员、困境人群、流动人群为主。社区有工作人员 4 名，居民小组长 5 名。社区有党总支 1 个，党员 218 名。潜江市五角星社会工作服务中心承接园林街道项目，选取金陵寺社区为试点。该社区有 39 名低保户、81 名残疾人，其中困难残疾人 15 名、重度残疾人 66 名，11 人都是残疾 10 年以上。潜江市义工联合会承接潜江市泰丰街道项目，选取棉原社区作为试点。该社区位于潜江市中心城区，占地 0.9 平方千米，有常住人口 7765 人，其中 60 岁及以上老年人 751 人、12 岁及以下儿童 1089 人、残疾人等困境人群 6 人。泰丰街道于 2020 年 8 月成立社会工作服务站，辖区有专业社工 8 名。棉原社区 2021 年实施"双报到双服务"党员服务群众行动，已登记 680 名下沉党员干部。通过建立社会工作服务站和实施党员"双报到双服务"，较好地调动了社区居民和社会力量参与基层治理，但社区内居民对社区公共事务的参与积极性仍不高，社工专业服务尚无法满足群众多层次、多样化的需求，社会资源整合也比较欠缺。

（三）乡镇（街道）社工站与社区公益基金合作生产的行动实践

本行动研究总体按照"问题确定-制度规划-能力提升-总结改进"四个阶段开展：第一阶段主要是通过督导和实地走访了解项目执行机构的需求和问题；第二阶段主要是协助项目执行机构建立社区公益基金账户，并通过对社区公益基金相关的制度进行规划，且充分考虑多元主体的权责配置和角色地位，完善社区公益基金管理的相关制度，实现多元主体协同参与社区公益基金的运营管理；第三阶段主要是提升项目执行机构的执行能力，包括社区社会组织孵化培育、志愿者注册登记管理、项目筹款、典型案例梳理、项目成效总结以及研究和反思能力等；第四阶段主要是通过专家评估、研讨等方式，提取典型案例，总结合作生产经验。

本行动研究的过程如图 2 所示。

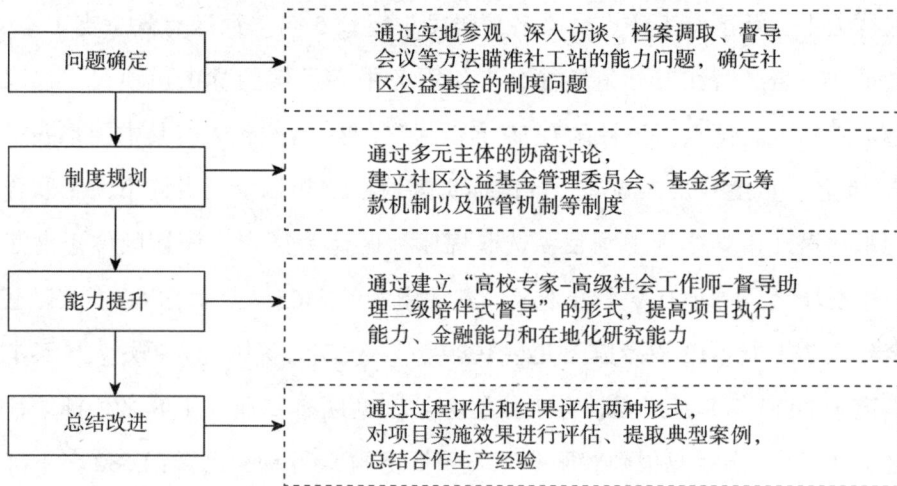

问题确定	→	通过实地参观、深入访谈、档案调取、督导会议等方法瞄准社工站的能力问题，确定社区公益基金的制度问题
制度规划	→	通过多元主体的协商讨论，建立社区公益基金管理委员会、基金多元筹款机制以及监管机制等制度
能力提升	→	通过建立"高校专家–高级社会工作师–督导助理三级陪伴式督导"的形式，提高项目执行能力、金融能力和在地化研究能力
总结改进	→	通过过程评估和结果评估两种形式，对项目实施效果进行评估、提取典型案例，总结合作生产经验

图 2　本行动研究的过程

1. 发现问题，界定需求

按照行动研究的周期计划，这个阶段主要的任务是发现问题、界定服务需求。[①] 该阶段最核心的工作是了解 9 个项目站点的基本情况，与项目执行团队建立专业的信任关系，澄清督导的工作职责，界定服务需求，制订督导服务计划。第三片区的 9 个项目站点主要位于湖北省中西部，包括荆门市、孝感市、天门市、仙桃市以及云梦县几个地区，其中 8 个项目站点位于城区街道，1 个项目站点位于农村地区，城乡差异较大。目前 9 个站点均设置有社会工作服务站，各配备 2 名专业的社会工作者。通

---

① 古学斌. 行动研究与社会工作的介入［J］. 中国社会工作研究，2013（00）：1-30.

过前期对第三片区整体情况的了解，督导团队分成了三个行动小组：第一小组主要负责孝感市和仙桃市的三个项目站点的督导工作；第二小组主要针对潜江市和天门市的三个项目站点开展督导工作；第三小组负责荆门市三个项目站点的督导工作。督导团队前期通过收集9个项目站点的督导需求以及召开线上见面会的形式，发现项目执行机构的问题主要表现在以下几个方面。

（1）项目的执行方向不明确

云梦县城关镇的站点负责人李社工在督导需求中反馈："五社联动·家园助力站项目"是依托社会工作服务站开展服务，项目要求承接机构要以乡镇（街道）社工站为平台，依托社区公益基金资源，运用"五社联动"机制，深化拓展基层社会工作专业服务，重点做好特殊困难群体支持性服务、社区社会组织培育、志愿服务积分管理、"幸福家园"村社互助平台应用等工作。项目内容跟社会工作服务站原有项目内容较为相似，不了解两个项目的区别，感觉很迷茫。钟祥市爱华社会工作服务中心承接钟祥市郢中街道项目，站点负责人张社工在接受督导时表示："我们知道这个项目不是一般的社会工作服务项目，而是一个探索性的项目，意在探索基层社会工作服务站的工作方向，项目要更多借助公益慈善力量，动员社区内自有资源，激发社区内互助氛围，因而对项目社工的能力有更高的要求。但是具体如何去做，我们还都是一头雾水。"

（2）社区公益基金缺乏健全的管理机制

"五社联动·家园助力站项目"要求建立社区公益基金账户，同时明确首年筹款目标为5万元。对于此项指标，大部分执行机构都表示很"头疼"。武汉市阳光社会工作服务中心运作的站点在京山市曹武镇街道，该镇户籍人口32743人，下辖2个社区、28个村，是典型的农业乡镇，因大量青壮年外出务工，农村空心化、老龄化、留守化情况日益凸显。该镇的源泉村辖6个村民小组，共有266户1072人，常住人口只有500

余人，其中 60 岁及以上老年人 315 人。该镇的曹武村总人口 1340 余人，其中 60 岁及以上老年人 317 人。该项目启动之前，社会工作服务站主要根据本地的实际情况，探索社区居家养老服务，以解决农村养老问题。项目启动后，该项目团队表示农村地区大部分都是"三留守"人员，经济收入水平低，政府资金较为匮乏，公益资源较少，社区公益基金的资金募集是项目开展后面临的最大问题。

（3）项目社工专业能力不足

在初次督导中，督导团队了解到项目执行机构派驻的部分社工缺乏服务经验，对项目实施要求不了解，还有部分社工缺乏专业背景，活动策划和文书撰写能力较弱。武汉市洪山区助丽社会工作服务中心负责人反馈，派驻的站点社工缺乏实务经验，虽然在较短的时间内形成了一支驻站社工队伍，但面对社区纷繁复杂的情况，如何让社工队伍将学到的专业理论转化为实际服务能力，如何使专业化的"种子"在本土化的"土壤"生根发芽，成为困扰项目执行团队的一个难题。这就造成了项目执行团队将大大小小的问题都反馈给机构，需要机构给予大量支持和协助，工作效率非常低。

综上对项目面临的问题进行界定，督导团队将介入目标定为社区公益基金的制度建设和项目执行团队的能力提升两方面，一方面通过协助项目执行机构完善社区公益基金的相关运营机制，提升社区公益基金的运营管理能力和筹款能力；另一方面通过督导、培训等形式提升项目执行团队的专业服务能力，从而促进整个项目的顺利进行。

2. 做好社区公益基金的制度建设

（1）建立基金管理委员会

组织存在与发展的基础性条件是合法性身份的获得，拥有制度规范则是获得社会认可与信任的重要方式。① 在第一阶段问题界定好之后，督导团队进入寻找行动的方法和介入策略的阶段，社区基金的制度建设是首要任务。建立社区公益基金的组织架构、资金筹措、审批监督等制度，是保证社区公益基金可持续运行的关键，也是构建社区公益基金与乡镇（街道）社工站合作生产的基础。"五社联动·家园助力站项目"的社区公益基金账户挂靠在湖北省慈善总会账户下，不具备独立法人资格。项目开始执行时，基金账户已经设立完成，乡镇（街道）社区公益基金向社会公开募集资金主要依托湖北省慈善总会"幸福家园"村社互助项目平台。乡镇（街道）在平台申请注册后，以"湖北省慈善总会××乡镇（街道）社区公益基金"的名义常年开展合法的公开募捐活动，所有募集资金进入各社区公益基金在"幸福家园"村社互助项目平台上的专属账户。基金账户申请好之后，接下来就需要成立基金管理委员会，负责社区公益基金的运营决策、资金募集以及日常管理等工作。

以汉川市仙女山街道为例。该街道社工站项目由汉川市心连心社会工作服务中心承接运营，项目团队在"幸福家园"村社互助项目平台注册社区公益基金账户后，通过拉动汉川市慈善总会、仙女山街道、仙女山社区，举行了社区公益基金研讨会，最终搭建了由仙女山街道民政办公室主任担任基金管理委员会主任，汉川市慈善总会副秘书长、仙女山社区居委会副主任以及仙女山社会工作服务站社工担任基金管理委员会成员的管理架构。根据《湖北省慈善总会关于"腾讯公益·五社联动·家园助力站项目"社区公益基金管理办法》的有关规定，社区公益基金由捐赠方定向捐赠的按捐赠人意向使用；非定向捐赠资金（含腾讯公益慈善基金会资助的资金）主要用于群众参与社区公益活动、志愿服务相关的必要性支出。服务内容主要包括：为困难群众提供必要的关爱、急

---

① 朱志伟. 社区基金会如何动员资源：基于 Y 个案的考察［J］. 社会工作与管理，2021，21（6）：61-69.

难服务的支出；支持社区志愿服务组织、志愿者开展志愿服务活动的必要性支出；资助优秀社区社会组织开展公益活动；资助村（社区）开展志愿服务积分兑换活动；支持社区社会组织孵化培育的必要性支出；支持村（社区）改善提升文化氛围的必要性支出。根据该办法，仙女山街道社工站推动基金管理委员会制定《仙女山社区活动资金审批流程》，按照"社会工作服务站拟定活动方案→管委会签字审批→多方参与项目实施"的程序，进行活动资金的审批。截至 2023 年 5 月，仙女山街道社工站共募集资金 7.6 万余元，共开展大型社区活动 20 余场，培育激活生活服务类、公益慈善类、志愿服务类社区社会组织 7 个，举办街道级"微公益"项目大赛 1 场，社区志愿者服务队认领 13 个"微公益"项目，共拉动 1500 余名志愿者参与社区服务。通过社区公益基金的资金助力，最大化地整合了社区公益慈善资源，推动了"五社联动"机制的良性运转。

（2）建立基金多元筹款机制

社区公益基金可以助力"社区去行政化"，为政府、市场与社区组织合作提供契机。[①] 就"五社联动·家园助力站项目"第三片区的执行情况而言，社区公益基金普遍存在资源整合不足、资金来源渠道较少等问题，能否推动基金管委会建立社区公益基金的多元募集探索共建机制，是社区公益基金能否良性运转的关键。筹款机制与网络在为社区公益基金资源动员提供支撑的同时，也为社区公益基金资源动员提供了很好的方向。但要确保发展资源的持续增加，就必须与不同资源主体建立良好的信任关系，以品牌化凸显组织优势，从而获得资源支持优先权。[②]

问题明确之后，督导团队通过邀请民政部相关专家召开研讨会、与项目执行团队进行一对一督导等形式，有针对性地解决基金筹款难的问

---

① 陈朋．地方治理视野的社区基金会运行［J］．重庆社会科学，2015（10）：59-65.
② 朱志伟．社区基金会如何动员资源：基于 Y 个案的考察［J］．社会工作与管理，2021，21（6）：61-69.

题，帮助项目执行机构建立基金筹款机制，推动基金最大限度地调动社区资源。以下是根据基金筹款机制制定的流程（见图3）。

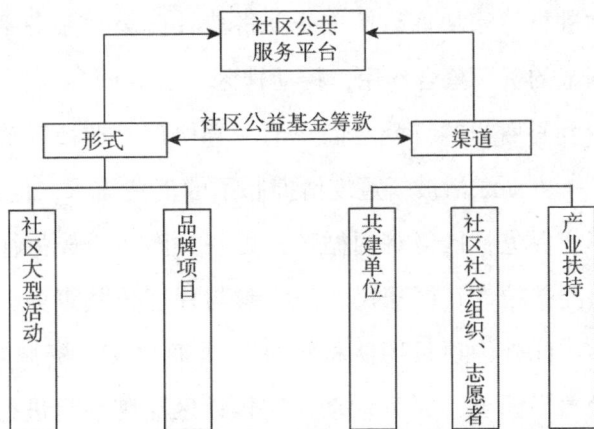

图3　社区公益基金筹款机制流程

督导团队协同项目执行机构建立"一平台两形式三渠道"的基金筹款机制，搭建一个社区公共服务平台，通过开展社区大型公益性活动、针对特定群体开发品牌服务项目两种形式，以辖区共建单位、社区社会组织和志愿者以及对社区产业扶持三种渠道，共同为社区公益基金募集资金。武汉市洪山区助丽社会工作服务中心承接仙桃市沙嘴街道的"五社联动·家园助力站项目"，在社区公益基金账户设立后，积极与街道和社区沟通，建立本社区公益基金账户的筹款机制，制度建立后进入试运行阶段。该项目团队从三个层面对社区进行综合分析：一是社区综合情况分析，对社区居委会、居民骨干、商家、共建单位进行访谈，了解社区基本情况和居民构成；二是社区居民分析，深入了解居民需求和问题，挖掘居民骨干和爱心人士，为后期孵化培育社区社会组织和建立志愿者队伍做准备；三是社区资源分析，重点了解社区商户资源、企业资源等。根据以上情况分析，项目团队制定了"三步走"战略：第一步，培育社区社会组织，建立志愿者队伍，通过社区自组织，开展困难群众帮扶和社区自治服务。第二步，建立社区议事会制度，定期召开社区"两委"、居民骨干、社区商户、辖区共建单位参加的议事会议，就社区和居民主要关心的问题进行议事协商。第三步，搭建社区公共服务平台，通过发挥社区公益基金的资源聚合作用，拉动辖区资源共同参与社区公共事务。项目团队邀请爱心商户签订爱心商户消费券协议，在社区范围内发放无门槛消费券，一方面激活被新冠疫情抑制了的消费需求，促进消费增长，加快经济复苏，促进社区经济内循环；另一方面注册成为社区志愿者可领取消费券，间接拉动社区居民、商家参与社区公共事务，成为社区重要的资源主体。此外，项目团队根据社区内商户多、资源丰富的优势，组织开展"公益游园会"系列活动，安排社区品牌项目进行路演，撬动更多的社区慈善资源。

（3）建立健全社区公益基金监管机制

社区公益基金想取得捐赠人的信任，必须做好资金的监管。社区公益基金不具有独立法人资格，资金不多，目前仍未采取增值管理方式，只需要确保资金的安全和使用公开透明，因此建立基金监管机制具有必要性。"五社联动·家园助力站项目"执行团队还处于摸索阶段，基金监管机制尚未建立起来。

本研究认为，社区公益基金监管机制应包括以下几个方面：一是设置专门的出纳或财务人员，建立社区公益基金财务专用台账，定期将财务使用情况进行公示；二是在基金管委会下设立监督部门，主要对基金的运行情况、发展趋势进行监督，监督部门应由社区居委会成员、居民代表、第三方运营机构人员、捐赠人代表等组成，保证监督部门的公平公正；三是建立定期沟通汇报机制，制定月例会工作制度，基金委员会成员定期沟通、监督小组及时了解相关情况。

同时，本研究认为明确社区公益基金的资助方向对于资金的监管非常有必要，督导团队对第三片区9个项目站点进行实地走访调研，协助各站点梳理社区公益基金的资助体系（见图4）。

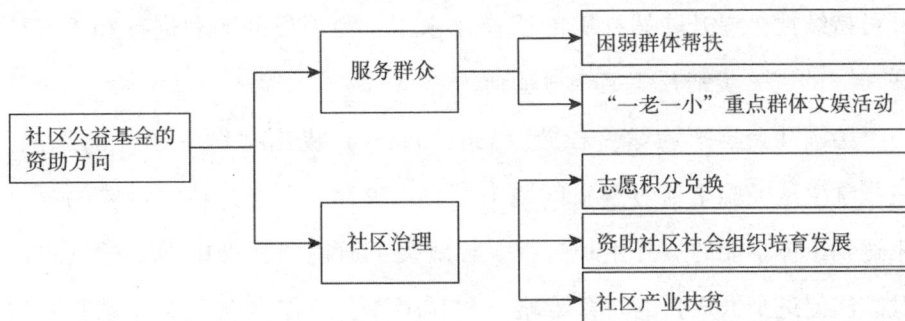

图 4　社区公益基金的资助体系

3. 乡镇（街道）社工站能力提升

本研究主要以合作生产为理论视角，分析乡镇（街道）社工站与社区公益基金如何协力共生的项目实践，社工站能否发挥专业作用，整合资源，实现与社区公益基金的良性互动，驻站社工的专业服务能力是关键。目前，湖北省乡镇（街道）社工站要求驻站社工须是社会工作专业毕业生、取得社会工作职业资格证书或接受过一定时长的专业培训的人。社会工作专业毕业生受过专业社会工作训练，但他们大多缺乏社会工作实务经验，而社会工作职业资格证书持有者中有相当多的人并未受过专业社会工作训练。因此，社工存在或社会工作实务能力低，或专业基础薄弱的问题，且因为地域经济社会发展的不同存在明显的差异。① "五社联动·家园助力站项目"由社会工作服务机构承接运营，由于机构派驻的项目执行人员能力参差不齐，有些机构拿到项目时刚刚成立，项目执行经验为零，社工多为新入职，专业能力不足，对该项目工作如何开展感到非常迷茫。因此，除了上述为乡镇（街道）社会工作服务站与社区公益基金的合作生产构建制度，还需提升项目执行团队的项目执行能力、

---

① 王玉香. 社会工作实务本土化及能力建设研究［J］. 河北学刊，2022，42（4）：177-184.

专业服务能力以及金融能力等，增强乡镇（街道）社会工作服务站的发展可持续性，提升驻站社工的职业化水平，为项目的顺利进行和"五社联动"的进一步铺开奠定能力基础。

美国社会学家约翰·杜威（John Dewey）提出"做中学"的思想，主张学生从经验中通过解决问题来学习，教育必须通过特定经验的反思来达到个体本能的展开生长过程。杜威关于通过"在做中学"的反思试验方法促进个人成长的教育策略，和利用社会工作帮助个人（家庭和组织）解决问题的助人过程非常相似。① 刘晓春和古学斌提出能力建设的社区发展模式，能力建设被看作"三向"的，是教育者、学生/社工、民众从对话式教/学情境中，知觉自己的主体，在彼此的对话中建构社区发展的实践知识，三者以主体身份共同参与社区转化的行动。② 廖其能和张和清认为社区发展过程中应先进行"协同行动者—社工"的双重能力建设，当社工的能力建设起来后，他/她同样能够与民众进行双重能力建设，最终实现三重能力建设。③ 本研究团队负责"五社联动·家园助力站项目"第三片区的督导工作，第三片区的 9 个项目站点大多比较分散，站点之间距离较远，要实现协同行动的督导模式较为困难。笔者与团队专家基于项目的实际情况，并结合以上学者提出的关于督导的作用和模式之见解，最终确定以"高校专家–高级社会工作师–督导助理三级陪伴式督导"的形式开展督导工作，在督导过程中提升社工的专业能力，同时通过对督导过程开展行动研究，总结乡镇（街道）社工站与社区基金在合作生产过程中进行能力建设的经验。

---

① 郭伟和. 杜威哲学教育思想对社会工作专业教育的影响［J］. 中国社会工作研究，2019
（1）：45–62.

② 刘晓春，古学斌. 解放/被解放？谈批判教育学与社会工作社区发展教育［J］. 中国社会工作研究，2007（5）.

③ 廖其能，张和清. 社会工作督导范式转向研究：以"双百计划"协同行动为例［J］. 社会工作，2019（1）：54–63.

（1）多种形式提升项目执行能力和专业服务能力

"五社联动·家园助力站项目"启动前，第三片区的9个项目承接机构主要按照乡镇（街道）社工站的工作方法，针对辖区居民开展个案、小组、社区等类型服务。"五社联动·家园助力站项目"启动后，根据项目协议要求，须成立社区公益基金账户，建立基金管理委员会，并筹集"种子基金"5万元，通过"种子基金"孵化培育社区社会组织和志愿者队伍，开展"微公益"大赛和志愿者积分兑换服务，资助社区社会组织和志愿者队伍的发展。项目整体方向与乡镇（街道）社工站的传统服务有很大的不同，因此，在项目执行初期，各项目团队的主要问题聚焦在明确项目执行方向、厘清项目执行思路、制定项目总体服务方案上。督导团队针对这些问题，通过高校专家主题培训、高级社会工作师开展团体督导答疑解惑两种形式，回应项目执行机构的需求。

督导团队邀请高校专家开展"志愿者管理"专题培训后，京山市曹武镇的项目主管表示已掌握在中国志愿服务网站登记注册志愿者以及如何记录志愿者服务时长的方式方法，对项目协议中关于志愿者服务管理要求的完成很有帮助。①

针对各站点制定全年度服务方案的需求，督导团队建立3个小组，每个小组由一名高级社会工作师/专家教授和一名督导助理组成，通过陪伴式督导的形式，一对一指导项目执行机构制订项目年度服务方案。云梦县城关镇项目主管接受督导服务后表示，原本以为这个项目与社会工作服务站项目差不多，后来看了项目协议后感到迷茫，不知道应该怎么开展，尤其是对社区公益基金如何助力社工站服务感到很困惑。接受督导后，笔者已经清楚整体项目的执行步骤，随后会运用"三张清单"（需求清单、社工/机构能力清单、社区资源清单）工作法制定全年的服务方案。

---

① 资料来源于督导团队每月收集的《督导记录表》。

在项目启动初期，督导团队通过实地走访调研发现，由于地域资源等差异，各项目执行机构在项目执行能力上存在较大差异，例如武汉的社会工作机构普遍经验丰富、整合资源能力较强，而有些县区机构由于成立时间较短，派驻的项目社工大多是新手，缺乏项目服务经验，在服务策划、资源整合和专业文书撰写方面能力不足。针对问题，督导团队建立"伙伴互助计划"，组织各机构人员到优秀机构观摩，学习好的做法，通过机构伙伴间的相互支持提升综合执行能力。同时，督导助理对执行机构提交的文书进行批阅，通过批阅－改进－反思－提升的过程，提升项目社工的文书撰写能力。云梦县城关镇项目主管到汉川市仙女山街道观摩后，了解了该街道社区公益基金的管理机制和筹款渠道，表示项目的资源整合和宣传方面非常值得学习和借鉴，同时通过交流学习，学到了该项目如何通过社区公益基金的资助举办街道"微公益"大赛，怎样对优秀的社区社会组织进行资助，助力社区自组织的可持续发展。

（2）结合社区公益基金发展需求，提升项目执行团队的金融能力

在数字金融技术的推动下，不同形式的金融活动已深深地进入政府、企业、家庭和广大人民的生活，金融社会工作是一个全新的领域，它给社会工作带来机会也带来挑战。[①] 在"五社联动"机制的作用下，社区公益基金作为公益慈善资源的"储水池"，作用在于引导社会慈善力量进入基层，激活社区内部公益资源，内外并蓄形成公益合力，以弥补财政投入不足，有效推动社区自治，加快构建共建共治共享的基层社会治理格局。乡镇（街道）社工站的社工如何发挥金融筹资能力，多渠道地整合资源，拉动募捐，推动社区公益基金的常态化运转，是该项目执行机构面临的难题。因此，社工应该具备与金融投资相关的知识，一方面帮助社区的贫困群体学习金融知识，帮助贫困者增强金融能力；另一方面需

---

① 王思斌.金融增能：社会工作的服务领域和能力建设［J］.社会建设，2019，6（2）：3-6.

要企业和社区的爱心人士承担自身的社会责任，为社区公益基金这个"储水池"注入活力。

基于以上理念，督导团队邀请民政部相关专家开展"社会组织金融筹资能力"专题培训，为项目社工传授金融社会工作知识和理念，帮助梳理筹资渠道、梳理具体操作流程、解决如何打动和维护捐赠人以及如何通过项目的形式募集资金等问题，从而提升项目执行机构的金融筹资意识和能力。同时，督导团队还通过"伙伴支持计划"——在项目执行过程中，挖掘筹资能力较强的机构，以"线上+线下"分享会的形式进行主题分享，鼓励伙伴间交流学习，并对筹资能力较弱的机构进行一对一指导。在整个过程中，督导团队不断收集各项目站点的反馈，根据反馈及时调整督导行动计划，最终达到提升项目执行团队金融能力的目标。云梦县城关镇项目主管在项目前期对如何筹款犯愁，连续几次督导议题都与筹款相关。负责督导该机构的督导团队了解情况后，联合武汉市洪山区助丽社会工作服务中心和汉川市心连心社会工作服务中心的项目负责人，开展线下观摩交流学习活动，分享筹款成功经验，并以身示范如何通过项目来筹款。交流之后，云梦县城关镇的项目主管对于如何筹款有了明确的认识，在后续筹款过程中，通过机构间的牵手帮扶，及时解决了社区公益基金筹款过程中出现的问题。

（3）结合专业实践，提升在地化研究能力

在行动研究过程中，协同行动者与社工都是研究主体，两者在行动研究中的互动对研究结果很有意义，是乡镇（街道）社工站与社区公益基金合作生产的呈现。因此，提升第三片区9个项目团队的在地化研究能力，是督导团队的目标之一。"五社联动·家园助力站项目"执行团队的在地化研究主要表现在两个方面：一是研究社区公益基金如何在"五社联动"机制作用下发挥资源聚合作用，助力乡镇（街道）社工站开展贫困群体服务，资助社区社会组织和志愿者队伍，实现组织的可持续发展，为社区注入"活力"；二是梳理总结典型案例，实现经验模式的复制推广。项目执行团队大多扎根社区，开展一线服务，但在专业反思、总结研究方面存在不足。督导团队在行动研究中发现这一问题后，充分发挥"高校专家+高级社会工作师"的理论研究优势，将第三片区的9个项目团队分成三个小组，每组配备一名专家督导/高级社会工作师，帮助项目执行机构打磨典型案例、提高案例撰写能力，结合本地特色总结提炼"五社联动"经验模式，整体提升项目执行机构的在地化研究能力。

在湖北省社工联召开的"五社联动"项目理论研究与案例提炼工作推进会中，钟祥市郢中街道作为第三片区的代表进行案例分享，从筛选案例，到案例整理，再到PPT呈现，责任督导全程参与和陪伴。该项目站点所在的辖区困境老人占比较高，对困境老人的帮扶和独居空巢老人的居家安全是项目重点关注的问题。结合该项目的实际情况，督导建议案例选取从老年人入手。驻站社工在调研中发现社区的优势主要体现在社区自发形成的队伍较多、居民参加志愿服务的积极性较高、辖区爱心企业较多等方面。结合资源优势，社工通过"三张清单"（社区居民需求清单-社区资源清单-社工/机构能力清单）工作法，建立社区爱心企业联盟，打造社区资源的聚合平台，通过拉动企业进行募捐，培育资助社区社会组织和志愿者队伍，共同服务老年群体。该案例主要目标群体是困境老人，服务模式具备可操作性，同时，通过在"五社联动"项目理论研究与案例提炼工作推进会进行呈现，获得专家评委的认可，为今后模式的复制推广奠定了基础。在整个行动研究过程中，督导与社工共同参与案例挖掘、提炼和研究，通过陪伴式督导，使社工能够将理论与实践相结合，抽取乡镇（街道）社会工作服务站与社区公益基金合作生产的理论经验和深层逻辑，促使合作生产理论向更大的范围拓展。

4. 评估成效，总结改进

（1）"五社联动·家园助力站项目"末期评估情况

该阶段主要是对社区公益基金的制度建设和社会工作服务站能力提升的实施效果进行评估，总结乡镇（街道）社工站与社区公益基金合作生产的经验与不足。评估主要采用过程评估和结果评估两种形式，在实施行动研究的过程中，专家和督导团队对项目实施情况进行过程评估，评估材料主要来源于每月收集的 9 个项目站点的项目数据，每季度收集的各站点的典型案例，每半年通过走访了解的项目实施情况。在项目结项前，根据项目要求，项目团队需进行项目自评，督导通过协助项目执行机构自评，了解本行动研究的成效，总结经验和不足，为合作生产理论模式的推广提供实践依据。通过行动研究小组综合评估，第三片区 9 个项目站点社区公益基金的制度建设逐步健全，社会工作服务站的专业服务能力有了明显的提升。

（2）评估结果分析

a. 社区公益基金制度的完善

督导团队开展行动研究以来，帮助第三片区 9 个项目站点不断完善社区公益基金的制度建设，9 个项目站点已全部建立基金管理委员会，制定基金管理办法，完善基金审批、监管和筹款机制。截至 7 月底，第三片区的 9 个项目站点累计募集资金 46 万余元，在一定程度上补齐了乡镇（街道）社工站经费紧缺的短板，丰富了社会工作服务站的资金来源渠道，为乡镇（街道）的社会工作的开展注入了新的活力。

b. 社会工作服务站专业服务能力的提升

督导团队主要从项目执行机构是否回应服务对象的特点及需要，以及"五社联动"机制的运用状况来评估社会工作服务站专业服务能力提升的情况。首先，第三片区的 9 个项目站点已基本建立"五社联动"运作机制，通过挖掘本地的特点和优势，寻找"五社联动"的切入点，发挥社工的专业能力，以特色项目为纽带，让"五社"真正联动起来。钟祥市郢中街道项目站点发挥本地爱心企业的资源优势，建立爱心企业联盟，激发社区公益基金活力，开发"夕阳红-困境老人"帮扶服务品牌，实现多主体之间的需求平衡。汉川市仙女山街道项目站点发挥社区社会组织多、参与公益服务积极性高的优势，通过社区公益基金助力，开展了项目微公益大赛，社区社会组织认领公益项目，获得资金资助，实现了从"自益性服务"到"公益性服务"的转变。其次，9个项目站点均能够将理论融入实践，结合本土特点和服务对象的需求，依托本站点优势资源，挖掘提炼典型案例，且具备了推广复制的可行性。

三、乡镇（街道）社工站与社区公益基金合作生产的实践困境

（一）从政治性和合法化角度

在我国，社区基金作为社区公益基金会的一种"简易"形式，是一种新型的慈善主体，面临着合法性的问题。与以往政治秩序的合法性相比，社区基金属于国家中的社会层面，既有着政治层面的合法性约束，也有着与社会、市场相互作用的差异性考虑，因此不能单独照搬其他已有合法性的分类维度，而需要诠释出一种适合社区基金发展的合法性维度。正如很多学者论述的那样，遵守制度、规则是合法性的基础，合法性的组织是那些根据法律和制度要求建立，并符合要求而运行的组织。来自专业协会和行业协会的认可、证明、鉴定、资格认证及委托，常常会成为组织具有合法性的重要标志，都被赋予了同属组织社会合法性的特性。

在对乡镇（街道）社工站与社区基金合作生产的行动研究过程中，

笔者发现推动社区公益基金制度建设是本行动研究过程中的难点，原因在于社区公益基金的成立需要得到该地区慈善总会推动，由该地区街道、社区、社会组织代表等多元主体共同参与、多方联动。但在实际工作中，社区作为社区公益基金的主要推动方，未能发挥主体作用，反而是由社会工作机构进行推动，而一旦社会工作机构服务周期结束，社区公益基金账户就面临闲置风险，直接影响到与社会工作服务站合作的生产机制的持续运转。

此外，社区公益基金虽然由街道社区发起成立，具有获得政治合法性的天然优势，但是在实际推动中也会面临不同的困难，如社区"两委"怕麻烦、基金管理审批程序繁多且可以吸纳的社会资金也较有限；同时，社区社会组织能否承认该基金的合法地位，在资金的使用过程中能否做好监管工作，也是影响社区公益基金取得合法性的关键。

（二）从专业能力提升角度

研究团队在推动乡镇（街道）社工站与社区公益基金合作生产过程中发现，乡镇（街道）社工站的专业能力发挥核心作用。专业化的社会工作人才是乡镇（街道）社会工作服务站可持续发展的根本，乡镇（街道）社工站的运行效果和质量在很大程度上取决于社会工作人才的质量。现阶段，湖北省社会工作服务站已全面铺开，为社会工作参与基层社会治理提供了广阔的实践平台和发展渠道。随着乡镇（街道）社工站从"1.0版本"向"2.0版本"再向"3.0版本"的提质，一线社工的专业服务能力已成为社会工作服务站充分发挥服务民众作用的关键。社会工作服务站如何激发自身的内生动力，整合社区内外部资源，实现资源的动态循环，仅靠驻站社工的一己之力恐怕难以完成。社会工作服务站专业能力主要体现在三个层面：微观上，发挥托底职能，打通向广大居民（村民）提供社会服务的"神经末梢"最后一公里，解决广大居民（村民）生活中的急难愁盼，提供满足其个性化、多元化、多层次需求的服务；中观上，社会工作积极参与推动社区基层治理，培育引领社区社会组织（农村社区自组织），构建社区支持网络；宏观上，社会工作要与基层组织一起激发社区内生动力，引导居民（村民）有序参与社区（乡村）治理，构建共建共治共享的社会治理共同体。目前，湖北省注册登记的社会工作机构能力参差不齐，有些单纯以"项目为导向"，缺乏对组织的战略规划，只是"打一枪换一个地方"，直接影响政府购买服务的质量和成效。因此，社会工作机构和社工队伍的专业能力能否匹配快速发展的社会治理新格局，是本研究的实践重点。

笔者团队在督导"五社联动·家园助力站项目"第三片区的过程中发现，制约乡镇（街道）社工站一线社工专业能力提升的主要原因表现在：一是工作任务重、社工流失较大，社会工作服务站社工大多承担了社区的行政任务，有的甚至成为社区的"写手"；二是角色定位模糊，事务性工作要求和专业服务需求存在冲突，许多一线社工在项目上无法区分哪些是项目的工作，哪些是社区的工作，项目跟社区工作重叠度较高；三是在地化的发展出现许多零基础、零专业背景的社工，专业服务能力亟待加强。大部分乡镇社会工作服务站由本地人来开展工作，由于对社会工作宣传力度不够，大部分村民和干部不了解社会工作内涵，从事社会工作服务站工作的人员也大多是零专业背景，对项目工作不了解，再加上机构提供的再教育和培训机会不多，造成了人员项目工作经验和专业能力不足的情况。

四、推动社会工作服务站与社区公益基金合作生产的建议

（一）推动乡镇（街道）社工站专业能力建设

乡镇（街道）社工站社工专业能力的提升主要有以下几个方面工作。

1. 重视人才培养，形成社工职业晋升通道

各地方政府应加快出台配套政策，将社会工作人才队伍建设经费纳入财政预算，通过多元的资金投入方式为社会工作人才队伍建设提供经费保障。根据社会工作服务站的实际情况建立分层的薪酬体系和薪酬年度自然增长机制，畅通职业晋升通道，营造理解、尊重人才的浓厚氛围，提高一线社工的稳定性，提升其扎根农村、主动提升专业服务能力的积极性。

2. 加强对一线社工专业能力的长期、多样化支持

乡镇（街道）社工站应从社工能力发展的不同阶段考虑，有针对性地制定个性化培养方案，激发一线社工学习专业知识与技能，提高专业发展能力的内生动力。完善社会工作服务站各项管理制度，为一线社工的专业发展、职业发展创造空间，提升乡镇（街道）社工的自我效能感和职业自信。

3. 完善督导机制，加大督导的专业支持力度

积极推进本土督导人才队伍建设，培育本土督导人才。链接高校资源、高级社会工作师、行业专家等，为督导人才队伍的培养、考核、激励提供全方位的支持，促进督导发挥三大专业职能，保证社会工作服务站的服务质量。

（二）积极推动社会工作服务站与社区公益基金合作生产的有益实践

本研究提出的双向增能合作生产为乡镇（街道）社工站与社区公益基金实现互联互动提供了有效的路径，与走宏观政策研究和微观实践单一路线相比，更具理论价值和实践意义。在理论层面，从双向赋能理论视角出发，在"五社联动"这一场域中，探讨作为公共服务的主体——乡镇（街道）社工站与社区公益基金进行合作生产的运作机制。在实践层面，本研究通过对湖北省"五社联动·家园助力站项目"第三片区9个项目站点进行为期一年的行动研究，一方面带动社区公益基金进行"制度增能"，发挥社区公益慈善资源的杠杆作用，同时倒逼驻站的社会组织和社工进行"专业增能"，形成一支专业能力强的乡镇（街道）社工队伍，提升基层治理能力与治理水平；另一方面形成社区公益基金"项目扶持+合作生产"的渐趋式发展道路，针对社区公益基金基础薄弱、发展滞后的情况，借助"种子基金"的项目力量扶持和乡镇（街道）社会工作服务站专业助推的合作生产机制，激发社区公共慈善发展的内生动力，使社区公益基金实现"借鸡下蛋"，并逐步获得稳定发展的土壤和气候环境，实现可持续发展，打造湖北省"五社联动"样板。

从"单一主动"到"五社联动"：推动农村社区治理结构优化的行动研究

刘宏宇[*]

摘　要： 在国家大力开展基层治理的背景下，社区公益基金作为社区治理的新兴产物，在资源聚集、分配等诸多方面展现出极大优越性，显示出强盛的生命力和良好的发展势头，逐渐成为我国基层社区治理中的重要组成部分。但是，在我国农村社区中，社区公益基金建设发展仍处于初期探索阶段，社区公益基金的管理和运营专业力量的缺失、筹资能力的不足是影响其发展的重要因素，影响了城乡基层社区治理的整体推进步伐。本文针对"腾讯公益·五社联动·家园助力站公益项目"（以下简称"五社联动·家园助力站项目"）湖北省第四片区督导组的督导对象——宜昌、恩施两地共11个社区公益基金的建设、运行状况以及管理机制，围绕社区公益基金存在的筹资能力匮乏、专业能力缺失、管理制度有待改善等主要问题展开研究，对实务经验进行总结与反思，并就改进与完善农村社区公益基金良性发展以及"五社联动·家园助力站项目"的持续推进和推广提出建议。

关键词： 农村社区公益基金；发展困境；运营机制；"五社联动·家园助力站项目"

---

* 作者信息：刘宏宇，中南民族大学社会工作教研室主任、副教授。

一、引　言

（一）研究背景

农村社区建设作为我国乡村建设发展的关键领域，是实现我国乡村治理体系与治理能力现代化的重要基础，也是推进我国乡村振兴战略不断深化与创新的重要抓手，有效治理是乡村振兴的重要保障。改革开放以来，在家庭联产承包责任制等政策推动下，村民自治的动力与活性不断被激发，村民自治也逐渐演化为中国特色农村基层治理方式。[①] 党的十六届六中全会首次明确提出"全面开展城市社区建设，积极推进农村社区建设"，将农村社区建设与城市社区建设置于同等重要的位置，肯定了农村社区建设事业的重要意义。在党的十九大报告中进一步明确要求"加强社区治理体系建设，推动社会治理重心向基层下移，发挥社会组织作用，实现政府治理和社会调节、居民自治良性互动"，农村社区治理事业迎来蓬勃发展。党的二十大报告明确指出："全面建设社会主义现代化国家，最艰巨最繁重的任务仍然在农村。"

在党和国家的重视下，我国农村地区物质经济水平显著提升，居民生活质量有序提高，但随着城市化进程的不断加快，农村资源外流严重，农村社区空心化问题日益突出。同时，随着物质经济水平的日益提升，农村居民的需求正由单一化向多元化、精细化方向转变。

国家统计局数据显示，截至 2022 年，中国乡村常住人口为 4.91 亿人，占全国人口比例为 34.80%。面对庞大的人民大众的多元化需求以及当今时代的高质量发展任务，完善基层治理体系，提升治理能力现代化

[①] 李增元，杨健. 农村社区治理研究：现状、热点与前沿：基于近 20 年来 CSSCI 来源期刊论文的文献计量分析 [J]. 中国农村研究，2022（1）：93-128.

水平，提高基层治理效能，促进城乡基层社会治理共同体建设，已成为我国基层事业发展、社会建设的当务之急。《中共中央 国务院关于加强基层治理体系和治理能力现代化建设的意见》明确指出，"创新社区与社会组织、社会工作者、社区志愿者、社会慈善资源的联动机制，支持建立乡镇（街道）购买社会工作服务机制和设立社区基金会等协作载体"。意见充分肯定了社区公益基金作为我国基层事业发展的协作载体的重要价值。

20世纪80年代，社区公共服务供给严重不足等问题在我国凸显，随即在开展城市社区管理体制改革过程中，社区作为公共服务、公共事业发展的主阵地，致力于塑造发展多元主体共同参与的社区治理新格局。基于现实需求，社区慈善基金被引入我国并得到蓬勃发展。作为"舶来品"，社区慈善基金20世纪初起源于美国。2008年，桃源居公益事业发展基金会的成立，开创了我国社区公益基金事业发展的先河。紧随其后，上海、广东等地区在2008—2013年间建立了一批社区公益基金会。这一时期成立的基金会总体特点是规模小、功能单一，无法满足日益增长的社区公共服务需求。

2013年以后，对社区公益基金的探索工作进入新阶段。由于多方共同推动的多元化的探索机制越发完备，社区公益基金会发展开始步入正轨。随着国家政策支持力度的不断攀升，从沿海城市到西南地区，社区公益基金会的培育力度不断加强，社区公益基金会的数量与日俱增，2014年，继《深圳市社区基金会培育发展工作暂行办法》出台之后，各地各界纷纷给予社区公益基金会高度关注。2017年，社区公益基金会在中共中央、国务院的政策鼓励之下，从幕后走向台前。

近年来，随着我国慈善事业的不断壮大以及社区建设的不断发展，社区公益基金会由于其准入门槛等多种原因，限制了社区事业与慈善事业的深度融合，因而衍生出社区公益基金这一具有强烈在地属性、资源聚集属性的基金平台下设的专项科目的机制创新产物，目的在于构建多元主体共同参与的开放型社区治理现代化格局。

在政府、社会、市场多方力量的持续推进与落实之下，社区公益基金以"五社联动"资源性引擎的主体角色在城乡社区快速落地生根。但在社区公益基金的持续运营与能效显现过程中，由于村社的差异性以及结构性等因素的制约，社区公益基金出现筹资困难、管理面临困境、专业支撑乏力等问题，相较于城市社区，此类问题在农村社区尤为突出。

（二）研究意义

社区公益基金符合政府型主导的向企业筹集所得的社区公益基金类型。近年来，关于农村社区公益基金的研究，侧重于介绍社区公益基金是一种小额信贷模式，在农村建设中起到了扶贫帮困作用，经济效益比较明显。在社区公益基金助推基层社会治理和乡村振兴的政策背景下，社区公益基金的发展又有了新的考验。

社区公益基金的资金筹集主要是面向社会，能有效减少政府负担。政府的社会服务是有限的，社会资源的介入能够弥补这种服务的不足，通过整合社会资源使城市外溢资源向资源稀缺的农村地区流动，促进社会公平，共同推动社会福利的发展。社区公益基金的管理与监督促使村民要有更高的参与度以及自主管理的能力，激发村民自治的活力，同时培育了村民的信用意识，促进农村社区整体发展，产生极大的社会效益。社区公益基金建立的立足点是帮助社区改善其福利，通过提供资金援助，改善社区的生活和环境条件，最直接的是给予困境群体实质性的帮扶，如老年人、残疾人等。同时，社区公益基金作为农村集体组织活动的流动资金池，可以作为紧急情况备用金或是农村合作社生产活动的启动资金，在促进农民增收、社区综合发展、扶贫助弱等方面有着显著经济效益。

"五社联动·家园助力站项目"是由腾讯公益慈善基金会捐赠资助，在民政部慈善事业促进和社会工作司、湖北省民政厅的指导下，在湖北省 60 个乡镇（街道）实施的项目，主要目的是通过创建并运行乡镇（街道）社区公益基金，深化"五社联动"机制建设，助力基层社会治理和乡村振兴。本文以湖北省"五社联动·家园助力站项目"第四片区 11 个社区公益基金为例，全面总结项目试点片区的社区公益基金助推基层社会治理的经验与做法，提炼可复制、可推广、可借鉴的模式，为项目下一步实施提供实践依据。该项目响应湖北省慈善总会党支部指示，推动"五社联动"机制的持久高效运行，探索出一条独具湖北特色的发展之路，在深度参与社会治理、助力第三次分配、推动实现共同富裕的伟大实践中贡献出慈善力量。本文根据项目运营状况，对项目执行过程和结果进行分析，依靠发现的问题，研究农村社区公益基金发展面临的困境，进一步完善农村社区公益基金运营机制。

（三）研究方法

以评估指标量表和实地调研访谈相结合的方式，采用对比法，比较服务实际产出与项目方案的内容及进度安排，评估其服务产出、服务成效与合同约定的一致性程度，发现存在的差异问题，寻找影响成效的因素。

具体结合"五社联动·家园助力站项目"第四片区 11 个社区公益基金的实践经验基础，通过对 11 个社区公益基金进行实地调研，收集社区公益基金在实践层面的相关资料，了解社区公益基金发展的情况，包括产生的背景、运行的模式等，总结 11 个社区公益基金在社区治理中发挥作用的机制及产生的成效。通过实证分析进行深入的系统研究，主要研究了社区公益基金发挥作用的机制，概括了其在社区治理中所起的作用，总结了其发展面临的困境，提出了相应的解决对策。

二、文献综述

社区公益基金的良性运行与发展是实现社区治理现代化建设的有力支撑。随着社会发展、需求转变，对社区公益基金的工作重点与工作路径进行了及时的调整与革新。目前，学界对于社区公益基金的文献研究并不充分，主要工作聚集于政策文件、成效描述、宣传推广等方面，有待进一步深入研究。

（一）关于社区公益基金角色定位的研究

社区公益基金在不断革新的过程中，其角色定位也在不断进行调整。学者滕昊和何广文对乐施会于贵州、云南两省推行的农村社区发展基金项目进行调研，认为农村社区发展基金是一种贫困地区强烈的属地性的金融互助组织。[①] 近年来，随着社区公益基金在城乡社区的大力推行，胡小军基于"五社联动"的实践工作，对社区公益基金给予慈善募捐和捐赠服务平台、慈善活动和项目资助平台、社区自组织的培育和支持平台多重角色定位。[②]

（二）关于社区公益基金使用能效的研究

何广文从解决农村生计问题出发，认为社区发展基金以社区组织为载体，以赋权和培育自组织能力为根本，并总结出社区发展基金在促进社区综合发展、扶贫助弱、农民增收等方面具有显著优势。[③] 程玲和向德

---

① 滕昊，何广文. 社区发展基金与农村信用社联结机制研究 [J]. 农业经济问题, 2009 (4)：80-85.
② 胡小军. 社区基金的功能定位与建设路径 [J]. 中国社会工作, 2022 (31)：1.
③ 何广文. 农村社区发展基金的运作机制及其绩效诠释 [J]. 经济与管理研究, 2007 (1)：18-20.

平对云南省剑川县、禄劝县社区发展基金项目进行调研，认为社区发展基金具有促进农村微型金融发展、完善农村金融服务、促进农村社区的整体能力的提升重要功能。[①] 侯莉娜指出，社区公益基金通过项目化的运作方式，以公益、慈善、自治、互助为理念，在社区治理中能够起到健全共治平台、完善共治机制、增强共治功能、激发社会活力的作用。何明洁和潘语从社区发展的资源视角出发，发现社区公益基金既为社区导入了资源，也通过全过程工作流程对基层治理起到了触动与激活作用，肯定了这种资金使用机制创新形式对于构建社区治理共同体具有积极作用。[②]

（三）关于影响社区公益基金功能发挥的限制性因素的研究

徐家琦探索了政府扶贫资金在安徽省霍山县农村贫困地区扶贫运作的机制，在强调获得显著成效的同时，也提出存在"以人为本"意识缺乏、管理水平较低、资金管理不到位等问题。[③] 张宝珠和简小鹰等人通过回顾农村社区公益基金的发展历程，挑选了部分有代表性的试点进行归纳分析，分析其运作机制及存在的问题，尝试从扩大基金规模、确保基金账户合法性、提高农贷额度、提升管理水平、培养农民自我发展意识五个方面破解社区发展基金在促进农村社区发展中的难题。[④] 何宇和高布权以"三维"主体互动的研究思路，从行政、社区以及社区居民三方力量对成都市社区公益基金参与社区治理事业中的互动经验加以总结与分析，得出政府主导的弱化行政逻辑、社区居委会准确定位的共同体营造

---

① 程玲，向德平. 社区发展基金的变迁、管理及绩效分析：以云南省剑川县、禄劝县社区发展基金为例 [J]. 华中师范大学学报（人文社会科学版），2010，49（5）：21-26.

② 何明洁，潘语. 资源视角下社区基金对社区治理的作用研究：基于成都市 15 只社区基金的分析 [J]. 社会工作与管理，2021，21（2）：76-84.

③ 徐家琦. 政府扶贫资金参与式扶贫实证分析 [J]. 林业经济，2008（4）：69-73.

④ 张宝珠，简小鹰，王伟. 我国农村社区发展基金的运作机制及问题研究综述 [J]. 征信，2010，28（4）：83-86.

以及居民主动参与纠正认知偏差的经验启示。

综上所述，已有的社区公益基金的相关研究主要存在两个方面的问题。其一，绝大多数的研究主要聚焦于社区公益基金的早期形式——农村社区发展基金，其与社区治理需求下的社区公益基金在一定程度上存在差异性，特别是在角色定位、组织架构、运营模式上有所更新。其二，社区公益基金参与社区治理实践目前仍处在探索和试验阶段，当下的研究多聚焦于社区公益基金的社区治理功效、公益慈善功能，而忽视了社区公益基金的经济属性。基于此，本文主要从社区公益基金的长期管理运营全新视域出发，以基金建设和管理为根本，从农村社区公益基金的内外部进行梳理分析，探索问题成因并提出相应建设意见，力求达到帮助社区公益基金提升筹资能力、培养社区公益基金专业管理能力、保障社区公益基金的良性运转、助推农村社区力量的聚合与流转、充分推动"五社联动"模式的深化与提升的目的，促进共建共治共享的基层治理新局面的打造与实现。

三、社区公益基金的运营机制

为促进我国慈善资源、社会资源向基层社区有效流动，基于"三社联动"的前期工作成效，将社区志愿者、社区公益慈善资源两大力量进行融合创新，提出"五社联动"工作模式。在"五社联动"模式中，社区慈善资源作为唯一资源性要素，为社区、社会组织、社会工作者、社区志愿者四大主体性要素提供物质与资金动力，成为推动"五社联动"有效运行的关键抓手。

现阶段，在"五社联动·家园助力站项目"推动下，湖北省 60 个乡镇（街道）全面实施了"五社联动"项目，社区公益基金在这些乡镇（街道）已落地生根，顺利完成相关组织架构的搭建以及制度流程落实等工作，社区公益基金在这些乡镇（街道）的所属社区已初具规模、初见成效，各项目执行机构借助社区公益基金平台，落实开展志愿服务力量的激活、社区社会组织的孵化培育、公益活动的创新、扶危济困工作的开展、社会工作专业力量的注入等工作。

（一）社区公益基金的筹建机制

社区公益基金的筹建，一方面得益于社会慈善力量的不断壮大，另一方面更得益于行政力量的有效支撑以及传统行政力量对慈善福利覆盖与保障程度的局限。

当前社区公益基金善款主要来源于慈善组织资助与自主募集两种模式。本研究涉及的 11 个社区公益基金均以腾讯公益慈善基金会的集中捐赠为基础，腾讯公益慈善基金会为每个社区公益基金提供 20 万元额度的项目资金，其中 15 万元为预付款项，5 万元为结项款项。基于腾讯公益慈善基金会的 15 万元预支善款，开启社区公益基金的平台搭建及模式探索工作。11 个乡镇（街道）经由项目化方式申请认领社区公益基金，并持续开展自主募集工作，撬动社区外部慈善资源，寻求财政资金支持、开展社会资源链接，加快社区外部慈善力量的引入；撬动社区内部慈善资源，凝结社区居民、爱心企业、个体经营户、驻区单位等多方力量，建立多元筹集共建机制，促进社区公益基金规模的不断壮大，进而持续提升社区公益基金的资源凝结及资源分配功能。

（二）社区公益基金的管理机制

社区公益基金为社区引入的社会慈善资源，其社会性、自主性、便捷性的特征，使其可以作为财政资金、保障资金等行政化资金的补充力量，推动社区差异化发展和社区基层治理现代化建设。[①]

为加强社区公益基金的管理工作，有效增强社区公益基金的使用效能，湖北省项目主管部门基于科学性、地域性、实践性等工作原则，出台了《湖北省慈善总会"腾讯公益·五社联动·家园助力站"社区公益基金管理办法》（以下简称《基金管理办法》），为社区公益基金的结构搭建、日常运营、收支管理、资金调配、制度管理、监督机制等工作开展提供专业指引。依据《基金管理办法》，各社区公益基金均成立了一个由乡镇（街道）民政办、项目实施地慈善会、落地社区、项目实施机构、捐赠方等五方代表组成的管理委员会，负责公益基金的日常运营和管理工作。基金管理委员会的组织架构充分实现了社区本土力量、社会慈善力量、社会工作专业力量的多元融合，确保了基金管理的公正性和专业性，充分彰显了社区公益基金的多元共建共治理念。

在社区行政力量的支持下，在社区公益基金管理委员会的监管之下，社工借助社区公益基金平台，依据《基金管理办法》，以项目化方式向社区公益基金管理委员会申报实施内容、预算规划等，经管委会审批，开展社会工作专业服务、志愿力量激活、社区社会组织培育赋能等工作，进行组织活动的创新转化，以社区微公益大赛、积分兑换等活动拓宽居民参与途径，增强居民参与基层治理的能力。

（三）社区公益基金的监督机制

1. 事前监督

社区公益基金是社区慈善资源的汇集场所，承载着社区发展的大量资源。为保障社区慈善资金的安全性，对于社区公益基金的款项使用须进行明确规定。对于社区公益基金在运营过程中自发筹集款项的使用，

[①] 何宇，高布权.社区治理"三维"互动创新路径与启示：以成都社区基金为例［J］.北京城市学院学报，2021（6）：27-31.

社区、社会工作者、社区居民具有较大的自主权，可充分依据社区居民实际需求、社区治理目标，在居民协商议事制度的保障下，广泛动员群众，将这部分资金用于服务社区治理、社区发展的工作。项目资金使用规定对慈善资金的使用范围须进行明确界定，便于后期的资金管控与监督工作，充分凸显事前监督在社区公益基金监管机制中的重要性。

2. 事中监督

在资金审批、使用过程中，资金由社工以项目化运营经费形式向社区公益基金管理委员会提交支取申请，并由基金管委会依据项目实施规定要求进行审批，确保资金流动的安全性、合理性。内部财务人员遵循账证相符、账账相符原则，严格遵照财务报销规则，收集整理原始会计凭证，进行内部台账登记，出具汇集财务报表，做好内部财务管理工作，保障社区公益基金的使用流程合法合规。

项目运营者基于资金使用流程及管理办法进行严格的自我约束，并由财务人员进行全过程记录、监督。同时，社区公益基金管委会按照管理平台要求，严格履行职能角色，知晓掌握资金使用情况，对资金使用进行严格把控。社工、财务人员、基金管委会三方从各自的职能视角出发，积极进行自我约束、全过程参与、内部监管等工作，以事中监管方式保障社区公益基金的安全性。

3. 事后监督

社区公益基金因多元共筹形式得以运行壮大，为每位善款捐赠者、受益者负责是社区公益基金运营者的重要责任。社区公益基金的工作人员以文件公告、会议传达、公众号推送等形式进行项目运行、基金财务信息的披露工作，以保障利益相关者的监督权利，加强大众对社区公共事务的关注度，增强社区居民及善款捐赠方对社区公益基金的参与度。公众、善款捐赠方、上级监督管理机关对社区公益基金的监管，进一步完善了社区公益基金监督体制，形成事前→事中→事后的闭环监督体系，促进社区公益基金在全方位监管模式下健康发展。

四、社区公益基金在农村社区基层治理中的作用成效

社区公益基金的有序运转与推广,一方面意味着村社本土力量的协同参与以及筹资渠道的拓展创新,对于社区的多元化问题与需求的解决与满足具有重要意义;另一方面意味着在社会治理事业发展过程中,社区公益基金已展现出在"五社联动"的重要引擎作用下,村社已成为公益慈善的重要成长空间的态势。同时,社区公益基金的快速兴起与发展,也是社会公益慈善文化营造与传播的具体体现,充分彰显了人人参与、人人慈善的现代慈善理念和价值。①

(一)拓宽基层治理筹资渠道,完善村社资金保障体系

长久以来,资金不足是社区建设面临的普遍性问题。村社作为我国社会治理的基层单元,从其性质来看是基层自治组织,但是由于受行政框架、资金来源等多方面的影响,村社常出现资金紧张、资金使用权限狭窄、资金使用流程复杂等诸多问题。与此同时,社区外游离着大量社会慈善资源却无法以高效的形式进入社区。这些情况,使基层治理工作的开展受到了较大的制约。

党建引领、政府主导的良好宏观慈善政策环境,为我国慈善事业的迅猛发展奠定了扎实基础,社区公益基金的快速发展便是其中的有力代表之一。社区公益基金作为基金管理平台下设的专项科目,既具备基金平台的募集、运营、管理的功能与职责,也具备强烈的属地性、灵活性、高效性等特质。社区公益基金落地于社会治理基层单元,使募捐行为更具

① 胡小军. 社区基金的功能定位与建设路径 [J]. 中国社会工作, 2022 (31): 1.

针对性与具体性。社区公益基金以线上线下相结合的募捐方式向社区内外发起募捐倡议，使长期游离于社区之外的公益慈善资源向村社汇集。

多位基层干部对以社区公益基金为代表的慈善资源在社区基层工作中的表现给予高度赞扬：

五峰县 X 村党支部书记在督导座谈会上说："我们村原来的老年人照料中心设施很旧，房屋存在安全隐患。后来民政局拨款25万元，幸福家园项目配捐了8万元，村里自行筹了7万元左右，建起了建筑面积300平方米、具有抗震功能的新照料中心，平均每位入住老年人有25平方米的使用空间，配有卫生间、卧室、客厅、厨房。有了社会工作机构和社区公益基金，我们村的基层治理工作省了很大的心。"

鹤峰县容美镇党委组织委员也曾提到："确实是因为慈善资源的引入，为我们地方财政减轻了负担和压力，我们真切地体会到了慈善资源整合的作用。"

由于社区公益基金的属地特征，其与村社、村社居民及组织存在天然的亲和性，有助于村社居民进一步提升对这一新生事物的知晓度与信任度，便于广泛吸纳驻地单位、爱心居民、爱心企业与商家等诸多力量参与募捐活动，对促进村社居民的零散慈善资源进行有效汇集具有显著优势。通过社区公益基金，有效促进了居民自筹一点、村社出资一点、镇街匹配一点、社会单位捐助一点的筹资模式的形成，有效拓展了基层治理的筹资渠道，打通了社会慈善资源参与农村基层治理创新的路径。在社区公益基金经过进一步合法合规合理化的高效整合之后，社区资金池将继续拓展，强化其对村社发展的支持和保障功能。

（二）落实多元共治发展理念

社区公益基金的基本性质、管理架构、监管机制等确定了其社会公共效能以及基层治理重要功能。在社区公益基金的筹资、管理、使用、监督及评价全过程中，村社居民作为利益主体承担着多重角色，他们不单是社区公益基金的所有者、受益人，同时以社区公益基金管理委员会成员、善款捐赠者、监督者等多重身份参与社区公益基金的全流程工作，并在参与过程中逐步加强对社区公益基金的认识与理解，实现民主参与意识与能力的提升，实现在参与中成长的目标。村社居民通过参与基金的筹集和使用，增强了自治能力和责任感，提高了社区的凝聚力和稳定性。

宜昌市宜都 Y 社会工作服务中心负责人在经验交流过程中说："社区公益基金并非只是凝聚资源，聚人做事才是其更深层次的要求。如今，我们核心的常态化志愿者很多是原来的服务对象或者募捐对象，他们在参与过程中不断认识、了解社区公益基金，并对这种新型的社会慈善模式产生了浓厚的兴趣，参与活动过程中的喜悦感、成就感促使他们愿意留下来、参与进来，现在我们已经形成了良好的伙伴关系。"

在与宜昌市远安县 D 社会工作服务中心理事长交流中，她曾这样讲道："近期我们的工作取得较大的进展，我想应该是我们终于摸索到路子了。前期我们的各项工作进展都比较滞后，是因为我们工作开展起来很困难。我们做好活动服务方案，宣传推广也做了，可是活动的效果仍然很不乐观，去年"99 公益日"仅募集善款几百块钱。近三个月以来，我们紧抓社区居民的急难问题，开展了'萤火虫''留声机'等一系列的助残、爱幼活动，在社区获得较好反响。后又在社区协助之下举办社区微公益大赛，办得非常成功。最近 520 数字公益节，我们举办了公益集市大型活动，活动现场十分热闹，仅 5 月 20—22 日三天就募集善款 3.2 万元，其中前来捐款参加活动的很多都是熟悉面孔，他们还说以后有活动要喊他们，有空一定参加。工作能取得今天的成绩，我们十分开心。"

可以看到，社区公益基金把支持社区本地项目与活动作为其主要职能，通过举办微公益大赛等形式，有效孵化培育社区社会组织，逐渐调动起居民的积极性、主动性，激活居民自治力量，即挖掘本地参与公共事务的积极分子，并在他们参与项目活动过程中不断进行赋能，增强与提升其对本土的情感认同与归属感，以一带多，以点带面，充分发挥引领带头作用，继而带领更多的居民参与社区治理。

在居民的主动参与过程中，进一步使本地多元需求进行聚合，需求把握更加精准，社区公益基金进一步提高资助项目或活动的精准性，活动效能不断提升。居民的整体素质与参与能力不断提高，循环往复，多元共治理念得到深化与发展，基层治理效能得到全面增强与提升。

（三）提升社区公共服务水平

社区公益基金的投入使用，实质性地用于社区志愿服务、社区社会组织培育、社区活动的开展、改善公共服务设施。通过社区公益基金的支持，开展一系列福利项目，如提供救助金、帮助贫困家庭获得更好的医疗救助等。开展过程中加大了社区服务资金、人力、物资的投入力度，拓展创新了服务方式，丰富了服务内容，加强了社区服务能力，为社区居民提供了更便捷、高效的公共服务，提升了社区公共服务水平。

社区公益基金将社区、在地机构、社区居民的资源进行高效联动，培育发展志愿服务力量，发扬"红马甲"志愿服务精神，为社区中的特定居民提供经常性志愿服务的"一对一"帮扶，形成志愿者服务队伍为社区公益性服务活动提供社区援助的良好局面，进一步满足了社区居民服务需求，推动了多方治理体系建立，构建了良好的社区秩序。

宜昌市宜都 Y 社会工作服务中心负责人在接受常态化督导工作的过程中曾对其所服务的社区公益基金进行如下介绍："我们始终以居民的实际需求为根本工作导向，充分发挥社工的专业优势，借助社区公益基金这一重要资源聚集与配置平台，将社区、在地机构、社区居民的资源进行高效联动，激发社区志愿服务力量，促进社区社会组织的培育孵化。现阶段，我们依据这样的基本工作思路，实现了社区常态化志愿服务机

制的有效搭建与发展，培育并发展志愿服务组织 2 个，注册志愿者 2028
人，为社区常住居民人数比例的 22.4%；组织开展志愿服务活动 9 次，打
造'未成年人服务品牌阵地'，建设'家庭志愿服务日'实践阵地，联动
超过 620 个亲子家庭，常态化开展亲子志愿服务活动，服务人次超过 9200
人次。我们运用'五社联动'机制，协助试点社区打造'家庭公益集市'、
'幸福妈妈成长训练营'、'宜路童行'探访困境儿童服务项目、驿马冲村
爱心菜园助农项目等一大批服务品牌，有效激活多元群体参与社区治理，
并在项目运行过程中初步建立'基于党建引领的 1+2+N 社会治理服务体
系'，打造了一套较为全面的社会公益资源'发掘-分类-整合-利用'模式
和居民服务'精准建档+多方联动+及时介入'的社会工作服务模式。"

根据片区各试点填写的项目协议产出情况，汇总志愿服务试点产出
情况。受专业能力不足、指标计算标准不统一等因素的影响，数据存在
一些差异，但是仍能比较直观地反映出志愿服务试点执行情况，具有一
定的参考意义（见表 1）。

表 1　志愿服务试点产出情况

片区试点	培育服务试点（个）	注册志愿者（人）	占居民比例（%）	志愿服务活动（次）	志愿服务累计时长（小时）	服务人次
恩施毕兹卡	1	30	15	40	1335	166
恩施五彩	1	226	16.3	20	2252.1	400
恩施众益	3	119	39	20	563.68	1780
鹤峰容米	1	58	58	2	834	80
五峰益民	2	248	16	32	1100	2200
夷陵东湖	1	1153	11.5	12	9617.37	3000
宜昌环宇	2	460	15.3	20	916.97	5000
宜昌慧爱	8	620	15	56	1024	2395
宜昌众信	1	422	15.08	29	1874	4000
宜都宜心	1	1390	15.34	38	6380	3500
远安爱心天使	3	849	15.8	18	3162	720

五、现阶段农村社区公益基金运营过程中面临的困境及成因分析

经前述分析，可以看到社区公益基金在基层村社治理过程中发挥着举足轻重的作用。在对恩施、宜昌两地 11 个社区公益基金实地走访调研过程中发现，当前社区公益基金的运营过程中也面临着诸多问题与挑战，在农村地区问题尤为突出，若不及时进行应对处理，将对社区公益基金的健康运行形成阻碍，影响其在"五社联动"中机能的有效发挥。

（一）筹资能力困境

结合湖北省"五社联动·家园助力站项目"第四片区的实地督导经验与走访调查获取的数据资料，当前，各机构募捐筹资的工作整体开展较为困难。第四片区项目站点约有三分之二聚集于农村地区，农村社区相较于城市社区，其经济发展水平、居民受教育程度、居民公益意识整体呈现落后和偏低的状态，农村社区空心化严重，劳动力外流，留守老人、留守妇女、留守儿童的现象普遍存在，公益事业在农村社区落地生根工作更具挑战性与艰巨性。

目前，11 个社区公益基金的执行机构多数已经完成项目要求的基金募集任务，其中恩施市 B 社会工作服务中心在项目实施地已募集资金 19.04 万元，超额完成 380.8%。同时，也存在少数社区公益基金募捐工作效果欠佳情况，如宜昌市 Z 社会工作服务中心仅募集资金 0.05 万元，与慈善资源募集任务要求存在很大差距。城市地区的社区公益基金募集任务的完成度达到 50%，而农村地区的社区公益基金募集任务的完成度仅为 28%，两者之间存在较大差距。

1. 内源筹资能力困境

因社区公益基金的管理运营工作主要是由基金管委会以及社工来完成。社工虽是社会工作方面的能手，但是由于农村地区的金融整体普及水平的限制，他们对金融常识以及相关的筹资工作等方面的知识缺乏了解，并且很少有机会接受和融资能力相关的培训，在金融知识的认知方面存在欠缺，影响到了社区公益基金的整体筹资认知能力。

五峰县 A 社会工作服务中心的 X 理事长曾这样讲述："我们当地的社会工作者受教育程度普遍偏低，我自己也非专业出身，但在长期的一线服务以及持续学习的过程中，对社会工作这个专业也有了自己的认识与见解。现在引入的社区公益基金这一新生事物，在要求我们继续做好服务性工作的同时，还要求我们做好社区公益基金的募集、管理工作。我本人很少有机会接触金融知识和财务知识，我们项目团队中也没有这方面的专业人才，虽然省项目办给了我们很多的支持，但是在真正落地实施过程中还是遇到不少困难。我们对社区公益基金的募集、管理工作也只能是摸着石头过河，走了很多弯路，目前的募捐效果也并不好。"

同时，在金融技能方面，社区公益基金运营者由于难以将自身在募捐需求上的想法表达明确，加上缺乏相关募捐常识，且对于募捐的态度也稍显拘谨，往往不能为劝募对象提供全面、细致、充实的劝募方案，劝募工作存在经验性、随意性等问题，致使募捐筹资工作的成效大打折扣，部分社区公益基金运营者因此自信心受挫，工作开展艰难。

宜昌市夷陵区 D 社会工作服务中心 Y 社工在接受督导工作过程中曾经就这样的问题表达困惑："我们在对接一家企业进行劝募工作时，企业主表示虽有强烈的慈善捐赠意愿，但是由于看不到一份完整、细致的劝募方案，体会不到社工在劝募工作中的专业性，因而不放心将慈善款项交给社工进行管理使用，拒绝了我们的劝募请求，而是直接把善款打向一直以来较为信赖的社区账户。对这种情况我们非常苦恼，也希望能够通过系统学习或者专业人才的支持，让我们提升劝募能力，助力募捐工作。"

2. 外源筹资能力困境

当前社区公益基金对外部金融服务的支持能力呈现整体水平较弱的状况。通过调研了解到，省、市、区级的慈善总会均对社区公益基金经营主体的发展壮大提供了相关的政策扶持，进行了全流程指导，但是各政策之间的链接程度并不高，主要体现在复杂的捐赠流程以及政策扶持申请、审批工作之中。相较于其他捐赠途径，社区公益基金的募捐、筹资工作涉及捐赠发起、物资核验、捐赠审批、发票开具等环节，对捐赠者而言，一次捐赠可能要分几个步骤才能够完成，各部门、各政策的协调性问题尤为突出。

同时，社区公益基金当前的外部支持更多是从社会工作、社区发展的角度进行，而社区公益基金不单单具备社区属性、公益慈善属性，也具备基金所具备的金融性质，未来社区公益基金也不单单仅限于外部资源的注入，也要注重社区公益基金的自我造血能力的培育与提升，以金融手段包括但不限于各种形式的公益创收资产增值保值行动，以金融促慈善。目前，此部分的支持来源较为缺乏。

一位全国督导专家在督导调研工作中曾表示："社区公益基金作为社区基层治理的资源宝库，从资源的视角出发，募捐是实现资源流入与积累的一种方式。同时，为保障社区公益基金的长效性发展，还要进一步探索社区公益基金的自我造血机制，实现慈善资源的双向累积与持续注入。虽然我们也有一些社区公益基金在这方面做得比较突出，但是社区公益基金的运营环境存在很大的差异性，所以这方面的发展还需要大家持续地去探索。"

（二）管理体系不够完善

社区公益基金在基层治理中能效的发挥，在很大程度上取决于社区公益基金的活跃度、活力值，而只有具备了强劲的内生动力与专业的管理运作能力才能保障社区公益基金旺盛的生命力与充足的活力。高效的管理制度、组织架构、运营团队是保障社区公益基金持久活力的关键所在。

1. 管理制度不健全

制度设计和管理机制是社区公益基金成功运行和作用发挥的生命所在，任何制度的设计和管理机制的形成只有随着实务工作的推进不断完善创新，才能保持组织的持久活力与持续生命力。在我国，社区公益基金是一种新生事物，为保障其健康孕育与成长，各级政府部门、慈善总会等多方外部力量制定了一系列包括机构管理制度、基金使用办法、财务报销流程等管理制度，在保障社区公益基金的正常运行方面起到了一定的保护支持作用。但是由于项目试点处于起步阶段，缺少有效经验做法的借鉴，未形成一套完整的管理体系。多方部门制定的一系列管理办法容易缺乏协调性，造成管理过程中出现制度冲突，阻碍项目进程。在执行过程中，由于各社区公益基金所处社区存在差异性及特殊性，仅参照部分固化的制度规定往往会影响到实际工作的推进，所以更多地基于因地制宜原则开展工作，而将制度束之高阁，在管理实施过程中存在随意性。

恩施市 W 社会工作服务中心负责人在积分兑换制度搭建经验交流中说："我们依托社区公益基金，运用积分兑换这一新型工作模式促进村社志愿服务、共治资源的继续激活与发展，因此积分兑换细则的建立就尤为重要。在项目落地村社后，我们在工作中不断摸索，首先借鉴之前的经验，但是发现因为社区资源、组织架构、管理制度等因素的差异，不可能照搬照抄、直接使用，因而不断建立、不断调整、不断推翻，结合此项目的工作要求、村社资源，并综合考虑此模式的长期发展，才得出今天这样一个实施细则。当然，制度不是一成不变的，我们会在工作中不断加以优化调整，使其不断适应社区发展的需要。"

2. 组织架构有待调整

社区公益基金的日常管理运营工作主要由基金管理委员会来完成，基于"属地性+专业性"原则，"社区公益基金管理委员会+专职社工"工作模式具有显著的运营优势。与此同时，也存在一些问题。社区公益基金的管理委员会由各方力量共同构成，社区公益基金的运作依托当地的社会工作服务站，便于社区资源的整合与利用。但是，由于社区公益基金运作过程中要处理的事务琐碎繁杂，从募集筹款、资金流转、使用管理、资料登记撰写到策划基金使用项目、审批监管、利益相关方关系管理及维护等，都需要专业、专职的人员投入，很多工作已经超出了社会工作的专业范围，且工作权限狭窄、缺乏明确的事权划分和职能部门设置，使社工的工作任务变得更加繁重。

恩施市 W 社会工作服务中心一线社工曾讲道："由于项目站点在村里，交通条件较差，社区公益基金的募捐、使用工作往往受到一些影响，部分审批工作由于社区公益基金管理委员会成员工作任务繁重、位置较为分散等因素存在延迟、后补等现象。我们现在主要实行月度集中审批模式，但是总有一些突发状况或者预算调整等现象的出现，再去为这些状况进行奔走确实非常辛苦，因为我们农村社工本身的工作任务就非常重。"

3. 财务管理不规范

项目执行时间较短，规章制度下达不够及时，项目执行期间缺乏专业的财务管理人员参与基金管理，财务管理不够规范。第一，会计分录不规范。各片区期末自评报告材料显示，基金收入和基金支出不够详细，没有形成规范的明细账面，总账核算收入与支出难以对应。财务管理没有科学的资产估值和净值核算制度，无法确保基金净值的真实性和准确性。第二，基金使用不够透明。项目基金使用情况的科目设置概括广泛，没有公开透明的资金使用报告，体现不出基金的合理使用和分配，存在贪腐和滥用的风险。第三，没有有效的内部监督机制。由于相关的管理制度不成熟，缺乏内部控制制度设计，在基金运作期间没有定期进行内部审计和评估，难以确保基金运作符合规范和合同的要求以及进行风险控制。

（三）专业能力不足

1. 专业社会工作能力不足

社区公益基金的管理与运行需要具备财务、管理、社会工作等方面的专业知识，但由于在农村地区，社会工作起步晚，缺乏社会工作专业的人才支撑，在项目执行中，专业性存在欠缺。11个片区的项目实施与履约情况显示，其中9个片区各配备专业社工人员（持证社工、社会工作相关专业大专及以上学历人员、经过社会工作知识培训的民政公益性岗位等本土从业人员）2人（另外2个片区各配备3人），刚刚符合协议的任务指标。而社区公益基金管理委员会的5人是各方力量的代表，由社区内部选举出任，并非专业的从业者，普遍缺少系统化的知识结构和理论化的知识支撑管理社区公益基金，在此之前也缺少相关的工作经历，没有可借鉴的应急机制和经验，管理能力存在差距。

2. 组织能力不足，执行效果欠佳

社区公益基金筹集额度普遍不高，农村社区筹资金额对比城市社区差异较大，农村社区整合的社会慈善资源整体比城市社区的要少。在资金筹集过程中，农村社区发动的筹资链接辐射范围不如城市社区广，撬动社会资源的能力小，社区内部资源和力量协调得不够密切，往往导致

信息不对称、资源浪费等问题的出现。

在活动执行过程中，协议产出指标难以达到项目任务指标。在资金使用时，社区组织在实施过程中面临着组织能力不足的问题，影响项目的顺利进行和项目效果的实现。社区公益基金要发挥最大的效益就要用有限的资源进行合理的分配，但是在项目活动开展过程中会出现因为资金分配不合理项目难以进行的情况，同时在项目活动执行过程中"五社"之间缺少有效沟通和协作，可能导致信息传递不畅，从而影响社区公益基金的运行效率和效果。

鹤峰县容美镇党委组织委员在督导工作中也就社区公益基金、项目工作中的困难点进行了说明："我县的公益氛围算是很不错的，虽然我县的常住人口仅有17万人左右，但是近年来，我县在每年的'99公益日'面向全县开展公益善款筹集工作，均已达到百万元级别，其中2022年'99公益日'活动共计筹集善款160多万元；社区志愿服务力量也较为扎实，我县注册志愿者人数达到11万人，占全县常住人口的65%左右。但是，现阶段我们在慈善事业、联动机制的探索与发展方面存在明显的专业支撑不足的问题，特别是缺乏社会工作专职人才，全县专职社会工作者共计55人，其中持证者仅有2人。工作人员文凭普遍不高，专业素质偏低，在活动开展过程中，往往是物资也投了，宣传也做了，但活动效果总是不尽如人意。我个人总结认为，社工其实也存在困惑，在过去他们一直做的是微观的、传统的社会工作服务，当了解到'五社联动·家园助力站项目'不仅要让社工深度地参与社区治理，还要关注社区治理以及社会服务发展的可持续化的时候，专业社工应该如何去推动？他们也存在一定程度上的无所适从。"

（四）社区公益基金发展面临的困境成因分析

1. 筹资难成因分析

（1）筹资渠道单一，筹资持续性弱

社区公益基金作为村社发展的资源型力量，其最重要的功能在于慈善资源的持续性供给与输入，为村社基层治理工作提供资金支持、物资援助。当前，各项目站点的社区公益基金的募集情况呈现较大区别，总体来看，农村地区的社区公益基金普遍存在筹资渠道单一、筹资持续性弱等问题。

当前农村社区公益基金的善款主要来源于驻地单位的资助、爱心企业的捐赠，而居民的参与人次、捐赠数额较少，居民参与度相对较低，尤其是居民自发的捐赠等行为相对较少，居民的知晓度、信任度以及网络等社会资本参与度有待进一步提高和扩展。

宜昌市远安县 D 社会工作服务中心理事长在对社区公益基金募捐成果进行分析总结时说："虽然此次 520 公益节我们社区公益基金募捐工作取得了很大的进展，但是对此次的慈善资金结构进行分析之后，发现约有 2.8 万元的慈善资源来源于社区内的驻区单位、爱心企业等组织性捐赠，占此次募捐总额的 80%，社区居民的个人性捐赠只占少数，并且整体的捐赠人次也没有达到我们的预期。"

保障社区公益基金来源的持续性是有力保障社区治理事业可持续发展的必然选择。对农村社区公益基金的捐赠者进行系统分析，发现具有多次捐赠行为的捐赠者寥寥无几。从社区公益基金的持续性目的出发，如何维护现有的慈善资源，增强社区公益基金与捐赠方的黏性亟待解决。

（2）社区居民对社区公益基金的筹集与建设的整体参与意愿不高

当前社区公益基金的运作在严格意义上仍为一种自上而下的运作模式，在政府、社区、社工等多方力量的共同引领之下，使居民参与基层治理过程，虽然有居民代表参与，但整体效能仍有待提高。

在开展活动过程中，社区居民更多是作为活动的被服务方参与活动，也有对活动漠不关心的，很少有在活动中将自身角色定位在活动的管理者和引领者上，承担建设和谐社区的责任，参与活动缺乏主动性与创造性。居民对社区管理的主体意识不够强，农村社区居民的整体文化水平、认知理解能力偏低，在部分山村守旧思想较为明显，致使农村居民对社区公益基金认识不足，有关力量难以带动村民积极主动地参与社区公益基金的筹集和建设。

宜昌市夷陵区 H 社会工作服务中心一线社工这样讲："由于居民对我们的身份仍然有所怀疑，我们在日常的工作中还是主要以社区为依托，借助于社区的公信力开展。以社区需求探寻工作为例，我们在社区走访的过程中进行自我介绍之后，很多居民会发出'你能帮我解决吗''这些事情不应该由社区工作人员来解决吗'等一连串的疑问。"

社区的有效治理与居民的参与程度、能力水平具有很大关联。长期以来，我国在农村地区实行的行政体制严重制约了农村居民参与基层事务的积极性和主动性，农村居民习惯了"等、靠、要"的传统被动救助发展模式，对政府的心理依赖强。"五社联动"创新了我国的基层治理模式，强调多元主体共同参与，村社居民是社区治理的中坚力量，应将社区发展的自主权、决策权交还于民，而在此过程中不断培养增强居民参与意识和提高参与能力仍是一项长期的系统工程。

2. 管理体系不成熟成因分析

社区公益基金管理体系不完善，主要还是经验不足、缺乏专业知识和内部监管体系，以及社区居民参与度不高所致。社区公益基金从成立到运作的时间较短，积累的经验不足，无法立即制定出行之有效的管理制度。健全的管理体系的形成需要一个长期的过程，在这个过程中需要不断总结实践经验，形成反馈机制不断完善管理制度。同时，建立有效的管理制度需要管理方面全方位专业知识架构的支撑，需要熟悉财务管理、法律法规、基金管理的运作模式。而目前管理层面组织成员缺少复合型专业人才，项目执行机构主要依靠社工负责，上下层的管理缺少其他专业人才的参与，运行过程中难以做到各专业交叉融合交流、培养复合型管理人才，从而满足专业融合的管理需求。确保管理制度的良好运行需要有完备的内部监管体系，现阶段的社区公益基金运行监督主要是以民主监督和财务人员的自我监督为主，财务人员在社会工作机构中的身份具有多重性，缺乏内部监督制度设计，忽视了风险控制，归根结底还是制度设计本身的问题。

资源不足也是造成管理制度面临困境的主要原因。社区公益基金的资金非常有限，制定并执行一套完备的管理制度需要一定的资金成本，基金的首要支出以直接提高社区居民民生福祉为主，很难再为实现更好的基金管理支付额外的咨询费用、培训费用等。

3. 专业能力不足成因分析

社区公益基金管理专业能力不足，主要体现在管理成员专业能力和社区成员综合素养上，造成这种困境的原因主要是缺少对专业人才的吸引、专业培训不足或者不到位、信息化程度低等。社区公益基金管理委员会人员不稳定，且获取的经济收益不高，尤其是在农村地区受到农村社区工作环境的限制难以吸引和留住专业人才。项目运营期间较多的是开展针对社区服务活动的培训，缺少对提高社区公益基金管理人员管理能力的培训，也可能没有足够的资源和渠道对基金管理人员进行专业培训。农村社区公益基金管理通常信息化程度低，不能有效利用信息技术进行运营管理和预算监控，缺少技术专业性，降低了管理效率。

农村社区内部未形成公益文化氛围，专业能力的提升受到环境因素制约。要提升农村社区公益基金管理专业能力，需要在社区内部营造一种认同公益、积极参与公益的氛围。现阶段农村社区内部普遍缺乏公益意识，社区居民对公益的重要性和价值认识不足，难以积极投入社区公益基金的筹集和管理当中，从而使得提升社区公益基金管理专业能力没有足够资金和缺乏内生动力。

六、推进农村社区公益基金发展的对策建议

虽然农村社区公益基金目前仍存有不少问题，但是农村社区公益基金不失为我国基层治理创新的重要成果。我们有必要分析农村社区公益基金发展和社区治理的问题与经验，根据实际情况不断进行调整、总结，以期能够不断完善农村社区公益基金的运行模式，充分发挥其在社区治理中的能效及独特作用。

（一）立足实践经验，探索农村社区公益基金本地模式

1. 结合实际，因地制宜

当前农村社区公益基金在我国基层社区的成功经验多属于局部的、阶段性的成果，并没有形成统一的理论与实践模式。而农村社区公益基金的良性运行和作用发挥是一个渐进过程，不仅取决于党建引领、政策扶持、人才培养等结构性因素的影响，也有赖于社区结构功能、基层治理体系构架、地方治理习惯等诸多环境因素的支持。

经调查研究发现，在性质、规模不同的社区，农村社区公益基金在其运行成本、信息传输效率、内部监管体系、居民关注程度等多方面都存在较大差别。因此对于农村社区公益基金事业的推动发展仅依靠自上而下的统一的制度输入与外界支持是远远不够的。农村社区公益基金作用最大化需要立足于村社本地，对村社的差异性以及特殊性进行综合考量，在借鉴、运用特定的工作模式时应充分把握因地制宜原则，充分考虑村社的经济、社会、人口结构以及发展、管理状况，探索符合本地实

际的模式，结合村社特色设计差异化的组织架构、业务范围、运作方式、资助重点等。[①] 同时，在本土实践中进行经验的总结以及本地工作模式的挖掘探索，提炼公益项目特色，打造社区品牌标杆，促进农村社区公益基金事业的多元化发展。

2. 关注自身发展，完善工作模式

应对当前基层治理工作的要求，探索本地化、精确化的工作模式，增强农村社区公益基金管理运行队伍的自身能力建设是关键。基金运营管理者现存的知识储备无法使农村社区公益基金实现作用最大化。因此，要支持农村社区公益基金运营管理者不断提升专业能力，增强基金的公信力和影响力。其一，要重视对农村社区慈善基金专业、专职人员的投入及培育，保障农村社区公益基金的长期健康发展，投入力量并全方位培育集整合资源、管理运作、项目策划申请、关系维护等多项技能于一体的综合型慈善基金运营人才。其二，对于现有的基金管理运营人员也要进行长期性的、综合性的专业技能培训，增加交流学习机会，促进基金管理运营团队工作能力的持续提升。

3. 创新工作思路，拓展筹资渠道

面对社会结构的深刻变化，需要立足长远思考农村社区公益基金的可持续发展问题。公共物品理论聚焦企业社区参与路径，强调企业的生产性角色和消费性角色的差异对于企业参与社区治理动力的影响。[②] 当企业、政府和社区可以从社区发展的过程中达到各自的价值目标且产生良性互动，并且企业重视的"有效公益"、政府追求的"有效治理"和社区关注的"有效服务"在社区场域共时出现且达到动态平衡时，社区治理伙伴关系可能被持续生产出来。

---

① 曾永和. "1234"：对社区基金会的管窥 [J]. 中国社会组织，2018（10）：32-34.
② 赵欣. 企业参与社区治理的内在动力与路径选择：基于多案例的比较研究 [J]. 宁夏社会科学，2022（5）：154-165.

因此，农村社区公益基金的管理运营人员应积极探索筹资渠道，创新筹资方式，将筹资工作的开展放置于全方位、多层次的视角之上，而不仅仅局限于社区内部的金钱与物资。要广开视角，可探索将筹款工作与社区产业扶持联动，比如资助项目盈利返还、爱心商品销售返点、社区社会企业营收注入、社区资源盘活等，把基金与社区发展挂钩，实现捐赠资金持续注入，同时持续关注社区内外爱心企业，促进社区治理伙伴关系的塑造与长期维系。

（二）增强居民主体意识，提高民主参与能力

1. 加强宣传工作，增强主体意识

如何让社区治理主体从农村社区公益基金应用与反哺中建立起信任关系，享受由此带来的归属感和获得感，从而真正树立起社区参与意识，这一问题亟待得到农村社区公益基金管理运营者的关注并予以解决。对于部分社区居民来讲，农村社区公益基金这个概念还比较陌生，因此提升农村社区公益基金的知晓度、增强社区居民对农村社区公益基金的关注与信任程度，需要持续加强相关的宣传推广工作，营造社会各界重视农村社区公益基金、关心社区治理的良好氛围。

农村社区公益基金的管理人员应充分借助官方渠道，增强农村社区公益基金的公信力，在政府网站、权威媒体、社区公众号上加大对农村社区公益基金相关知识的宣传力度，还可以通过寻求政府的支持，在政府的文件、通知中加大对农村社区公益基金的引入和强调。在这一过程中，要充分考虑到受众的多样性、年龄结构梯度、公众接收信息渠道的多样化等特征，结合线下宣传途径对农村社区公益基金进行潜移默化的宣传。通过对农村社区公益基金进行深层次、全方位、立体式的宣传，最大限度地提高农村社区公益基金的知晓度，加深居民对农村社区公益基金的认识，从而有效提升居民的主人翁意识。

2. 多措并举，全方位赋能

社区居民是农村社区公益基金的主人，基层治理工作也强调将社区治理的权力真正交还于民，为保障未来能够真正实现社区居民自我管理、自我治理的目标，现阶段应充分动员社区居民参与社区治理和基金建设，在这一过程中对社区居民进行全方位赋能。

为促进社区居民参与其中，农村社区公益基金的管理者应畅通居民的参与渠道，对基金的运营进行系统规划，常态化盘点社区资源，充分借助社区现有资源，如居民议事会，与社区利益相关方进行沟通交流，并注意以具体事件为切入点，鼓励居民积极参与社区重大决策。通过让居民对农村社区公益基金募集方法和使用方法进行充分讨论，在民主表达中决策社区公共事务，从"参与活动-捐款筹款-讨论决策-监督监管"等层面逐步深化其参与社区治理的程度，持续激活社区资源，促进社区资源的高效整合与利用，进一步朝着社区治理的方向迈进。

持续加强能力培训，助力社区治理。当前已有部分社区居民和企业代表参与社区公益基金的建设。因此，对基金管理人员中的社区居民、企业代表等应加强能力培训，既给予他们充分的机会锻炼和提升自己的专业技能，增强其专业能力，为农村社区公益基金培育未来的管理带头人，也能够更好地发挥其引领带头作用提高居民参与意愿，加快推进社区良好治理关系的形成。

（三）调整顶层工作方式，健全管理支持体系

农村社区公益基金的发展，社区治理的有效进行，离不开政府等外部力量的支持——外部的资金支持是基础的、浅层次的，能力支持才是永久的、深层次的保障——唯有如此，农村社区公益基金才能在社区内良好地运行和发展，从而进一步推动社区的治理和发展。

1. 细化政策支持措施

农村社区公益基金在社区治理中作用发挥的关键点是要实现政府、社区和居民的三方合作。政府在其中主要发挥其行政管理功能，协助社区建立农村社区公益基金，并对治理主体进行赋权，通过赋权的方式促进社区能力建设，培育社区发展的社会资本，提升社区活力，增强社区的自我发展能力，实现社区的内源发展。①

农村社区公益基金的长足发展，社区治理效果的改善，需要社区内多元主体大力推动，政府应该加大税收支持力度特别是个人捐献与慈善依托的税收优惠、明确政府购买慈善服务的优先举措以及改善政慈关系并确保监管适度，鼓励企业、公益组织、个人等主体积极参与社区治理。此外，要完善激励机制，注重精神表彰。对于积极推进社区治理、提供志愿服务、给予资金捐赠的企业和个人，政府应给予必要的精神奖励，使积极支持社区建设、参与社区治理的单位、个人享有较高的社会声望，满足他们的精神追求。

2. 构建可持续能力建设与指导体系

从建章立制到模式探索，从项目实践到提炼标准，农村社区公益基金的管理人员在以政府为代表的外部力量的支持下取得了阶段性成果。在教育、培训方法的选择上，外部支持机构可以采用边讲解、边实践、边引导的方法，对农村社区公益基金管理人员进行指导，推动管理人员边干边学，在实践中提高能力。因此，政府应持续构建能力建设与指导体系，从理论学习、经验分享、能力提升等多方向出发，为农村社区公益基金的运营者提供更多的经验指导，促进农村社区公益基金管理队伍的不断成长，加快农村社区公益基金的高质量发展。

---

① 武新，王敏.浅谈建立社区建设基金的构想［J］.辽宁经济，2001（7）：17.

附录一： 调查对象信息汇总表

序号	地点	单位机构	采访人员	职位	备注
1	宜昌市五峰县 X 村	村党支部	村党支部书记	村党支部干部	督导座谈
2	恩施市鹤峰县容美镇	镇党委	组织委员	镇党委干部	督导工作
3	宜昌市宜都市	Y 社会工作服务中心	负责人	负责人	经验交流、督导工作
4	宜昌市远安县	D 社会工作服务中心	理事长	理事长	
5	宜昌市五峰县	A 社会工作服务中心	X 理事长	理事长	
6	宜昌市夷陵区	D 社会工作服务中心	Y 社工	社工	督导工作
7	恩施市	W 社会工作服务中心	负责人	负责人	积分兑换制度建立经验交流
8	恩施市	W 社会工作服务中心	一线社工	社工	
9	宜昌市远安县	D 社会工作服务中心	理事长	理事长	社区公益基金募捐成果分析总结
10	宜昌市夷陵区	H 社会工作服务中心	一线社工	社工	

制度支持、组织孵化与能力培育："五社联动"机制下乡镇社会工作者动员慈善资源的实证研究[*]

周小帆　潘权骁[**]

摘　要： 社会工作与公益慈善的融合发展，是近年来学界与实务界关注的焦点。本文基于湖北省20余个乡镇公益基金实践，从社会工作者参与公益基金运营的成效出发，讨论社会工作者参与慈善资源动员的作用机制。慈善资源动员的实现，主要受社会工作者的制度支持、组织孵化及能力培育等关键要素影响。具体而言，在运行乡镇公益基金平台的过程中，社会工作者需要通过争取制度支持、孵化自组织和提升自身能力的方式，提升资源筹集的成效。社区公益基金的实践表明，社会工作者在动员群众、设计项目、发现需求和链接资源上具有一定的优势，专业能力与公益服务深度融合为社会工作的创新发展提供了新思路。

关键词： 公益基金；慈善资源；社会工作

---

* 基金项目：湖北省社会工作联合会"腾讯公益·五社联动·家园助力站"督导研究项目，广东省社科基金《国家治理现代化背景下社会组织生存策略与发展方向分化机制研究》（青年项目，GD21YSH02）。

** 作者信息：周小帆，华中师范大学社会学院讲师；潘权骁，深圳大学政府管理学院中国特色社会主义先行示范区残疾人事业发展研究中心（基地）副研究员。

一、研究背景

党的二十大报告提出，要"引导、支持有意愿有能力的企业、社会组织和个人积极参与公益慈善事业"，明确了要加强专业力量参与慈善资源筹集的发展目标。社区公益基金聚焦于调动资源以解决社区内部的各类问题，社会工作者则是分析和介入社区问题的专家。在政策指引和社会需求的双重推动下，社会工作者和社区公益基金有机结合，成为专业力量参与公益慈善事业的创新举措。

由社会工作者承担社区公益基金的运营，能够最大化地整合社会组织、社区志愿者与社会慈善资源的力量，落实"五社联动"机制的平台优势。社区公益基金或社区慈善资金，是指乡镇（街道）、村（社区）在慈善组织设立的专项基金，旨在通过精准定位慈善资源，合法募集专项资金，按照民主议事规则，实施普惠民生项目，实现共同富裕的发展目标。[①] 借助社区公益基金这一平台，社会工作者在社区内可以设立各具特色的服务项目，不仅能提高社区内慈善行为的活跃水平，而且能更加精准地为社区群众提供服务。[②] 一方面，社区公益基金具有联动资源与组织的枢纽功能，能够最大化发挥"五社联动"中多元主体参与社会建设的协调与整合作用；另一方面，基金管委会的平台将与资源筹集相关的多元力量进行整合，有利于激发"五社联动"中各行动主体的能动性。

2022 年，在民政部慈善事业促进和社会工作司指导下，腾讯公益慈善基金会和中国社会工作学会共同发起了"腾讯公益·五社联动·家园

---

① 冯军胜，王寒冰. 加快社区慈善基金发展，有效助力基层社会治理［J］. 城市开发，2023（11）：80-81.

② 陈瑶. 151 个社区慈善基金如何释放善治潜能［J］. 中国社会工作，2023（25）：44.

助力站项目"（以下简称"家园助力站项目"），由腾讯公益慈善基金会以公益捐赠的方式为试点社区公益基金账户注入种子资金，自上而下地推动全国社区公益基金的建立与运营（具体运作模式见图1）。腾讯公益慈善基金会为项目落地社区公益基金账户注入20万元的种子资金，要求承接项目的社会工作者运用种子资金撬动更多社会资源参与当地社区发展。其中，湖北省内有近八成的"家园助力站"项目分布在黄冈市、鄂州市、黄石市等地40余个乡镇，使乡镇成为社区公益基金的重要实践场域。

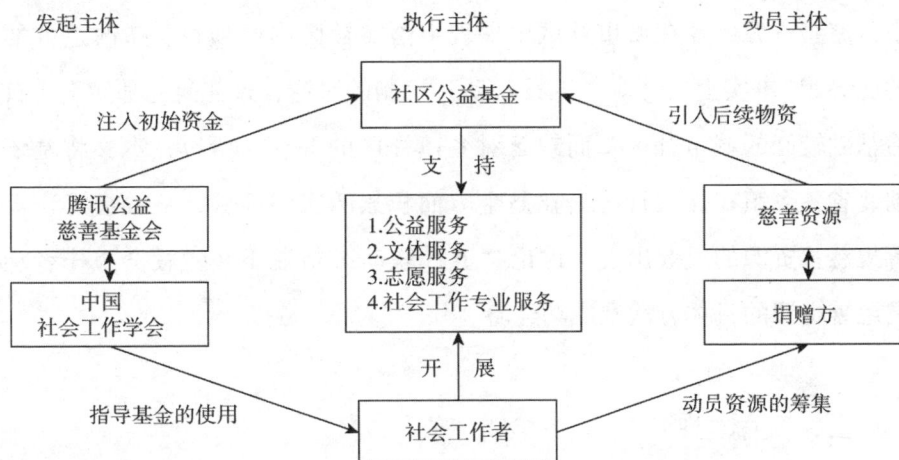

图1　"家园助力站项目"运作模式图

　　乡镇社区公益基金的建立，能够有效缓解农村内部慈善资源贫乏的困境。相较于城市社区而言，乡镇地区的慈善资源来源更加单一，在很大程度上依赖政府的财政拨款，极易陷入消极资源筹集思维及策略——等政府帮扶、靠上级财政、要专项经费。加之财政资金拨付与使用的主动权集中在政府手中，令乡镇在资源的运用上存在诸多外部限制条件，解决内部问题时缺乏灵活性。不过，相较于城市，乡镇在调动慈善资源方面也有着独特的天然禀赋。由于乡土中国自古以来就有着邻里相帮的传统，乡镇在挖掘慈善资源方面较城市具有更大的发展潜力及捐赠黏性。① 乡镇在资源动员的场域、对象和方式上都与城市存在较大差异，需要在"五社联动"的实践中提炼出资源动员与管理的技术要点，才能形成具体的操作性指引，进而推动乡镇社区公益基金的发展。②

学界目前对乡镇慈善资源的研讨尚不充分，对于社区公益基金作用发挥的理解尚不够深入。在我国的乡镇，尤其是在缺乏专业人士来统筹资源的情况下，"五社联动"机制在解决乡镇社区面临的公益慈善事业现代化发展问题时显得力不从心。③ 在过往湖北省"五社联动"的治理经验中，慈善资源已经在城市社区中展现出落实社区内微项目、微改造方面的优势。④ 事实上，针对"五社联动"机制的讨论，过往研究都侧重于自治基础较好的城市社区，而缺乏对乡镇社区的关注。所以，本文将基于湖北省各乡镇在探索社区公益基金方面积累的实践经验，从社会工作者筹集慈善资源的成效出发，讨论"五社联动"机制下乡镇社会工作者动员慈善资源的具体方法及成功经验。

二、文献回顾

（一）社会工作与公益慈善

社会工作与公益慈善的融合发展，是激活慈善资源的有效途径。当政府逐渐从具体的慈善运行事务中退出后，社会力量在推动慈善资源供

① 黄祖辉，傅琳琳．浙江高质量发展建设共同富裕示范区的实践探索与模式解析［J］．改革，2022（5）：21-33.
② 杨峥威．社区基金进一步发展需应对三大挑战［J］．中国社会工作，2023（24）：1.
③ 聂洪辉，卓腮娇．农村社区慈善困境与出路：对赣中竹溪村的调查［J］．湖北社会科学，2011（11）：55-57.
④ 冯斐菲．公益基金撬动城市小微公共空间改造提升［J］．建筑学报，2022（3）：28-32.

给、公益服务创新和爱心活动监管等方面的作用就凸显出来。社会工作自诞生以来，其责任和使命就以增进个人和社会福祉为目标，致力于解决现实问题，回应人们的美好生活需求。社会工作与公益慈善事业的联动，能有效缓解公益慈善组织在人才、技术以及资源上所面临的危机。①在全面建设社会主义现代化国家的实践中，社会工作者在提高困难群体的生活质量、落实公共政策、倡导公益慈善等过程中发挥着积极作用，是推动公益慈善事业发展的专业路径。② 正是由于社会工作与慈善事业有着相同的历史渊源与相似的价值理念，两者的融合发展可以从结构同链和方法互鉴上予以推进。③

　　社会工作与公益慈善的融合不仅是增进社会福祉的发展趋势，也是回应社会问题的现实需求。目前对于社会工作与公益慈善融合发展的研究，主要从以下三方面展开：第一，讨论社会工作与公益慈善事业的关系。社会工作与公益慈善在起源上具有亲缘性，应积极在政策、理论、实务层面充分整合两者的优势与资源，促进优势互补、互动共赢，共同助推中国特色的社会福利体系建设。④ 第二，探寻社会工作与公益慈善融合发展的影响因素。基于新时代社会发展的现实情境，社会工作和公益慈善的融合需要三个前提条件：存在共同发展目标下的政治机会空间，具有资源依赖多元性下的合作条件，产生社会创变中行动者的合作意愿。⑤ 第三，观察社会工作与公益慈善合作的具体方式。通过公益项目与社会工作服务相结合的模式，用公益资源助推社会工作项目扎根，以社

---

① 朱健刚. 论社会工作与公益慈善的合流 [J]. 社会科学辑刊, 2016 (4)：55-60.

② 赵阳, 范斌. 共同富裕视角下第三次分配与社会工作互构研究 [J]. 理论月刊, 2023 (9)：104-112.

③ 徐道稳. 社会工作与慈善事业的融合发展 [J]. 人文杂志, 2022 (7)：117-126.

④ 冯元. 由亲缘性到互嵌性：社会工作与慈善事业发展关系 [J]. 浙江工商大学学报, 2016 (3)：109-119.

⑤ 朱健刚, 刘文文. 从合流到融合：新时代社会工作与公益慈善的关系建构 [J]. 华东理工大学学报（社会科学版）, 2024, 39 (2)：1-14.

会工作者的专长提升公益效能,不仅能实现两者的嵌合共生,而且有助于建立社会工作和公益慈善的理想互动关系。① 由于社会工作与公益慈善的融合实践尚处于各自裂变后的融合性发展阶段②,有必要在社会治理创新的实践中探索两者融合的关键要素,才有可能实现双方的互惠共生。

在与公益慈善融合发展的过程中,社会工作者既是推动多元主体形成公益价值链的引领者,又是塑造良性公益生态的协同生产者。③ 公益慈善事业的发展不但需要鼓励社会力量广泛地参与和支持,也需要推动创新机制以有效配置资源,这样才能适应社会不断变革和发展的需求。④ 社会工作者在为群众提供服务的过程中,已经探索形成了较为系统的专业理论和实践方法。所以,社会工作与公益慈善的融合发展可以从两个维度予以推进:其一,由社会工作者开展公益项目的设计与执行,通过发挥社会工作的专业技术优势,产生更加创新的公益慈善项目;其二,由社会工作者统筹公益项目的管理,主要是发挥社会工作者的资源协调优势,调动更多社会力量参与公益慈善事业的发展。

(二) 慈善资源的动员

随着社会的发展和时代的进步,慈善的范畴已经超越社会救济,成为个体或组织自愿开展的非营利性活动的统称。⑤ 我国学界对慈善的理解,既有从古代延续至今的积德行善、乐善好施的救济传统,也为现代

① 刘威. 从分立实践到嵌合共生: 中国社会工作与公益慈善的理想关系模式建构 [J]. 学习与探索, 2018 (11): 51-58.

② 王思斌. 我国社会工作从嵌入性发展到融合性发展之分析 [J]. 北京工业大学学报 (社会科学版), 2020, 20 (3): 29-38.

③ 朱健刚. 社会实验视域下的社会组织介入社区营造: 以一个老城厢社区的活化实践为例 [J]. 河北学刊, 2021 (2): 170-181.

④ 周秋光, 万佳敏. 试论"两个结合"对当代慈善转型的理论与实践支撑 [J]. 湖南社会科学, 2023 (6): 135-143.

⑤ 朱光明. 慈善市场化的意涵、局限及行为选择 [J]. 社会保障评论, 2020, 4 (3): 129-140.

社会结构转型中产生的公民权利和社会责任观念所形塑。① 慈善行为的参与主体从传统的政府主导逐渐转向社会主导，慈善理念从积德行善转向承担公共责任，慈善运作与活动的内容也由一元转为多元化发展。② 所以，慈善的内涵由对弱者临时和直接的物质施舍，拓展成为针对特定社群有组织的制度性行动。③ 本文所讨论的慈善是现代公益慈善，主要是指通过组织化的途径向其他群体提供帮扶与救济的行动，旨在减轻贫困、促进教育、提高医疗水平、支持社会服务等。

由于公益慈善行为缺乏市场领域追求个体利益最大化的驱动力，所以动员机制是慈善资源得以传递的关键所在。④ 慈善资源是基于道德伦理或关怀伦理，自愿为他人付出时间、技能、物资的概括，汲取与输送的过程是社会公众道德爱心与社会责任的体现。慈善资源分为广义与狭义两类，广义上的慈善资源涵盖了上述有形资源，狭义上的慈善资源主要指财、物、人等有形资源，也将道德感召、权威影响、社会关系、公众信任、符号象征等无形资源包括在内。⑤ 对于无形的慈善资源，可以通过专业的运作方式，将其召唤、动员和拓展成为有形的人、财、物等慈善资源。当筹集资源的竞争变得越来越激烈后，发掘并充分转化潜在的无形慈善资源就显得更加重要。⑥

对慈善资源动员的讨论主要从动员的产生机制、动员结果和动员过程三方面展开。对慈善动员的产生机制的讨论，关注解释慈善资源得以

---

① 吴波，卢许春. 历史演进视阈中的慈善事业与慈善文化 [J]. 山东工商学院学报，2023，37（6）：106-116.
② 徐道稳. 改革开放以来中国慈善事业的转型发展：以国家发展战略为分析视角 [J]. 社会科学，2021（1）：66-76.
③ 刘威. 冲突与和解：中国慈善事业转型的历史文化逻辑 [J]. 学术论坛，2014，37（2）：84-91.
④ 朱力，龙永红. 我国现代慈善资源的动员机制 [J]. 南京社会科学，2012（1）：62-69.
⑤ 田振华. 公益慈善组织资源动员研究综述 [J]. 学会，2015（9）：17-22.
⑥ 龙永红. 现代慈善组织的资源动员：一个分析框架 [J]. 学习与实践，2012（11）：88-96.

动员的原因，[①] 更多从组织层面讨论资源得以流动的方式。[②] 由于对个体与组织层面互动的关注度不高，在理解个体小额捐赠行为的发生机制方面稍显不足，不适用于分析社区公益基金。对慈善资源动员结果的讨论，主要关注资源及其流动的规律，而政府的角色是这方面研究讨论的焦点。[③] 这类研究更关注静态的资源动员结果，能深入理解狭义上有形资源的动员机制，但是对广义上无形资源的动员和无形与有形资源的转化缺乏关注，在提升资源动员效率方面稍显不足。关注慈善资源动员过程的分析的重点在参与资源动员的主体上，[④] 包括资源动员得以发生和为何发生的机制。[⑤] 由于社区公益基金动员的慈善资源属于广义上的概念，所以本文将从选取动员过程视角分析慈善资源得以动员的背景、内在过程与实践策略。

三、研究方法

本研究将采用参与式观察与深度访谈相结合的方式开展。研究者同时也是"家园助力站项目"的片区督导，负责督导各乡镇社会工作机构完成社区公益基金建设、使用、管理和评估工作。依据"家园助力站项目"要求，执行机构需要在1年的项目周期内，完成5万元的基金物资

① 梁爽. 社会公益组织慈善资源动员策略探究 [J]. 佳木斯职业学院学报，2019（12）：269-270.
② 田振华. 网络社会下公益慈善组织资源动员策略探析 [J]. 学会，2016（1）：5-10.
③ 龙永红. 官办慈善组织的资源动员：体制依赖及其转型 [J]. 学习与实践，2011（10）：80-87；郑功成. 中国慈善事业发展：成效、问题与制度完善 [J]. 中共中央党校（国家行政学院）学报，2020，24（6）：52-61.
④ 朱志伟. 社区基金会如何动员资源：基于Y个案的考察 [J]. 社会工作与管理，2021，21（6）：61-69.
⑤ 刘威. 慈善资源动员与权力边界意识：国家的视角 [J]. 东南学术，2010（4）：53-60；刘威. 回归国家责任：公益慈善之资源动员及群众参与的新传统 [J]. 深圳大学学报（人文社会科学版），2010，27（5）：86-92.

募集目标。通过深度参与 10 个机构的项目执行过程,对社会工作者的筹款策略、筹款成效以及社区公益基金的运行情况进行参与式观察和记录,记录的具体内容为督导过程中社会工作者的发言反思、督导与社区公益基金利益相关者的交流以及机构运行社区公益基金的记录等。

深度访谈对象主要为督导片区的社会工作机构负责人以及项目执行社会工作者,并选取了其他片区在慈善资源动员方面表现较为突出的社会工作机构的负责人作为访谈对象,围绕社会工作者对社区公益基金运行的思考、社会工作者在实践过程中遇到的困难及采取的措施、社会工作者对资源筹集的看法与观点等进行访谈。在征得受访者的同意后,一共收集了 22 位受访者的深度访谈资料,每次访谈的时间为 1 小时以上。

四、社会工作者促成慈善资源动员的关键要素及方式

慈善资源的动员本质上是物资、技能和信息在不同阶层之间流动的过程。在社区公益基金筹集资源的过程中,参与动员的主体很多,所以关键要素也较为复杂。在"五社联动"机制的指引下,社区公益基金的运作涉及四方主体,分别为监管主体、运营主体、服务主体和资源主体。社区公益基金的监管主体为腾讯公益慈善基金会、省内各级慈善总会和省社会工作联合会,运营主体为社会工作者和基金管委会,服务主体为乡镇村民,资源主体为资源的捐赠方。在这四方主体中,资源主体是社区公益基金进行动员工作的主要目标。所以,对乡镇慈善资源动员的分析,应该集中在监管主体、运营主体和服务主体的互动过程中,因为这是影响慈善资源动员效率的关键。接下来,本研究将从制度、组织、个人三个方面展开分析。

（一）获取制度支持：慈社共建、乡社共融与协同共进

制度支持指的是捐赠主体对社会和组织外部存在的规则、法律、规范和价值观的认可程度。它们影响着捐赠的方式和结果。制度支持可以借助法律框架、道德准则、合同法规以及其他组织或社会层面的规定和制约来构建。这些制度性要素随地域、文化和组织类型而变化，它们可以促进或阻碍捐赠行为的进行。乡镇社会工作者通过融合政府公信力和激发协同优势的方式，提升潜在捐赠主体对社区公益基金的接受度与认可度，进而提升捐赠方参与资源动员的积极性。

1. 融合政府公信力

社区公益基金落地乡镇，尽管有基金管委会监管基金账户的收支情况，但基金的日常运营与管理工作则是由乡镇社会工作者来承担。资源募集是慈善组织获取支持和资金的关键活动，而社区公益基金的制度支持主要来源于其监管主体在社会中获得公信度和声誉度。对于社会大众而言，他们对政府所建立的制度有天然的信任感。所以，乡镇社会工作者想要获得慈善资源，就需要借助政府在群众心中的公信力，融合乡镇慈善会、乡镇政府和村委会的公信力，获得潜在捐赠对象的支持。

在农村，很多村民不是在本地挣钱，平时基本找不到这些人，后来我们是找到村党支部书记和民政办主任，做给他们看，让他们看到社区的变化。他们觉得我们做的服务真的还可以后，就愿意帮我们去找人（资源）了。（社会工作者 A1）

乡镇社区公益基金的管理由乡镇慈善会牵头，而日常具体工作则由乡镇来落实。这就要求社会工作者在争取外部环境支持的过程中，要协调好与当地慈善会和乡镇之间的关系。从短期来看，乡镇社会工作者直接获取村民的支持很难，只有结合当地比较有威望的制度主体，才能间接地获得潜在捐赠者的支持。从长期来看，外部环境中对社区公益基金

制度支持的建立，也是政府积极引导的结果。

在社区公益基金运营的初期，要通过社会工作者与乡镇慈善会的有机结合，建立起"慈社共建"机制。"慈社共建"的关键在于双方为了共同的目标采取行动，慈善会提供资源流入的正式渠道，社会工作者提供资源流出的有效方式，让双方的结合发挥效用的最大化。同时，社区公益基金需要依托乡镇慈善会才具有公开募捐的资格，而慈善会提供明确的物资接收证明能保障资源捐赠方的合法权益，促进捐赠者参与度的提升。

社区公益基金的发展，为社会工作者与乡镇行动共同体的建立创造了可能。"乡社共融"指的是社会工作者和驻点乡镇之间的融合，融合的关键在于让乡镇认可社会工作者的专业价值，并对乡镇的治理目标达成一致意见。通过将社区公益基金的发展目标与乡镇的社会发展目标相结合，争取当地的资金及制度保障，推动社区公益基金获得长效稳定发展。在此前提下，乡镇社会工作者才有资源开展形式多样的服务项目，以实际服务成效汇聚居民的认可。所以，"慈社共建"和"乡社共融"是乡镇社会工作者运行社区公益基金获得制度支持的重要途径。

2. 激发协同优势

社区公益基金管理制度的建立是为了有效地吸引、管理和分配资源，以支持社区开展相关的公益慈善活动。建立有效的资源筹措制度对于社区公益基金的可持续发展至关重要，有助于确保资源的合理分配和透明管理，从而更好地服务社区。公益基金会对于乡镇来说更是新兴事物，在全国范围内可供借鉴的案例都不多，但社区公益基金又是承载着社区发展愿景的集体性资源，必须将多方主体纳入动员活动的开展中。

"家园助力站项目"创新性地明确了社区公益基金的发展指引，提出资金募集、管理、使用的前提条件，就是要调动五方参与主体——乡镇（街道）民政办、项目实施地慈善会、落地社区、项目实施机构、捐赠方代表等,并指定由乡镇民政办负责人监督社区公益基金的运行。关于基金设立的相关政策制度有效地保障了社区公益基金运行的透明度和可信任度,规范了基金的运行情况,也明确了基金监管的主体责任。

> 民政办主任要监督基金的情况,我跟他说我们有筹钱的目标,你是主任,你得对接资源,他就把我带到××村去了,其实整个民政这边,都在帮助我们推这个项目。(社会工作者B3)

基金监管制度的建立可以帮助社区公益基金有效地链接资源,带动乡镇与社区公益基金的融合,并进一步凝聚"五社联动"机制的合力优势。在社区公益基金的运行过程中,乡镇民政办负责人牵头监督,多方共同参与决策,既能保证资源运用的合法性,又能保障资源筹集的合理性。通过将社区公益基金发展的目标与政府社会治理的方向相结合,推动社区公益基金获得更多制度支持,减小政策对资源筹集和使用方面的限制,让监管方见证社区产生的改变,进而将外部推力转化为内生动力,共同促进社区公益基金的长效运行。

(二)组织孵化:吸纳成员与培育愿景

组织孵化是社区内部为满足社区发展而培育的社区自组织,通过提供人力、物资、技术和专业知识等方面的资源,让社会组织内部成员通过合作来实现共同的目标。社区自组织是指社区居民或组织自发地组织起来,合作解决共同的问题、满足共同的需求或追求共同的目标。[①] 在社区自组织中,社区成员通常以自愿和协作的方式积极参与,不依赖于政府或其他外部机构的直接干预或管理。社区自组织鼓励社区成员参与社区的决策与服务,解决社区内部的共同问题、满足共同需求或追求共同的利益,也有助于培养和发展成员的社会资本,包括社交网络、信任和

---

① 汤辉.党建引领下社区自组织参与城市社区治理路径分析[J].哈尔滨市委党校学报,2022(2):29-34.

合作关系。

社区公益基金为乡镇提供服务的方式是筛选、培育和支持微公益项目，而承接社区微公益项目的主体为社区自组织。由于乡镇社区地域范围较广，人员居住相对分散，仅依靠社会工作者的专业力量难以满足村民多样化的服务需求，动员社区自组织承接社区治理的具体服务项目，有助于扩大服务覆盖范围，让更多居民受益。[①] 孵化志愿型的社会组织可以将社区公益基金中的物质资源转变为服务资源。组织孵化能确保社区公益基金中资源的有效循环，并通过组织内成员的影响力创造更多资源动员的机会。组织孵化是社会工作者有效利用资源的重要途径，志愿型社会组织的孵化需要经历吸纳组织成员和培育组织愿景这两个阶段。

1. 吸纳组织成员

我国乡镇目前大多没有建立社会组织孵化平台，社会工作者就是社会组织队伍发展的推动者。但由于缺乏队伍建设的指导，乡镇内的自组织现状较为松散，大多为村民自发组织的文体文娱类组织，志愿服务类组织和公共治理类组织相对较少。所以，着力激活社区内现有的文体文娱类组织，发展志愿型社会组织的储备力量，是乡镇社会工作者推动社区公益基金运行的重要策略。

我一开始是想搞乒乓球、羽毛球协会，结果搞来搞去没搞起来，只能搞现成的（组织）。这里每个村有十二个组，每个组都有舞蹈队，我们就帮队员排练。有时候跟队员一起互动、一起聊天，慢慢地就把这些队伍都搞起来了。（"家园助力站项目"总干事C1）

乡镇的居民多以妇女、儿童和老年人为主，其中妇女和老年人是发展自组织的主要潜在对象。社会工作者要精准把握目标群体的兴趣点，通过共同的爱好将人群聚集起来，通过参与组织内部的各项活动，与组

---

① 周小帆，王雷．"五社联动"机制下社区公益基金的项目化运作模式 [J]．中国社会工作，2024（6）：17-19．

织中的领导者建立信任关系。同时，社会工作者也可以在社区的常态化服务中发掘社区内部的领导人才，给予小额的资金支持，帮助其孵化培育组织。

社区公益基金作为解决社区内部问题的资源库，与社区自组织有密不可分的关系。社区公益基金的运行目标，就是通过微小的投入撬动更多的资源，而实现这一目标离不开社区内部志愿服务力量的支持。只有将社区治理的具体服务项目，通过社区内志愿型的服务组织落到实处，让社区居民看到公益慈善的成效，带动社区内公益氛围的形成，才能吸纳更多资源进入社区公益基金。可以说，社区公益基金内资源形成循环的基础，主要在于社区内志愿组织的活跃水平。

我们自己开展活动不够，光靠社工的力量很薄弱。要培育组织，通过组织来开展活动，让这些组织也能够去服务社区，就把我这个团队扩大了，那可以搞活动的人，一下就由这2个社工扩充到了15个或者20个。（社会工作机构总干事D2）

组织成员的吸纳能够夯实社会工作者的群众基础，提高公益慈善项目的影响力。通过组织成员发展，能够吸纳一批有能力参与社区事务的群众，这是后期社区公益基金项目运行的基础。社区自组织对社区公益基金运行具有积极的影响，可以增强基金的可持续性、有效性和社会影响力。通过与社区自组织建立合作关系，社区公益基金可以更好地满足社区需求，扩大影响力，并促进社区社会治理的发展。

2. 培育组织愿景

组织愿景是成员关心、参与社区事务的一种积极态度和行为倾向。组织愿景的培育表现为组织对社区问题、需求和挑战的认识，以及内部成员为解决这些问题和需求贡献自己的时间、资源和能力的意愿。组织愿景是体现社区凝聚力、完成社区发展目标的重要桥梁，它有助于解决社区内的问题、改善社区的生活质量，并促进社区成员对社区内事务的关注。可以说，社区自组织服务意识的提升与社区公益基金的发展息息相关，培育组织愿景是乡镇社会工作者成功运行社区公益基金的重要前提条件。

愿景并不是自然存在于组织发展过程中的，而是需要依靠社会工作者的介入，为组织成员灌输服务村民的理念，才能逐步树立形成。在组织成员吸纳完成后，引导组织参与社区公共事务，是培育社区服务理念的主要途径。社会工作者可以引导组织内部有意愿的成员开展自愿性的服务，通过物质奖励和精神奖励的方式提升其参与意愿。允许组织成员开展尝试性的服务，再逐渐扩大其参与服务的范围。

文艺团里的人都有表现欲，都希望有个舞台，我们就组织活动让她们表演，这样慢慢地就能定期聚起来了。然后，我提议在文艺团里面也搞个巾帼志愿服务队，就有人主动来参加。刚开始的时候，要和她们说好，搞服务的话，你有空就来，没空就不来，不强迫的，这样她们就没有压力，更愿意参与这个志愿队伍。（社会工作者 E1）

恰当的激励策略有助于组织愿景的培育，游说组织内的意见领袖带头尝试志愿服务，能较好地促进文体娱乐型组织向志愿型组织转变。社会工作者通过培育组织内意见"领袖"的能力，推动他们从利己向利他转变。在尝试转变的初期，正向激励措施能有效提升组织参与社区事务的意愿。在组织愿景的带动下，组织成员会更加积极地参与乡镇的志愿工作、社区服务项目、慈善捐赠、社区活动等。组织愿景也是责任感的体现，能够使组织意识到自己是共同体的一部分，有责任为乡镇的福祉和发展作出贡献，而不仅仅是追求个人利益。

通过培育社区自组织的使命愿景，能够扩大社区公益基金的社会影响力。社区自组织通常具有强大的社会网络，可以帮助社区公益基金更轻松地筹集到资金和资源。通过承接社区公益基金支持的微公益项目，社区自组织可以作为项目的执行伙伴，确保项目的有效性和持续性。通过与自组织合作，社区公益基金能够获得有关社区内部需求和问题的深入见解，从而更有针对性地分配资源。社区自组织有助于社区公益基金建立社会网络和信任关系，而资源的动员正是在社会网络中才能产生。

（三）培育社会工作者动员慈善资源的能力

能力是指社会工作者运用技能和专业知识，提升社区公益基金获取资源的机会。在"五社联动"机制的指引下，社会工作者能够帮助社区获得、管理和有效利用这些资金，以改善社区居民的生活质量和社会福祉。社区公益基金的运行，也是不断让基层政府转变治理理念、提升公益服务氛围的过程。社会工作者从专业优势出发，围绕社会组织、社区志愿者和慈善资源三个要素来做文章，鼓励机构以实实在在的项目成效获得居民与乡镇政府的认可，使乡镇政府愿意为社区公益基金的运行提供尽可能多的支持。

要运用社区公益基金，解决居民急难愁盼，对社会工作者的专业能力提出了更高的要求。乡镇社会工作者的运营，在很多驻点社区都处于起步阶段，专业服务能力也处于相对初级的阶段。在"五社联动"机制的落实过程中，社会工作者往往习惯于割裂地寻找社区内的"五社"要素，再从中选取部分要素进行整合来开展活动。但这样的服务落实机制，不可避免地带来两个挑战：其一，对于社区志愿者、社会慈善资源和社会组织发展相对薄弱的乡镇而言，工作开展初期难以找到项目突破点，进而陷入无法运营社区公益基金的困境；其二，先分后合的服务思路容易忽略"五社"要素的内部张力，使得"五社联动"机制难以发挥其最大效用。鉴于此，社会工作者要将传统的以解决问题为导向的工作思路，转变为以发展为服务目标，这样才能有效发挥"五社联动"机制的优势。这种以发展为导向的思路转型，是社会工作者沟通能力、评估能力和行动能力的集中体现。

1. 沟通能力

沟通能力是指社会工作者需要良好的口头和书面沟通能力，能够与社区内的各类团体建立并开展有效的沟通。由于服务目标的制定是以社区发展为导向的，这就要求社会工作者与政府部门、社区工作者、社区居民、社区自组织和社区资源主体等开展合作性交流。

平时我们跟各个单位关系还比较密切，经常去拜访一下他们，搞活动的时候我们就多宣传。他们有物资，但是没有平台、没有活动载体，然后我们就来设计活动，让他们参与进来。（社会工作机构总干事 J2）

良好的沟通能力既有利于社区公益基金项目的开展，也对社会工作机构的发展至关重要。通过口头沟通、书面沟通以及非言语沟通的方式，清晰、准确地介绍社区公益基金的运作模式，澄清双方对于社区公益基金功能的理解，争取多方主体对社区公益基金的支持是社会工作者的基本能力。社会工作者必须具备倾听、同理心、尊重和支持他人的能力，以便与潜在捐赠主体建立良好的合作关系。

2. 评估能力

评估能力一方面要求社会工作者能够准确评估乡镇群众的需求和风险因素，以选择合适的服务方式；另一方面则要求社会工作者能够甄别恰当的捐赠主体，开展有针对性的劝募活动。社区公益基金的运行，更强调社会工作者识别慈善资源的能力。因为不同的捐赠者可能有不同捐赠偏好，需要通过有针对性的筹款策略有效吸纳资源。

链接资源也要有所选择，我们要先观察这家企业的文化，是正能量的还是负能量的。再就是看捐赠人的个人背景，要是他们捐赠的目的不纯，我是不怎么接受的，因为对机构长期的发展不好。第三个是他们捐赠之后，我们都会做社会宣传。（社会工作机构总干事 D1）

社会工作者的评估工作从需求和供给的角度同步推进，捐赠过程也是捐赠方与受益方双向选择的过程。首先，通过对社区居民的问题评估，确定公益项目的受益群体、服务内容和服务成效。通过评估现有资源中组织或个体的企业文化、资金可用性、捐赠偏好和过往捐赠历史，筛选出最合适的潜在劝募对象。针对每个潜在的捐赠者，制定个性化的捐赠提案，突出显示公益项目与他们捐赠兴趣的契合度。社会工作者需要不断地与乡镇居民及捐赠主体积极互动，了解他们的需求和期望，并确保公益项目在设计上具有一定的吸引力，以保障资源的长效性。

3. 行动能力

行动能力是社会工作者用于识别、分析、处理和解决困难的能力，以帮助社区公益基金实现资源循环的目标。社区公益基金可能存在募捐困难、资源分配不当、可持续性不足、社区参与不够等问题，社会工作者就要在发现问题的同时积极予以解决。募捐困难可以通过多元化筹款渠道和建立基金的透明度与可信任度予以解决；资源分配不当可以借助透明决策过程和完善基金管委会机制进行规避；可持续性不足可以通过积极寻求新的捐赠者和合作伙伴以扩大基金的规模来解决；社区参与不够可以依靠社区宣传和组织培育来提高参与度。总之，解决问题更多依靠社会工作者理念上的转变，要将以往被动等待上级分配资源的观念，转变为主动争取多方资源形成共赢，这样才能将"五社联动"的合力聚集在社区公益资源的动员上。

五、讨论与总结

社区公益基金是"五社联动"机制在乡镇落地的具体产物，对讨论"五社联动"的联动方式有积极的现实意义。此外，由于乡镇地区延续了传统社会的一整套社会规范、社会行为和人伦关系，对社区公益基金的探讨也有利于分析源自西方社会的社区基金概念与中国化本土实践融合的转型机制。在此情境下，探讨乡镇社会工作者作为资源动员的行动主体，基于社区公益基金平台所开展的具体实践，呈现出更加深远的理论价值与实践意义。

社会慈善资源对社区发展的重要性日益凸显，对于构建社区服务多元投入格局，健全党组织领导下的自治、法治、德治相结合的基层治理体系具有重要意义。[①] "五社联动"机制如何发挥其多元协同的优势，一直是学界关注的焦点。社区公益基金模式的实践说明，以社区内部资源为核心的公益平台，能有机地融合"五社"要素，实现"五社"要素在"联中动""动中联"的模式创新。所以，慈善资源的有效筹集，是社区公益基金落实"五社联动"机制的关键。

从湖北省乡镇社区公益基金的实践来看，慈善资源动员的实现，主要受制度支持、组织孵化及社会工作者的能力培育等关键要素影响。具体而言，在运行社区公益基金平台的过程中，乡镇社会工作者需要通过获取制度支持、孵化社区自组织和自身能力培育的方式，才有可能募集到资金和物资。制度支持需要社会工作者融合政府公信力，充分运用"慈社共建"和"乡社共融"的策略，发挥"五社联动"机制的多元协同优势。组织孵化则要求社会工作者着力发展社区自组织的规模，并重视社区自组织愿景的转变，以培育志愿型社会组织为首要任务。能力培育则要求社会工作者培养沟通能力、评估能力和行动能力。制度支持、组织孵化与能力培育，是社会工作者动员慈善资源的决定性要素。

社区公益基金的发展目标，经历了从同质化向多元化的转变，这就对社区公益基金的资源筹措能力提出了新的要求。在现阶段，社区公益基金的主要目标是促进社区发展，通过个人或社区组织捐赠资金和物资来帮助社区内的贫困家庭、残疾人、老年人和其他需要帮助的人群。值得注意的是，社区公益基金与社区公益基金会在概念上存在着较大的差

---

① 胡小军．社会慈善资源动员的主要趋势与实践策略 [J]．中国社会工作，2023（3）：10.

异。本文中出现并运用的主体性概念是前者。具体而言，社区公益基金和社区公益基金会均源自西方社区基金的概念，两者都具有激活社区社会资本、推动非营利部门和商业部门进入公益领域等的突出优势。[①] 与社区公益基金会相比，社区公益基金是在尚不具备登记注册为社区基金会的条件下，由乡镇（街道）、村（社区）在慈善组织设立的专项基金。依据《中华人民共和国慈善法》和《基金会管理条例》，社区公益基金本身并不具备面向公众募捐的资质，所以其账户必须设立在具有公募资格的慈善组织内。这就造成社区公益基金在实践过程中，容易形成监管主体与运营主体相分离的情况，因而更加需要细致的可操作性指引来规范其运行。

有效的慈善资源筹集策略，是保障社区公益基金持续运行的关键举措。已有研究中，对国内外非营利组织的筹款策略有一些探讨[②]，但是对于社会工作者参与公益资源筹集的具体形式尚没有充分的讨论。基于乡镇慈善资源的特点，本研究进一步发现社区公益基金筹集慈善资源的方式，受社会工作者动员慈善资源的关键要素影响。组织孵化和能力培育水平较好的机构，可能会先尝试通过社会工作者的个人影响力在其社会网络中寻找潜在捐赠者，再通过有创意的公益项目设计来吸引资源。而制度支持水平较高的社会工作机构，可能会先通过行政助推的手段来筹集初始公益资金，再通过服务成效扩大其公益影响力。其中，通过切实的公益项目成效来吸引募捐的筹款方式，在保障资源稳定性方面优势更为明显。通过打造品牌服务项目，能推动社区基金的长效发展。社区公益基金的实践表明：尽管社会工作机构并不属于具有公募资质的慈善组

---

① 南方. 社区基金会的角色定位及发展策略研究：基于北京市四个案例的比较 ［J］. 同济大学学报（社会科学版），2019，30（5）：64-71.

② 谢晓霞. 美国社区 NGO 的募款策略：对伊利亚的承诺（EP）的案例分析 ［J］. 现代物业（中旬刊），2016（7）：96-98.

织，但是社会工作在动员群众、设计项目、发现需求和链接资源上的专业优势，能为社区公益基金的管理提供有效的技术支撑。

"五社联动"机制为社会工作者参与社区公益基金的运作提供了便利条件，探索出了专业能力与公益服务相结合的工作方式。社会慈善资源成为社区公益基金发展的重要载体，而社会慈善资源则是"五社联动"要素的组成部分。"五社联动"机制的落实为社区公益基金的成长提供了便利条件，社区公益基金平台的发展则为"五社联动"机制的持续运行提供了有效保障。一方面，社区公益基金通过集聚慈善资源，为解决社区居民和社区发展问题提供了有力的支持；另一方面，基层群众的广泛参与和慈善行动，推动了社区公益基金的快速发展和不断壮大。"腾讯公益"项目通过培育社区社会组织，引导社区慈善资源参与基层社会治理创新，有效地满足了基层社会治理创新的需求，不仅展现了社区公益基金在基层治理体系和治理能力现代化建设中的重要作用，也为社会工作服务的创新发展提供了新思路。

交互式督导：社会工作督导的本土模式

——一项基于湖北省社区治理创新督研项目的行动研究

任　敏　吕江蕊*

摘　要：针对当前社会工作督导研究过于"就事论事""就情境论事"现象，本文对社会工作督导者与受督导者关系这一基本问题进行厘清，并试图结合我国社会工作服务的项目制实践特征，发展出一种符合我国社会工作发展的督导模式——"交互式督导"。本研究从当前社会工作督导研究中的单向主体性出发，追问"督导活动到底以谁为中心""受督导者的声音在哪里"等问题，提出社会工作督导研究应实现向主体间性视角的转换。基于此，本研究以湖北省社区治理创新社会工作督研项目为依托，围绕"督导者与受督导者应该建立怎样的关系""我们应该创造哪些条件来建立这种关系"两个问题同期开展督导行动研究，接着在各个阶段中分别展开计划行动与反思评估，不断迭代发展，来探索本土化的社会工作督导模式。本行动研究经历了三个行动周期，即第一轮的以对象化为主的社会工作督导活动，到第二轮的社会工作督导内容的合作生产，再到第三轮的共生主体的价值共创，督导关系也由原来的主客二分，转向互为主体的差异化协作关系，最终又进阶形成突出公共性的共生体。建立在后两轮的探索上，本文提出了"交互式"的社会工作督导模式，并建构了交互式督导的模型，这包括多个中心的交互主体、跨情境穿梭的交互过程、混合型的督导形式设计、共生体发展的交互目的这四大要素。

---

* 作者信息：任敏，华中科技大学社会学院教授；吕江蕊，华中科技大学社会学院博士生。

关键词：社会工作；交互式督导；督导关系；本土化；主体间性

一、问题的提出

被誉为社会工作助产士的督导（supervision），对于社会工作的职业化与专业化发展具有重要的促进作用。维林加（Wieringa，1990）曾指出"督导的历史实际上最初是社会工作的历史"。这表明了督导与社会工作的发展如影随形。社会工作督导是一种专业的互动关系和反思过程，侧重于受督导者的权利保障和专业发展，目标是为受督导者及其开展的社会工作实践提供安全的环境（O'DONOGHUE，2010），故督导过程也是增权赋能的过程（贝多等，2015）。社会工作督导关系与助人关系一样，是建立在信任、保密、关怀、支持之上，为开展专业助人职业提供保障。① 在这个意义上，"督导"是有关"助人者如何被助"的，是对助人者的帮助、对咨询员的咨询，它是一种二级助人、二级咨询。②

与西方"实践先行"的社会工作督导发展路径不同，我国本土社会工作督导的发展具有明显滞后性，这与中国社会工作"教育先行"的发展特点具有相似性，所导致的间接后果就是社会工作服务能力尤其是实践能力的不足。③④⑤ 西方社会工作督导在知识积累等方面有先发优势，

① NOBLE C，IRWIN，J. Social work supervision：An exploration of the current challenges in a rapidly changing social，economic and political environment ［J］．Journal of social work，2009，9（3），345-358.

② 张威．社会工作督导的理论与实践分析：国际发展与国内现状［J］．社会工作，2015（3）：9-21+124.

③ 张洪英．中国社会工作督导研究的回顾与展望：以 1998—2015 年 CNKI 期刊论文为样本［J］．社会工作与管理，2017（4）：5-11.

④ 黄耀明．融合与超越：社会工作督导发展困境与本土化路径［J］．社会工作与管理，2019（6）：26-31.

⑤ 童敏，史天琪．中国本土语境下社会工作督导的内涵：项目实践中的自觉与自决［J］．社会工作与管理，2019（6）：7-14.

对其合理借鉴将有助于我国社会工作督导的快速发展。但在引介西方督导经验时，如何融合西方的督导知识与中国的本土现实，即找到一个融合性的"中间状态"，是对我国督导发展的巨大挑战。①② 因此，本土化一直是我国在应用西方督导经验的重要议题，并由此产生了多种本土化督导模式。这包括：一是以国别或地域为变量的督导本土模式探讨，如跨境督导模式③、文化敏感督导模式④⑤，指在督导过程中受到中国特殊的政治文化和集体主义文化的影响，导致督导无法有效发挥自己的资源与权威地位援助受督导者，出现"反向督导"现象；二是组织场域（机构场域）的本土督导模式，如双重督导模式⑥，在珠三角地区探索行政功能与教育功能分离的督导体系，以实现责信与赋能的双重目的；三是实践情境中的本土督导模式，如协作督导模式⑦，依托广东的"双百计划"探索扎根社区社会工作的督导模式，倾向于以协作行动来代替督导，从而突出同行与伙伴关系。但以上的督导研究多探讨督导模式的"情境适应性"问题，而忽略了督导中的主体关系，导致这些研究出现了一个悖论：一方面强调督导者主动学习调适以融入特定的文化情境、组织情境，以彰显督导在指导关系中的"权威地位"，如前两种督导模式；另一方面则又呼吁主动削弱督导者的专业地位，建立与受督导者平等的关系模式，

---

① 张威. 社会工作督导的理论与实践分析：国际发展与国内现状 [J]. 社会工作，2015（3）：9-21+124.

② 黄耀明. 融合与超越：社会工作督导发展困境与本土化路径 [J]. 社会工作与管理，2019（6）：26-31.

③ HUNG S L, NG S L, FUNG K K. Functions of social work supervision in Shenzhen: Insights from the crossborder supervision model [J]. International Social Work, 2010, 53 (3), 366-378.

④ TSUI M S. Social work supervision: Contexts and concepts, 2004.

⑤ TSUI M S. Adventures in researching the features of social work supervision in Hong Kong [J]. Qualitative Social Work, 2008, 7 (3), 349-362.

⑥ MO Y H, LEUNG T L, TSUI M S. Chaos in order: The evolution of social work supervision practice in the Chinese Mainland [J]. The Clinical Supervisor, 2019, 38 (2), 345—365.

⑦ 廖其能，张和清. 社会工作督导范式转向研究：以"双百计划"协同行动为例 [J]. 社会工作，2019（1）：54-63+110.

如最后一种督导模式。这是由于这些督导研究过于"就事论事""就情境论事"，缺乏对督导者与受督导者的关系模式进行根本性探索，导致出现了不同的甚至相互矛盾的情境。因此，推动督导本土化的研究，有必要深入探讨督导的基本性问题，为我国社会工作的发展提供有益借鉴。

本文以湖北省社区治理创新项目为例，探讨督导者与受督导者之间的主体关系，挖掘二者之间的互动模式，总结出一种适合中国本土的督导模式，为我国社会工作督导提供新的认识。

二、理论背景

督导的行政、教育与支持功能早已达成共识，并在督导研究中广泛应用。①② 其中行政督导是指督导者要向公众负责，通过任务分配、监督评估、规划设计等促进社会工作服务的有效实施③；教育督导则是通过直接教授社会工作的各个方面，如对案主的服务、团队合作以及相关的政治和社会制度，来提高受督导者的知识和技能，包括培养自我意识来提升社会工作者的专业能力（美国临床社会工作检查员委员会，2004；巴克，1995）；支持督导则通过提供鼓励、情绪支持与心理抚慰等④，帮助社会工作者缓解压力。但有学者指出，这种社会工作督导将社会工作视为一种服务，而督导则是对服务的指导，是一种实证主义的技术理性，强调社会工作者只要掌握了督导所教授的普遍化知识，就能够将这些知识运用到具体的服务场景中，是以督导者为中心的。⑤ 实际上，学者也逐

① KADUSHIN C. The motivational foundation of social networks [J]. Social networks, 2002, 24 (1), 77-91.

② SHULMAN L. Interactional supervision. (No Title).

③ 同②.

④ 同①.

⑤ 童敏，周燚. "半专业"的专业性：本土社会工作督导清单及知识观考察 [J]. 社会工作，2020 (3)：16-26+109.

渐意识到社会建构主义、文化、种族主义、性别、政治背景对督导的理论和实践产生的影响①，故大力提倡情境化知识在督导实践中的使用②，知识的普遍性应用转向知识的建构性生产，开始强调以受督导者为中心的研究。对应的是，督导发展历程也体现了在以督导者为中心还是以受督导者为中心之间的摇摆。要破解这一局面，就要超越主客对立的视角，融合督导的多种形式与功能，探索最适合社会工作者需求的督导模式。③

（一）主客二分：督导研究中的单向主体性

从督导过程来看，督导由督导者的"内容输送"与受督导者的"内化学习"两个相辅相成、环环相扣的环节组成。在社会工作发展的100多年里，随着社会工作的专业化与职业化发展，围绕在督导过程中的主体性之争，呈现出"以督导者为中心"以及"以受督导者为中心"的两种督导范式。

社会工作督导的发展最初源于1878年出现在美国的慈善组织会社运动（COS），它是作为社会工作专业知识的特殊教学形式和媒介而创建的。这时的督导形式表现为在对个案工作的需要下，全职工作人员（作为"有偿代理人"）对走访贫民窟穷人的义工（也称友好访问员）进行帮助和监督，以确保行政责信（帕里斯等，1992）。当有偿代理人的数量足以将他们确立为一个职业群体时，督导的教育功能就开始发展起来了。由于志愿者的流动性很高，经验丰富的常设机构工作人员会对不知道如

① O'DONOGHUE K, TSUI M S. Social work supervision research（1970 - 2010）：The way we were and the way ahead ［J］. The British journal of social work, 2015, 45（2）, 616-633.
② ELLIS R A, GOODYEAR, P. Models of learning space：integrating research on space, place and learning in higher education ［J］. Review of education, 2016, 4（2）, 149-191.
③ BRADLEY G, ENGELBRECHT L, HÖJER S. Supervision：a force for change? Three stories told ［J］. International social work, 2010, 53（6）, 773-790.

何帮助有需要的人的访问者进行培训和工作指导。① 然而，此时的督导仍然是行政管理。直到 19 世纪初，慈善协会以及大学督导课程的开发，社会工作训练由机构转移至学校，督导的教育功能才被逐渐明确。督导被定义为社会工作者学习实践所需的价值观、知识和技能的教育过程②，乃至发展出一种类个案服务的治疗功能取向。③ 这一时期是社会工作监督的初级发展阶段。督导关系类似于师徒关系，督导者作为督导活动的主体，被视为知识和技能、专业权威的来源，将督导活动视作一种对象化活动，从而支配社会工作者的行动。

随着社会工作专业化发展，1956 年美国联邦社会工作者协会的成立，标志着社会工作者向成熟的职业化迈出了重要的一步。获得职业地位的强烈愿望很快引发了关于社会工作者独立性的争论。美国全国社会工作者协会纽约西部分会在 1958 年进行的一项调查显示，大多数社会工作者受到过度督导。④ 由于独立实践和学习被视为发展良好的职业的两个特征⑤，一些社会工作者认为长期督导是对他们职业地位的侮辱。⑥ 华莱士（Wallace，1957）批评了督导的主导作用，认为这种主导是在"以母亲最了解的态度喂养"社会工作者。在此期间，定期督导虽然被视为培训新社会工作者的一个关键方面，但也被视为更有经验的从业者的障碍，他们主张根据需要或在必要的基础上进行咨询安排，而不是正式的定期监督或指导（穆尔，1954），并且提倡有经验的社会工作者能够在直接实

① KADUSHIN A, MARTIN J A, MCGLOIN J. Child abuse-an interactional event ［M］. Columbia University Press, 1981.

② TSUI M S. Social work supervision: contexts and concepts.

③ AUSTIN L N. Basic principles of supervision ［J］. Social casework, 1952, 33 (10), 411-419.

④ CRUSER R W. Opinions on supervision: a chapter study ［J］. Social work, 1958, 3 (1), 18-25.

⑤ ROSENBLATT A, WALDFOGEL D. Handbook of clinical social work. (No Title).

⑥ MUNSON C E. Clinical social work supervision ［M］. Haworth Press, Inc., 1993.

践中获得经验，而不是依赖于督导提供建议。① 关于受督导者的偏好，一些研究强调聚焦于受督导者的教育、支持和实践的监督如何优于行政驱动的。②③④⑤ 受督导者的另一个偏好是具有专业知识、能力和技能的督导者⑥⑦⑧。这些监督者被认为在⑨⑩⑪督导范围内对被督导者具有更多的权威、权力和影响力。此外，该阶段还探索和讨论了团体督导的使用，用来作为个案督导的创新和替代方案，建议可以采用不同类型的群体支持，例如同伴支持和咨询。⑫ 在这一时期，随着社会工作者行业的发展，社会工作者作为一种专业职业，开始在被支配的督导关系中发声，呼吁专业自主性，并揭示了社会工作者作为受督导者的内部差异性，即对于督导或是理想学习过程的期待不同，以争取适合自身发展的督导模式。也正是对受督导者的关注，不同的督导形式即个人和团体监督策略的混合方法被发展。此时的社会工作者在督导关系中已不安于被视作督导关系中

---

① INDELMAN R. Supervision and the advanced practitioner [J]. Social work journal, 1955, 36 (1), 18-20.

② COHEN B Z, LAUFER H. The influence of supervision on social workers' perceptions of their professional competence [J]. The clinical supervisor, 18 (2), 39-50.

③ CASTLE T, HENSLEY C. Serial killers with military experience：applying learning theory to serial murder [J]. International journal of offender therapy and comparative criminology, 2002, 46 (4), 453-465.

④ KADUSHIN A. What's wrong, what's right with social work supervision [J]. The clinical supervisor, 1992, 10 (1), 3-19.

⑤ TSUI M S. Hopes and dreams ideal supervision for social workers in Hong Kong [J]. Asia Pacific journal of social work and development, 2006, 16 (1), 33-42.

⑥ 同④.

⑦ MUNSON C E. Style and structure in supervision [J]. Journal of education for social work, 1981, 17 (1), 65-72.

⑧ 同⑤.

⑨ ITZHAKY H. Factors relating to "interferences" in communication between supervisor and supervisee：differences between the external and internal supervisor [J]. The clinical supervisor, 2001, 20 (1), 73-85.

⑩ 同④.

⑪ 同⑦.

⑫ HUNEEUS E. On working with and without supervision [J]. British journal of psychiatric social work, 1955, 3 (2), 28-31.

的客体地位，开始争取作为学习者的主体性。

21世纪以来，后现代主义思潮的兴起促使学者从社会建构的视角关注督导的过程和性质以及它是如何产生的。情境化的知识成为督导知识生产的主要内容。其中，文化对督导实践的影响是这一时期关注的主要议题之一。[①] 当受督导者和督导者在一种或多种文化身份方面存在差异时，就会发生多元文化监督。[②] 基于此，形成了多种跨文化监督经验，如跨文化监督中的负面事件[③]、种族身份发展和监督[④]、性别匹配和监督结构[⑤]以及性取向[⑥]。督导研究开始迈向解释范式的多元性，并且实现了由"以督导者为中心"到"以受督导者为中心"的研究范式转变，认为受督导者是实务过程的开展者，其掌握着真实的服务情境，由此决定了其才是督导活动的主要参与者。随着受督导者主体性的提升，再加上受管理主体与标准主义的影响，行政功能再次占据主导，而作为教育的专业权威地位被削弱。

在"以督导者为中心"的督导范式中，确立了督导者的绝对地位，主要依靠的是单方向督导内容灌输或是行政管控，是一种"填鸭式"的

---

① ESTRADA D, FRAME M W, Williams C B. Cross-cultural supervision: guiding the conversation toward race and ethnicity [J]. Journal of multicultural counseling and development, 2004, 32 (1), 307-319.

② FALENDDER C A, BURNES T R, ELLIS M V. Multicultural clinical supervision and benchmarks: empirical support informing practice and supervisor training [J]. The counseling psychologist, 2013, 41 (1), 8-27.

③ BURKARD A W, JOHNSON A J, MADSON M B, et al. Supervisor cultural responsiveness and unresponsiveness in crosscultural supervision [J]. Journal of counseling psychology, 2006, 53 (3), 288.

④ CONSTANTINE M G, WARREN A K, MIVILLE M L. White racial identity dyadic interactions in supervision: implications for supervisees'multicultural counseling competence [J]. Journal of counseling psychology, 2005, 52 (4), 490.

⑤ GREEN M S, DEKKERS T. D. Attending to power and diversity in supervision: an exploration of supervisee learning outcomes and satisfaction with supervision [J]. Journal of feminist family therapy, 2010, 22 (4), 293-312.

⑥ MESSINGER L. Supervision of lesbian, gay, and bisexual social work students by heterosexual field instructors: a qualitative dyad analysis [J]. The clinical supervisior, 2007, 26 (1-2), 195-222.

主-客督导模式。随着社会工作职业的发展，社会工作督导也逐渐关注到社会工作者的主体性，并开始围绕社会工作者的需求，提出扩大职业自主性、开发多种督导形式、注重因材施教等策略，实际上是忽略或回避督导的主体性。故当前对督导的研究仍是主体性思维，以"二元对立"的视角来看待督导过程，从而导致冲突或是对立。因此，督导研究需要更新视角，在主体性的基础上加以完善，使之从单一的主体性转换到交互的主体性，即主体间性。

（二）走向融合：督导研究的主体间性转向

主体间性又称为"交互主体性"，最早由德国哲学家、现象学创始人埃德蒙德·胡塞尔（Edmund Husserl）在《笛卡尔式的沉思》一文中提出。他首先承认了人的主体性，但为消解所谓"人的主体性"悖论，指出"并不是我个人综合的产物，而只是一个外在于我的世界，一个交互主体性的世界，是为每个人在此存在着的世界"。故必须从单数的"我"走向复数的"我们"，即从"主体性"走向"主体间性"。他认为主体间性不仅是主体间的相互关系，还指主体间存在的"共同性"或"共通性"，即"交互主体的可涉性"。主体间性是通过主体的"类比统觉""同感""移情"等"视域互换"来实现的。[①] 在此基础上，德国哲学家海德格尔（Martin Heidegger）提出"共在"的观念，强调人与人之间的共同存在，主体之间是相互依存、共同存在的关系。[②] 哈贝马斯（Jügen Habermas）的交往合理化理论改造了胡塞尔的交互主体理论，指出主体

---

① 岳伟，王坤庆. 主体间性：当代主体教育的价值追求［J］. 华东师范大学学报（教育科学版），2004（2）：1-6+36.
② 张军. 主体间性视角下中小学教育惩戒的实施研究［J］. 中国教育学刊，2021（2）：47-51.

间性是在个性化基础上实现社会化以及在社会化基础上实现个性化[①]，是人与人在语言交往中形成的精神沟通、道德同情、主体的相互"理解"与"共识"。雅斯贝尔斯（Karl Theodo Jaspers，1991）认为，人类交往从低到高有四种具体形态关系，分别为"共体主体性""交互客体性""外在的主体间性""内在的主体间性"。第一种交往关系将个人作为共同体的工具；第二种交往关系是个人主体性，即个人是交往关系中的主体，他人是交往的客体；第三种交往关系是一种主客体的平等关系，在防止利益占用的规范制约下，个人在发展自我主体性时也发展他人主体性；第四种交往关系是在共同体中，成员之间基于内在个人尊重、公共利益和爱的交往。因此，后两者才是基于主体间的平等交往，在不消灭个体主体性的前提下，强调从个体主体性走向主体间性和他者性，直至理想状态的公共性。[②] 综上，主体间性超越了主体性的主客对立视角，走出了自我论和个人主义的圈子，以"主体–客体–主体"的关系取代"主体–客体"关系，步入了一种多元主体共同存在并且在协商对话中寻求共识的后人道主义时代。

主体间性理论为督导研究提供了新的思维范式，是对以往的个人主体性的督导模式的一种超越。主体间性视角下的督导则是指在主体间的交往中包括督导者与受督导者交往、受督导者之间交往等，多方共同参与督导活动，相互承认与尊重，通过多种方式相互作用、相互沟通，促进多方主体共同成长与发展，本文将其称为"交互式督导"。它是开放的、建构性的，是一种全新的督导模式。这种新型督导关系超越了传统上把督导者与受督导者进行主客二分的主客体模式，把督导关系中的主

---

① 邵西梅. 主体间性视角下高校思想政治理论课亲和力提升 [J]. 思想政治教育研究，2018（3）：101-104.

② 冯建军. 从主体间性、他者性到公共性：兼论教育中的主体间关系 [J]. 南京社会科学，2016（9）：123-130.

体置于平等的主体地位,督导过程也由过去单纯的单中心模式,转变为"在平等对话"中的"多中心共同成长",实现了在自我主体性发展的同时发展他人主体性,并以建立社会工作专业发展型的共在、共生、共享、共育的共生体为目标,实现从个人性到公共性的发展。

三、研究方法与案例

(一)行动研究

行动研究(action research)并不是一种学院式的传统研究范式,而是一种集研究、实践及教育于一体的新兴社会工作范式,旨在破解以往社会工作研究与实务的断裂,意在改善社会情境的过程中生产出更真实的学术知识。库尔特·勒温(Kurt Lewin)是行动研究的先驱,他倡导将行动与研究结合起来,实现理论知识和实践经验的连接,从而开启行动研究范式在不同学科的应用。行动研究是一个非等级和民主的过程,鼓励个人为共同利益帮助他人,并通过创造知识和解决问题来构建社会变革。[1] 随着行动研究的发展,行动研究也有一些基本共识:一是强调研究与实务两者合一,即研究场域也是实务场域;二是重视研究对象的发声,强调参与的民主精神;三是研究过程具有弹性,以不断调整行动策略解决行动问题;四是反思与评估是行动研究开展的关键,也是行动研究得

---

① GAN D, ALKAHER I, SEGAL T. Incorporating collaborative learning in teacher education to foster self-efficacy to implement environmental citizenship: an action research〔J〕. International journal of sustainability in higher education, 2023, 24 (3), 700-718.

以持续迭代性发展的因素。①②③

行动研究的周期性包括每个周期螺旋中的计划、行动、观察和反思，并传达实用和协作属性。④ 克米斯（Kemmis）等指出，行动研究不是循环往复的简单过程，而是伴随着多次迭代更替干预，以上述螺旋上升的方式解决研究问题。在研究的初始阶段无法提前预设循环的次数，而且需要根据上一阶段的行动结果规划下一阶段行动。⑤ 这表明行动研究通常是纵向研究，并在研究过程中根据研究进展相应变化。因此，本文以迭代的成果进展作为行动研究动态变革的过程呈现，将前一轮的观察与反思结果作为下一轮的计划与行动开始，进而继续解决行动中不断发现的新问题，直至解决该行动的研究问题。

本文选择行动研究法的理由是：第一，行动研究中研究者与研究对象是平等的合作关系，强调二者共同创造知识以解决问题。本研究是关于督导关系的研究，重在关注督导者与受督导者双方均作为主体的交互模式，这与行动研究中的研究者与研究对象的理念相契合。第二，行动研究是一个可持续发展的纵向研究，呈现边行动边研究的发展特征。从主体间性研究我国当前社会工作中的督导关系，行动研究中我们可以调整主体交互的关系类型，从而揭示督导关系中丰富的交互特征，不断迭代进阶，探索一种理想的交互模式。第三，行动研究能够贴近真实的实务场域产生新知。我国社会工作中的督导研究现在多处于对国外经验的

① 费梅苹. 上海青少年社会工作者专业能力建设的行动研究［J］. 华东理工大学学报（社会科学版），2007（4）：26-32.
② 古学斌. 道德的重量：论行动研究与社会工作实践［J］. 中国农业大学学报（社会科学版），2017（3）：67-78.
③ 任敏，吴世友. "穿梭式行动研究"模式在社会工作教育中的探索：依托"家庭社会工作"课堂进行的实践［J］. 中国社会工作研究，2018（1）.
④ McNiff J. You and your action research project［M］. New York. Routledge，2016.
⑤ 李兴旺，张敬伟，李志刚，等. 行动研究：我国管理学理论研究面向实践转型的可选路径［J］. 南开管理评论，2021（1）：181-191+201+232-233.

借鉴，缺乏本土经验，采用行动研究能够在实务场域调整发展适合我国社会工作发展的督导模式，从而促进我国社会工作督导模式的本土化。

（二）研究案例

本文选择的行动研究项目为湖北省社区公益基金助推基层社会治理创新合作项目。2020 年，湖北省在抗疫成功经验的基础上，提炼出"五社联动"基层治理新机制。2021 年 4 月，"五社联动"被纳入《中共中央 国务院关于加强基层治理体系和治理能力现代化建设的意见》，标志着"五社联动"的影响从地方经验上升为国家政策。为贯彻落实中央有关决策部署，进一步提升基层社会治理能力，民政部与腾讯公益慈善基金会（以下简称"腾讯基金会"）合作开展"五社联动"社区公益基金助推基层社会治理创新合作项目，在全国范围内（主要立足湖北省、配套 6 个外省区试点）设立社区公益基金，通过"五社联动"机制，以乡镇（街道）社工站为依托，以社会工作者为专业支撑，充分发挥社区公益基金在整合公益资源、拓宽慈善渠道、改善社区民生、提升社会治理水平等方面的作用，推动形成共建共治共享的社会治理格局，建设人人有责、人人尽责、人人享有的社会治理共同体。开展该试点项目的目的是以"五社联动"中的资源要素激活社区治理体系，以创建社区公益基金为项目核心，构建基层治理资源整合循环链。由于该项目是创新项目，"五社联动"作为基层治理新机制，在基层治理中的应用仍处在探索时期，再加上该项目是"慈善+社工"的新尝试，一线社会工作者以往的以个案救助为核心的实务技巧并不适用于对社区的整体干预与综合治理，且慈善资源的开发与利用，也对社会工作者的互联网运用能力以及数字能力提出了更高的要求，这也为督导的介入提供了空间。

在湖北省社会工作联合会公开向社会招标督研团队之际，笔者团队组建了一个 10 人左右的督导团队，其中既包括实务经验丰富的一线社会工作者，也包括像笔者一样的高校教师、专家。这个督导团队中标后承接了湖北省第一片区的督研项目。2022 年 8 月至 2023 年 8 月，本督导团队在将行动研究中的计划、行动、观察、反思元素融入对第一片区 10 个项目的督导实务当中，同时，从督导的实务行为中抽离出来，对督导行动进行反思与研究，从而产出对督导关系的新知。整个行动研究过程伴随项目的进度周期开展，共进行团体督导 21 次、实地督导 20 次、个别督导 110 次。根据督导进展，可以将整个督导过程分为三个行动周期，其中以社会工作者的反思成长以及督导评估作为下一个行动研究周期的开始，如表 1 所示。

表 1　行动研究进程

行动研究阶段	行动周期	督导形式	督导模式
第一轮	2022 年 8 月 29 日—2023 年 1 月 20 日	9 次团督+30 次个督	对象化的督导活动
第二轮	2023 年 1 月 21 日—2023 年 4 月 20 日	6 次团督+40 次个督	督导内容的合作生产
第三轮	2023 年 4 月 21 日—2023 年 8 月 29 日	6 次团督+40 次个督	共生主体的价值共创

四、交互式督导的行动研究过程

随着社工开展社区治理创新项目，我们同步提供实务陪伴督导，并开启行动研究过程，围绕着"督导者与受督导者应该建立怎样的关系""我们应该创造哪些条件来建立这种关系"两个问题开展实务与研究过程，接着在各个阶段中分别展开计划行动与反思评估，不断迭代发展，探索"交互式督导"的基本内涵以及实现机制，直到问题解决。

(一) 第一轮行动研究: 对象化的督导活动

督导计划与行动。督导项目附着于湖北省社区治理创新的社会工作服务项目之上,故督导团队以该项目作为督导的切入点。与以往社区治理项目的购买方为基层政府不同,该社会工作服务项目是由基金会出资、省政府支持、省慈善总会负责实施、省社会工作联合会负责督导支持的多方主体合作发包的社区治理创新项目。两者相比,首先,前者具有较强的情境合法性,能够借助基层政府快速进入服务场域建立关系,推动项目的落地与实施;而后者由于是高层级的政府提供便利但部门之间分割严重,不能提供强情境合法性,项目实施还需获得基层政府的许可,这包括项目落地于哪个社区、街道支持程度等,这就为项目的落地带来了第一重考验。其次,以往的社会工作服务项目发包通常情况下是服务型发包,项目有明确的实施思路与内容,如开展几个个案、召集几个小组、办几场社区活动等;而该项目虽有一些量化指标,但作为项目的基础性工作,对于如何开展项目、项目如何实施等均由社会工作者根据在地治理情况自决设计,这在给予社会工作者专业自主性的同时,也对社会工作者的能力提出了极大的挑战,故一线社会工作者对于该项目的理解以及如何开展这个项目、如何推动项目落地实施都处于困顿状态。

针对这些情况,在督导团队开展督导项目伊始,就以帮助解决社会工作者服务过程中的问题和提高社会工作者的能力为目标,并根据湖北省社工联发布的《督导工作手册》编写了《第一片区督导工作手册》,建立了完备的督导服务计划,对督导的运作进行了精心设计(见表2)。这包括:(1) 公布了各位督导的擅长领域;(2) 确定了团体督导与个别督导、线上督导与实地督导相结合的督导形式;(3) 确定了各个机构的责任督导和辅助督导,保证每个机构有两名督导,外加总督导支持;(4) 确定了轮值总督导、个别督导的督导执行形式;(5) 拟定了督导者督导需求反馈机制，有效保证督导随需要而设，极大地提高了督导效率，并能即时回应机构产生的实践问题，具有较高的督导效能。

表2　督导运作机制设计

督导设计	具体内容	
督导团队构成	研究型督导	R督导，高校教师，"五社联动"的首倡者，深耕"五社联动"与基层治理 X督导，高校教师，研究领域为社区服务 H督导，高校教师，研究领域为社区情感治理
	资深实务型督导	L督导，某机构理事长，实务经验丰富，擅长项目管理与儿童友好社区营造 W督导，机构副总干事，擅长项目设计与宣传 Z督导，机构总干事，擅长社区慈善资源的开发与运用
	督导助理	由3名高校社会工作专业的学生担任，负责督导的日常运行与协调
督导执行形式	个别督导	责任督导（实务型督导担任）＋辅助督导（研究型督导担任）
	轮值总督导	轮值督导（根据督导议题选择）
	线上督导与实地督导相结合	
督导执行程序	需求调研	问卷调查 个别督导问询与观察
	督导实施	对个性问题开展个别督导，对共性问题开展团体督导
	评估反馈	填写督导反馈表 督导问询与观察 社会工作者联系总督导、督导助理进行反馈

督导的设计应落地于解决实际问题，故本研究在2022年下半年展开

了督导的第一轮行动研究。第一轮研究与社会工作服务项目同步开始，以2023年开始为终，历时5个月，共开展9次团体督导（见表3），督导主题包括社区公益基金的建立与运作、"99公益日"的筹募策略、微公益大赛的实施、项目例行进展汇报以及社会工作者的个人反思等。团体督导的督导议题在一定程度上反映了督导者与受督导者的交互内容与模式。此时的团体督导相较于其他阶段，较为密集，形成了以团体督导为主个体督导为辅的督导形式。这是因为上述问题基本上是社会工作者的共性问题，为推动项目的顺利开展，采取了此种督导形式。此时的团体督导内容也多为项目执行的一些常见做法以及项目开展思路的培训，如微公益大赛、社区公益基金等，工具性特征同样突出。为此，督导主要发挥着传统的三大督导功能。

表3　第一轮行动研究团体督导开展情况①

序号	团督时间	轮值总督导	团督次数	督导议题
1	2022年8月29日	R督导	第一次团体督导	项目开展情况与计划
2	2022年9月5日	Z督导	第二次团体督导	社区公益基金的建立与使用
3	2022年9月13日	W督导	第三次团体督导	"99公益日"的收获与反思
4	2022年10月17日	H督导	第四次团体督导	项目进展汇报与问题
5	2022年10月24日	L督导	第五次团体督导	项目学习与成长
6	2022年10月31日	R督导	第六次团体督导	社工服务案例讨论会
7	2022年11月21日	W督导	第七次团体督导	项目中期回顾
8	2022年12月5日	R督导	第八次团体督导	微公益（大）赛督导会
9	2023年1月3日	Z督导	第九次团体督导	项目年终总结与新年计划

1. 赋能培力社工

这包括，一是解放社工观念。在前期的个督以及团督中，不少社工

---

① 由于个别督导次数较多且零碎，本文不在此做单独展示，且个别督导的主题多依附于团体督导，团体督导已能反映出督导的内容趋向以及功能取向，故不对个别督导做过多赘述，后文会选取关键个别督导作解释说明。

发出疑问："我们社会工作不应该是以个案、小组、社区为工作方法吗？但这个项目却让我们去解决社区的结构性问题以及筹募资金，这还是社会工作吗？这是否已经超出了我们的服务范畴？"针对某些社工仍停留在服务对象仅限于困弱群体、社工不能从事劝募工作、社区基金管委会的设置纯属画蛇添足等狭隘观念上的问题，督导团队在督导中特别强调社工在基层治理中的两个核心：一个是功能，即基层治理中的社工应从以往的服务功能转向"服务+治理"功能，以提升基层自治能力与水平，实现社区善治；另一个是角色，在治理重心下沉的背景下，社工的角色要由原有的以提供困弱群体服务为主的"小社工"角色转向投入基层治理的"大社工"角色，社工在此背景下也应实现由原有的单一"弱势为先"原则，转向兼具"公平正义"的价值准则，在此准则下开展工作，以辐射更多居民。二是提升社会工作能力。如上所述，督导团队首先是通过专题式的督导会议督导项目的三项重点任务，即乡镇（街道）社区公益基金的组建及运营、社区微项目的设计与实施、"五社联动"长效机制的建立，提升社工参与基层治理的专业能力。其次注重培养社工的数字意识、提升其数字能力。在第一次团督会上，与会社工均对运用平台开展工作表示了担忧，为此督导团队以"99公益日"活动为契机，对社工的互联网理解力、筹款产品设计能力、为捐赠人服务以及在地创新力进行了督导。

2. 解决实施难题

社区治理创新项目的落地、实施涉及基层政府的认可与支持。为此，督导团队全流程陪伴式帮助机构推进项目，利用督导专家的身份，运用实地督导机会与辖区政府进行协商沟通，以帮助社会工作机构最大限度地争取辖区政府资源，为项目落地给予支持。督导团队利用此方式，成功帮助Y机构项目落地社区，也帮助C机构与街道、社区建立关系，保障项目的有序开展。

3. 鼓励支持社工

该项目作为社区治理项目，难度大、指标重，社工常在督导会上表示自己没有信心、没有能力完成该项目，表现出极大的担忧。此时，督导团队通过共绘美好愿景以及与受督导者建立专业关系、提供支持资源等手段不断鼓舞社工士气，激发其专业价值感，促使其振奋精神投入项目的实施与发展中。

督导反思与评估。项目进行到中期，以团体督导的形式对督导效果进行了评估与反思。这包括两个方面的内容，一是对督导的效果评价，二是对督导的意见与建议。在督导评价中，一线社工表示"在接受督导的过程中学到了很多""有了督导的帮助才把项目推进得这么顺利""通过这个项目，我真正体悟到了社会工作服务项目的运作逻辑以及社区社会工作的真正内涵""很幸运在第一片区，我们拥有最强大的督导团队"，并有社工将督导称为"转译者"，意思是说督导团队将抽象的社会工作理念与知识以贴近工作实际经历方式传授给社工。在对督导的意见与建议中，大多数社工则表示"督导时间过长，精力有点盯不住""要交的材料太多了，太形式主义，给我们这些一线社工造成了极大的负担"。有一位社工表示"期望得到更多的个人督导，因为觉得自己的项目进度落后于团体督导中的其他社工，且至今仍未设计出创新性的治理项目，在这样的情况下花掉了社区基金款项，对此有些担心"。这引起督导团队的注意，并在私下与其进行了深入交流。原来，这位社工是个新手，虽然在督导会上学习了设计与开展项目的方法，但却不能像其他同处一个片区的资深社工那样设计出贴合社区情境的项目，导致现在项目进展缓慢。

这引发了督导团队成员的反思，并在团队内部围绕"后进社工的项目开展困难"召开了一次小范围的督导总结会，对行动研究中的督导关系进行了讨论，发现以往的督导活动是将受督导者视作客体的对象化活动，这表现在：一是受督导者的主体性被忽略，最直观的表现就是未注意到受督导者之间的差异性，以及没有关注受督导者的内化学习过程；二是督导活动是以督导者为中心的服务生产，督导者按照传统的督导职能，对社工提供行政、教育以及支持，是以推进项目顺利运作为目的，而忽略了受督导者对于生产督导内容的主体性。从学习的视角看，出现该现象的原因在于督导者教授的普遍性知识未能内化到社工的学习过程中，进而帮助转化情境性知识来推动项目运转。为此，如何处理受督导者的主体性忽视成为下一阶段行动研究的重点。

（二）第二轮行动研究：督导内容的合作生产

督导计划修改与再行动。针对上一轮行动研究中受督导者的主体性被忽视的问题，本轮行动研究理念由"对象化的督导活动"转向"督导内容的合作生产"。在此理念下，本轮督导采取了三个修改措施来修订原有的督导设置并作为本轮行动研究的计划。一是对于团体督导的议题将重心从普遍性的知识转向情境化知识的获取。如表4所示，本轮行动研究中的督导议题多为"督导答疑与项目汇报"，即督导团队不再限定某一特定的督导议题，在团体督导上更多的是倾听受督导者在实务情境中遇到的问题与阻碍，从而帮助社工解决实务情境中的问题。二是增加个别督导的次数且鼓励开展实地督导。在本轮行动研究中，个别督导次数远超上轮，且相比于上轮，督导团队通过参访的形式进行了督导，实地督导以及个别督导的形式相较于团体督导，更让督导者了解与参与受督导者的实务情境，并与受督导者的地方性知识进行碰撞与更新。三是新增了交叉督导，实现了督导内容生产的多主体化。

表 4　第二轮行动研究团体督导开展情况

序号	团督时间	轮值总督导	团督次数	督导议题
1	2023 年 1 月 30 日	R 督导	第十次团体督导	典型案例写作
2	2023 年 2 月 21 日	W 督导	第十一次团体督导	督导答疑
3	2023 年 3 月 6 日	L 督导	第十二次团体督导	项目进展回顾与未来计划
4	2023 年 3 月 20 日	R 督导	第十三次团体督导	项目指标梳理与答疑
5	2023 年 4 月 3 日	Z 督导	第十四次团体督导	各机构典型案例督导会
6	2023 年 4 月 8 日	R 督导	第十五次团体督导	经验交流会暨志愿者公益行动

在第二轮行动研究中，督导关系出现变化，主要体现为两个特征。

一是受督导者主体性呈现。在第二轮行动研究中，由于更加关注倾听受督导者的声音，受督导者在呈现与展示自我时也表现出较高的差异性。如在本片区中共有 10 个机构承接社区治理创新项目，由于在承接项目前的前置社会工作经验不同，可以将受督导者分为三个层次的学习者，即"先进生"、"中等生"以及"后进生"。"先进生"由于在基层治理以及社会工作服务领域深耕多年，且与在地建立了良好的合作关系，对于开展项目轻车熟路，会灵活地将该项目与社会工作服务站运营项目、低保救助帮扶项目等其他类的项目结合，充分利用原有的在地资源以及机构资源，在项目开展到 4 月份，就已经完成项目所有指标，关注重点聚焦于如何创新与突破。"中等生"虽然有一些实务经验，但更局限于一般的社会工作服务项目，对于这种创新型的社区治理项目处于摸索时期，其项目进展趋于平稳，即跟着指导方向慢慢推进。而"后进生"属于刚从事社会工作的新人，之前并未深入了解过基层治理，且未有扎根社区的关系网络，使其在推动该项目时困难重重。督导者也在第二轮行动研究中注意到内部的差异性，故会更倾向于"中等生"和"后进生"的内化学习过程。也是在这个交互过程中，受督导者凭借所掌握的地方性知识不断与拥有专业知识的督导者进行交换与互动，督导者与受督导者的关系走向协作。

二是合作生产模式初步建立。在该轮行动研究中，督导者意识到情境化知识与地方性知识的重要性，故不断放权于受督导者，督导内容开始转向合作生产模式。在合作生产模式下，督导者的角色任务不仅是对受督导者需求的回应，更重要的是将受督导者发展为合作生产者，受督导者的角色也由简单的需求表达者和贯彻实施及评价者转变为督导内容的创造者。这使得很多原来有督导内容的生产具有了受督导者参与的特征，合作生产模式下的督导也从"为受督导者提供服务"转变为"由受督导者（参与）提供督导内容"。如 C 机构在 Y 社区开展社区治理项目时，为解决社区结构性问题，社工介入老年人活动中心的开放过程中，但由于 Y 社区"两委"的反对导致活动中心的开放遥遥无期。社工将实务情境一一呈现给督导者后，督导者按照社会工作理念，对社工进行支持帮助，如平衡社区"两委"与社区老年群体需求，找出折中方案。于是该社工就社区治理细节与督导者进行互动交流制定出了更完善的方案，并且通过自觉与自决过程，拟定具体的执行计划以介入实务情境中。在执行过程中，该社工再度以实务情境中的地方知识作为生产督导内容，与督导者进行交流。如此交互过程，构成合作型的生产模式。

督导行动与反思。项目进行到 2023 年 4 月底，这是原定的结项日期。此时，中央提倡"大兴调研之风"，因此有社工建议督导团队组织片区内的督导机构互相参访学习。督导团队在听取社工的意见后，融合参访学习与实地督导、团体督导等形式，采取"实地参访团督"的方式促进片区内的经验互学，并借此对此轮的行动研究进行评估与反思。在线下团体督导中，督导者与社工就个人成长、对社会工作的认识与发展等方面进行了分享，大家在轻松愉快的氛围中感受到了社工同行者的力量，燃起了行动热情。在督导会上，一位社工有感而发："今天听完大家的分享，我更加感觉我们社会工作者就是一个共同体。我们要做的不是内卷，而是一同成长与进步，将这个'蛋糕盘子'做得更大，让更多的人体会到社会工作专业的价值。"

线下督导会的成功举办，使督导团队开始反思，督学关系虽已走向了互为主体的关系模式，但督学关系对于督学这个共同体以及对行业、专业的价值在何处？督学关系不能仅限于一种类似于协同的伙伴关系，在以"社会"为使命的专业下，应发挥更大的作用。为此，督导团队思考将督学的互为主体的关系转向更为广泛的主体关系，即迈向理想的"公共性"，使督导模式从"合作生产"迈向更高阶的"价值共创"。

（三）第三轮行动研究：共生主体的价值共创

督导再计划与行动。在确定督学关系要由互为主体迈向公共性时，督导团队将公共性分为两个维度，一是内在公共性，即通过促进整个督学共同体的成长与发展来实现群价值产生；二是外在公共性，即通过项目中的督学关系扩散影响到更大范围的人受益，以创造外部价值。这分别对应两个行动策略：前者主要为如何激发"群"动力，实现督学共同体迈向共生主体。为此，督导团队对内容与过程进行机制设计，开始大量使用"其他机构有什么意见""其他机构有没有遇到同样的问题，又是如何解决的"等话语来实现促使同辈督导的惯习养成，并促进社群共同成长，还通过进一步开展线下团督来促进相互间的关系建立，以实现社群互助。后者则为扩大督学交互成果影响力，将项目积累经验扩散至更广，为社会工作专业的发展提供新的知识。

表5 第三轮行动研究团体督导开展情况

序号	团督时间	轮值总督导	团督次数	督导议题
1	2023年5月6日	W督导	第十六次团体督导	项目进展汇报与问题
2	2023年5月16日	H督导	第十七次团体督导	从嵌入到耦合："五社联动"何以可能
3	2023年5月30日	R督导	第十八次团体督导	项目汇报与答疑
4	2023年6月27日	R督导	第十九次团体督导	优秀项目经验分享会
5	2023年7月24日	R督导	第二十次团体督导	结项的准备情况、问题和经验
6	2023年8月29日	R督导	第二十一次团体督导	项目回顾与成长反思

在此轮行动研究中，督学形成了新型的关系形态，即共生体。"共生"强调督学双方在督导过程中通过平等的对话交流以相互理解、共同创造、共同成长。共生体与共同体相比，共同体是指在主体与主体之间寻求"最大公约数"，主体间具有同一性；而共生体是寻求主体间的共在、共生，主体间具有差异性。① 共生体的出现也导致督学关系出现了新特征。

督导者与受督导者角色模糊。共生体中的督学关系是相互规定、交互生成的，督导者与受督导者没有固定的身份，角色的变化取决于各自对知识创生的动态贡献，因此是动态的、可变的。因此，"亦师亦生""非师非生""互以为师""互以为生""动态更换"成为督学关系的新内容。

以某次督导场景为例：

M机构：在这次520社区数字公益节中，就社区公益基金的筹募已经开展了4场公益集市活动，但为开展筹款活动已经投入9000元资金，却只募集到2000元基金，投入产出比为负数。怎么看待社区公益基金筹款活动的入不敷出？我这样做是对的吗？我总觉得这样不值。

---

① 冯建军.从主体间性、他者性到公共性：兼论教育中的主体间关系［J］.南京社会科学，2016（9）：123-130.

R 督导：大家同样开展了 520 公益节相关活动，有同样的经验，大家对此怎么看呢？

Y 机构：在前期云益开展了 2 场公益集市活动，投入产出比也很低，但社区公益基金的筹募活动不仅仅是为了捐款。更大的作用，一是拓宽了资源渠道，营造了公益慈善氛围；二是用这种方式来重塑社区工作，如怎么募资源、招募志愿者等，在这几次的活动中很明显地看到社区工作人员的能力提升了。这种软性的价值比单获得善款的价值高得多。

H 机构：有为才有位，坚持做才能看到社区公益基金筹募活动的成效。在"99 公益日"期间，弘毅为举办筹款活动花了 1 万多元资金，但只筹到了 5000 多元基金。之后做"铜小匠"文化周边，产品都送给了驻区单位。但这之前做的一系列活动，其效果后面都会慢慢反馈到项目中，如在弘毅开展的铜巷改造计划中，辖区单位和政府都认领了很艰巨的任务，而这没有前期大规模活动和宣传是做不到的。

C 机构：楚馨大型社区公益基金筹款活动已经开展了 4 次，有 2 次支大于收，有 2 次收大于支。总体来看，收支不仅仅是看金钱，①看参与人次，这次筹募活动有 600 多人参与，达到了历次参与人数之最，实现了动员的目的；②筹募活动也是志愿者展示平台，就拿最近的一次公益筹募活动来说，招募 100 个热爱瑜伽的居民展示，也增强了社工与志愿者的联系；③促进联动，为举办公益筹募活动，招募了义卖摊位，营造了"筹"氛围，大家都有一种团结做大事的感觉；④社工需要活动来扩大影响力与知名度；⑤社区基金培育也是一个项目，故用钱筹钱是正当的。

L 机构：乐仁乐助在 2018 年就开始探索社区公益基金问题，是因为在社区治理的实践中发现，社区治理不可能完全靠政府，但仅靠社工的力量是无法满足居民的多元需求的。那时社工就开始思考，社会力量在哪里，如何建构社会的支持网？于是，乐仁乐助在 2018 年就开始探索社区公益基金问题。社区公益基金就是社会资源在社区的显现，目的还是要回应社区的需求。其实家园助力站的项目是个杠杆，能够通过合法的社区公益基金撬动在地力量去解决，这才是这个项目的出发点，因此不要太纠结前期投入产出比。

R 督导：社区公益基金是个培力在地的过程。第一，收益不是从钱的方面来考量的，社区公益基金作为一个项目，也需要投资培育，不能指望一开始就有收入。第二，社区公益基金筹募活动作为大型活动，是宣传、动员、培育、凝聚的契机。第三，社区公益基金有个成长培力过程，历经一年，第一次亏本赚的吆喝就会转化出来了。所以，应回归社区公益基金的社会治理本质，第一阶段还是社区共治理模式的激活和构建。

从上述督导记录可以看出，先进受督导者也可进阶成督导者来对后进受督导者进行同辈督导，从而打破了督导者与受督导者的身份隔离。督导者不再自恃权威，在面临一些服务情境中的具体事务时，如在督导中发现对于如何进行财务报销、社区公益基金的请款流程等，由于督导者未参与具体的项目实务，此时，督导者就可以设计机制促进受督导者来相互回答，发挥其动力。到了这一阶段，督导者与受督导者的角色界限模糊，构成了着眼于共同成长进步的共生体。

共生主体创造社会价值。与合作生产不同，督学关系的价值共创关注的价值内容是指督导成果所能带来的广泛外部效益。这些广泛的外部效益会影响众多的主体，不仅涉及某个督导者与受督导者之间的关系，也涉及行业以及专业的发展。价值共创强调督学共生体需要回应外部的、非时效性的以及长远的价值。这种价值通过公共价值的形式呈现，而不仅是一种以项目为取向的管理或效率取向。为促进督学共生体的价值共创结果，督导者与受督导者将项目中的"儿童友好社区案例"以及上文提到的"老年活动中心重开记"整理成文，探索背后蕴含的社会工作本土化知识，提出了"全程督导赋能""多方需求平衡"等专业技术，并发表在《中国社会工作》① 上。两篇文章的刊发，引起了实务界的共鸣，案例阅读量累计突破 1.7 万次。一线社工在推文下留言："一个典型的社区工作案例，很典型，也很有价值。"并有社工留言说通过这个案例的学习自己对于儿童社会工作的服务原则更加明晰："变'让我做'为'我要做'需要专业能力、同理心和爱心。儿童社会工作服务项目需要追求的一个目标就是：最小化地减少服务项目本身对儿童的伤害，最大化地保障儿童福利。"文章还促进了更多社工反思自己以及周边的服务过程，有社工留言："工作间看过一些社区治理的服务，要么局限于儿童参与，要么根本就没意识到儿童需求，难以明确服务的价值和意义。（阅读文章）看到对儿童的全过程赋能，真的很感慨也很感动。这也启发了我在工作过程中，去注重多元需求平衡，也需要去协助他人理解这个定义，去把那些已有的服务进一步拓展升级。感谢分享案例。"可以说，两篇文章促进了项目外部的社工的学习成长，督学共生体的效益由内部向外部公共性发展。

督导评估与反思。随着社工末期工作的开展，督导者与受督导者一同经历了第三方专业评估机构的项目验收，为项目的圆满开展画上了句号。督导团队也在项目全部结束后，开展了第三轮行动研究的评估与反思，也是对整个项目的总结。

这是机构接手的第一个社区治理项目，像一个小学生经历高考。做这个项目磨掉了一层皮，但是很值得，自己的专业能力有了很大的提升。虽然我觉得自己做得还不够好，但得到了社区和县民政局的认可。我们与社区也建立了密切的合作关系，这为以后做项目奠定了基础。

之前东湖是没有类似项目的，我们承接项目后，来做这个公益慈善。

---

① 《中国社会工作》是由中华人民共和国民政部主管、中国社会报社主办的我国社会组织领域唯一全国性专业期刊，以各级党政领导及社会组织从业者、管理者、研究者等为主要读者对象，突出实用性、权威性、前瞻性、可读性及本土化。

经过努力，我们干出了一番成绩，受到了广泛的好评，并产生了社会影响。现在，甚至有些社区社会组织仿照我的社工来做公益集市，社区的公益慈善氛围真的被营造起来了。我也从去年完全不知道这个项目，到现在可以侃侃而谈地讲这个项目，敢于表达与澄清，个人成长幅度很大。最让我觉得有意义的是，我们这个项目孵化了银龄互助队，从走访到老年人互帮互助，社工与大家的关系很近，有很大的成就感。

这个项目很值，给我的感觉就是"在一起"，社工同行都相互陪伴，每个机构都拿出自己的看家本领，在团队氛围的无形影响下，都无私地分享经验，来促进大家共同成长，这真的很棒。

如上，在价值共创的视角下，督学共生体成为建构内在公共价值和外在社会价值的生产主体，并在不同的主体之间形成了开放性的学习网络，使这一共生体能够突破狭隘的督导与受督导界限，实现价值生产与知识输送的超越，这是一种以整体专业价值与社会价值为目的的督导活动生产。

五、交互式督导的模型构建

经过三轮的行动研究，督学关系模式由原来对象化的主客二分，逐渐调整为互为主体的协作关系，最终又进阶形成突出公共性的共生体，也就形成了我国的本土化督导模式，即"交互式督导"。这包含两个层次的关系，即协作关系与价值共生体关系。鉴于此，本文将"交互式督导"定义为以促进共生体发展为目的，通过督导者与受督导者、受督导者之间的交往，在"互为师生"的协作关系中，共同生产督导内容，以创造更大的公共价值与社会价值的一种督导模式。以上行动研究既是交互式督导的生成历程，也是交互式督导能够被有效应用于项目督导实践中的验证过程。实践证明，交互式督导能够推进创新性项目的顺利开展与落地，提升督导者与受督导者的能力，并以此向外辐射，创造更高的专业价值与治理价值，乃至产生新知。因此，本文试图进一步建构社会工作的交互式督导模型（见图1），以实现督导模式的本土化。

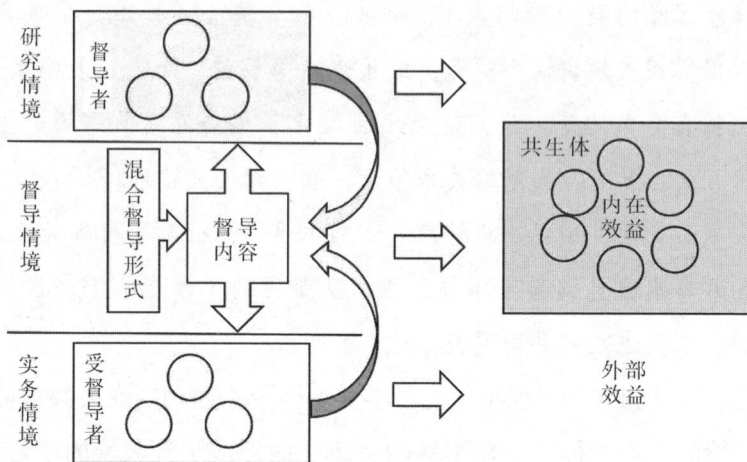

图1 交互式督导模型

（一）多个中心的交互主体

交互式督导从传统的督导模式，即主体性下的主客二元对立的关系，迈向主体间性的"我–你"的平等对话关系，这也是交互式督导实现公共性的基础。交互式督导是主体间性理论下的督导模式，是为超越单主体性督导提出来的一种协同乃至共生的督导模式，其核心是强调承认并尊重受督导者在督导活动中的主体地位，以促进督导者与受督导者合作生产。如果说对象化活动是"主–客"关系的话，那么督学关系则是以"主–主"模式出现，突出的是"主体–主体"之间的关系，而两者之间并不是一主体直接作用于另一主体，而是主体之间以督导内容为中介而进行的，也就是形成了"主–客–主"的关系并加以描述。而之所以被称为"多中心"，而非督学双方的"双中心"，是因为交互式督导的生产主体的实现条件在于"督导群"与"社会工作群"，是"群"而非"个体"的概念。

因此，多中心的交互主体意味着两种群关系。一种是督导者与受督导者之间的群际关系。传统督导模式下奉行的是一种二元对立的督学关系，督导者与受督导者之间的关系是相互控制与利用。督导者旨在从受督导者的服务实践中获取研究案例、把控项目进度，将受督导者放在"异己"的位置，凭借自身的专业权威或行政权威要求受督导者按照指定的项目方向行进，看到的是社工开展的项目本身，而非社工本身。也由于督导者对受督导者服务情境的漠视，督导无法对社工提供有效援助，实务开展过程受阻。而交互式督导有效克服了这种障碍，发挥了督学双方的主体性，建立起一种协作式的合作关系，两者在相互交往中了解彼此的需要，并发现对方的优势与长处，从而提高了督导效率，有效生产合作内容。这就意味着督导者与受督导者在督导内容上形成了双向的生产模式，是一种"群际"的多中心。但值得一提的是，这种主体间性是建立在他者性之上的主体关系，是摒弃了客体化的交往对象。这是指双方既认同对方的主体地位，又能意识到双方的差异，如督导者的知识储备量高于受督导者，而受督导者的项目执行能力可能高于督导者，这是在双方平等的基础上形成的一种"和而不同"的主体地位，而不是无差别的协作关系。另一种是督导者与受督导者的群内关系。这种主体关系在于同样的角色与身份，使其处于相似的情境中，易产生同理与共情，而这为互助奠定了基础。且同辈的互助内容相较于督导者的单向督导过程更贴近真实的实务情境，且大多数还被验证是可行的。对于受督导者而言，既是方向，又是支持。从这个意义上讲，受督导者内部不能止于整体性的单中心，还蕴含着群内的多中心。督导者内部亦然。

（二）跨情境穿梭的交互过程

交互式督导运作过程是督导者与受督导者双方均作为"梭子"，穿梭于不同的情境，获取并夹带不同的信息与知识，创造共同的督导情境以共同生产督导内容，这也是交互式督导运作的机制。督导者一般由高校教师或者高级社会工作者等人员担任，这意味着督导者附带着专业知识，拥有专业声望与权威，且督研项目的特殊性，使得督导者带着研究思维来开展督导活动。在本项目中，每个片区都有自己的研究选题，互相推动"五社联动"的进一步发展。如本片区的研究选题为"'五社联动'助推美好生活共同缔造"，这就要求督导者不能完全等同于实务者，要在学理层面来回应社区的一般治理难题；而社工在开展项目时，则是要扎根于实务情境以推动社会工作服务的实施，在本案例中是要进入基层开展在地治理。交互式督导运作的关键就在于其在两个分割的情境中创建了共同的督导情境，这也回应了上文所说的如何去实现两者建立在他者性之上的共同主体性。督导者夹带着普遍性的专业知识与受督导者夹带着地方情境性知识得以通过跨情境穿梭至督导情境，并在其中合作生产督导内容，从而实现双方的主体间性。从这个意义上而言，我们承认双方的差异性，这也为两者之间的互学提供了前提。

（三）混合型的督导形式设计

混合型的督导形式设计是交互式督导的最大特征，也是交互式督导得到发展、进阶的核心手段。专业性社会工作督导通常有两种形式，即个人督导与团体督导。个人督导也称单人督导，是指一名督导员针对一名社工进行"一对一"督导。这种二人组合环境的督导类型，关系密度较大，是一种咨询式的督导模式。团体督导也称小组督导，是指一名或多名督导员与多名社工谈论服务过程、服务困难与问题，这些社工来自不同的社会工作机构、有不同的社会工作服务经验。在团体督导中，由于既具有共享同类身份的督导者与受督导者，也具有不同角色的受督导者，关系类型多样，故具有弹性的督导功能，既可能是个人督导的咨询式督导，也可能是督导者作为教练的训练式督导，以及同辈群体间的互助式督导等，具体情况取决于当时的督导情境。交互式督导实现的途径就在于如何灵活运用不同的督导形式，这既包括个人督导与团体督导的组合，又包括团体督导的功能选择。以本案例为例，交互式督导的混合模式成功的关键在于：一是督导者与受督导者建立关系；二是促进受督导者之间的关系建立。前者保证了个人督导与团体督导的顺利开展，而后者决定了团体督导功能发挥的上限，也是督导者设计机制激发群动力的关键。只有将个人督导与团体督导的功能发挥好，才能选择合适的混合模式。此外，混合模式的选择也取决于项目开展的进程与需求，即根据社工不同的发展阶段选择不同的混合模式。

(四) 共生体发展的交互目的

交互式督导的目的是促进共生体的发展。这包括两个层次：一是共生体的内部效益，即作为共生体的个体发展。督导者在与受督导者的交互过程中，应不断增强自己的文化敏感性，提升自身的督导水平，并尝试回答一些一般性的社会工作问题，提升自己的研究能力。受督导者则在项目实施的基础上，提高自身的项目设计能力、项目执行能力、案例撰写能力以及专业服务能力，凭借项目契机实现个人发展。二是共生体的外部效益，这包括项目本身的基本效益以及项目的延伸效应。前者指共生体在实施项目的本身就产生了社会效益，即在本案例中激活了 10 个社区，推动了 10 个街道社区基金的发展，营造了公益慈善氛围，实现了项目的治理价值与意义，这是共生体发展效应的规定动作。项目的延伸效应则取决于共生体的主观能动性，在本案例中，共生体实现了对社会工作学界的本土化知识的提炼，影响了一大批同行者，这就是共生体发展的延伸效应。

"五社联动"公益项目的督导实践与思考

罗学莉　胡　博*

摘　要：深化"五社联动"机制，有效实施"五社联动"公益项目，提升社区治理效能，推动建设人人有责、人人尽责、人人享有的社会治理共同体，这对于"五社联动"公益项目督导提出了挑战。本文基于"五社联动·家园助力站——社区基金助推基层社会治理创新项目"督导实践，分析项目督导背景、问题与挑战，分享项目督导思路、督导成效与不足，总结经验，展望未来。

关键词："五社联动"；社会工作者；社区公益基金；督导

社会工作督导是由资深社会工作者督促、训练和指导社会工作从业人员科学开展专业服务，有效承担工作职责，保障服务对象权益，实现专业成长，促进行业发展的服务过程。社会工作督导功能包括行政性督导、教育性督导和支持性督导。随着社会工作的快速发展，社会工作督导也在不断发展并迎接新的挑战。

2021年7月，《中共中央 国务院关于加强基层治理体系和治理能力现代化建设的意见》明确提出"发展公益慈善事业。完善社会力量参与基层治理激励政策，创新社区与社会组织、社会工作者、社区志愿者、社会慈善资源的联动机制，支持建立乡镇（街道）购买社会工作服务机

---

* 作者信息：罗学莉，湖北文理学院政法学院教授、高级社会工作师；胡博，时任襄阳市民政局慈善事业促进和社会工作科副科长。

制和设立社区基金会等协作载体，吸纳社会力量参加基层应急救援。完善基层志愿服务制度，大力开展邻里互助服务和互动交流活动，更好满足群众需求"。各地认真贯彻落实文件精神，积极探索运用"五社联动"机制推动基层社会治理。如何深化"五社联动"机制，有效实施"五社联动"公益项目，提升社区治理效能，推动建设人人有责、人人尽责、人人享有的社会治理共同体，这对"五社联动"公益项目督导提出了挑战。本文基于笔者参与"五社联动·家园助力站——社区基金助推基层社会治理创新项目"督导实践，总结反思"五社联动"公益项目督导成效与不足。

一、项目督导的背景

"五社联动·家园助力站——社区基金助推基层社会治理创新项目"（以下简称项目）是由腾讯公益慈善基金会捐赠资助，在民政部慈善事业促进和社会工作司、湖北省民政厅的指导下，在湖北省 60 个乡镇（街道）实施的项目，主要目的是通过创建并运行乡镇（街道）社区公益基金，通过"五社联动"机制，以社区为平台，以社会工作者为支撑，培育发展社区社会组织、扩大社区志愿者参与、撬动社会慈善资源、健全基本社会服务，形成可复制、可推广、可借鉴的经验模式，以点带面推动全国慈善事业和社会工作发展，助力基层社会治理创新。

在此背景下，湖北省社会工作联合会承担了"五社联动"项目湖北地区督导工作，湖北文理学院负责第五片区（襄阳、荆州）10 个项目站点的督导，在中国社会工作学会、湖北省社会工作联合会指导下为项目执行机构提供专业督导服务，确保项目的顺利实施和运行。第五片区督导团队由湖北文理学院社会工作督导团队、襄阳市民政局、荆州市民政局慈善社工科、襄阳市社会工作行业协会、会计专业人员、博士研究生等相关人员组成，其中教授 3 名、副教授 2 名、高级社会工作师 1 名、中级社会工作师 4 名。2021 年 8 月 15 日，督导团队启动了实地督导，采用"团体督导+个体督导"、"线上督导+线下督导"、"定期督导+不定期督导"等方式，每月开展 4 次督导，共开展了 260 多次督导，为项目顺利实施提供了支持。

二、项目实施面临的问题与挑战

项目督导团队通过实地调研，了解到项目实施面临的问题与挑战主要有两方面。

（一）募集与运行社区公益基金助推基层社会治理的问题与挑战

项目承接方募集与管理社区公益基金能力不足，有畏难情绪。项目协议四方分别是湖北省慈善总会、项目属地慈善会、项目落地单位乡镇（街道）、项目实施单位社会工作机构。按照项目要求，每个项目站点要创建乡镇（街道）社区公益基金，腾讯公益基金会首次拨付 15 万元，每个项目站点要自募基金至少 5 万元，完成创建运行社区公益基金、社区社会组织孵化与培育、志愿者注册、社会工作专业服务等任务指标，评估合格后再拨付 5 万元。无论是乡镇（街道）、社区干部，还是社会工作机构、社会工作者都缺乏募集与运行社区公益基金的经验，普遍认为劝募是一件求人丢脸的事情，害怕被拒绝。虽然各项目站点成立了社区公益基金管委会，但是如何运行基金助推基层社会治理，基金管委会成员感到困惑和担忧，利益诉求难以统一。基金管委会成员害怕承担使用慈善资金不当的风险，不敢签字，导致社区公益基金难以顺利运行。

（二）深化"五社联动"机制的挑战

"五社联动"是"三社联动"的拓展，是湖北省防控新冠疫情实践的经验总结成果。当时，社区党组织充分发挥战斗堡垒作用，广大社区工作者坚守一线、冲锋在前，组织社会工作者、社区社会组织、志愿者、社会慈善资源等社会力量积极参与疫情防控工作，共渡难关。目前，社会恢复了正常的生活秩序，疫情期间成立的社区社会组织逐渐松散，志愿者参与社区志愿服务活动的热情下降，疫情对经济的影响导致部分企业、商户、群众捐赠意愿不强。在这样的情况下，如何深化"五社联动"机制，解决群众急难愁盼，助推基层社会治理，对于项目承接方是一个不小的挑战。

三、项目督导的思路

为帮助湖北省6个片区督导团队提升督导能力，确保项目顺利实施，湖北省社会工作联合会根据项目实施中的困难，组织专家研究编制了项目督导指引，要求督导以"实例教学+思维培养+技术指导"的方式开展工作。督导项目实施单位通过创建并运行乡镇（街道）社区公益基金，以社区公益基金为平台，结合社区需求设计公益项目，最终以联动开展项目的方式提供社区服务。在督导过程中，督导要引导项目实施单位使用和管理社区公益基金，设计公益项目，学习公益项目推广和资源筹措方法，孵化培育社区社会组织联动开展服务，形成了"公益项目设计、公益资源筹措、社区社会组织培育、公益服务开展"的基本思路。

四、项目督导的做法与成效

（一）通过多种督导方式，提升项目社会工作者的能力

过去社会工作者主要运用个案工作、小组工作、社区工作三大工作方法帮助社区困难群体，在社区开展活动，主要发挥服务提供者和支持者的角色作用。现在开展"五社联动"公益项目，服务内容广泛，要求更高，社会工作者不仅扮演服务提供者和支持者的角色，还要扮演关系协调者、倡导者、资源筹措者、实践研究者等角色。为帮助项目社会工作者提升综合能力，督导团队根据项目承接的社会工作机构执行过程中的问题进行培训和督导，每月对每个项目站点督导时间不少于 8 小时，团体督导与个体督导相结合，每月 2 次团体督导，其中 1 次培训，包括社会工作专业方法、新闻稿的写作、财务规范管理、链接社会资源等，每月 1 次团体督导会议组织项目社会工作者进行工作情况汇报和交流；另外，督导对每个项目站点进行实时跟进的个体督导，每月不少于 4 小时，督导内容包括社会工作服务站建设、基金募捐与管理、社区社会组织孵化培育、志愿者注册与管理、专业服务等，通过持续督导推进项目顺利开展。为解决项目社会工作者能力有差异、发展不均衡等问题，督导还采用结对子一对一帮扶策略，安排资深社会工作者帮助刚入行的社会工作者。督导经常给予项目社会工作者和基金管委会成员情感和方法支持，采用定期督导、分享推文、电话聊天安慰鼓励等方式帮助项目社会工作者建立信心、提升能力。

（二）大力开展项目宣传，增进认识转变观念，创建运行社区公益基金

项目督导积极与襄阳、荆州两地主管慈善与社会工作的人员沟通，

一起到各项目站点进行项目宣讲，督导团队开展社区公益基金创立与运行线上培训3场、实地项目宣讲10场，通过邀请创建过社区公益基金的社会工作机构分享经验、案例等方式，帮助项目相关人员学习理解社区公益基金管理办法，了解项目的意义、内容、管理的规范，纠正社工急于完成5万元自募资金任务的非理性心态，帮助项目相关人员认识到这个项目可以促进慈善理念深入人心、推进美好环境与幸福生活共同缔造、营造社区互帮互助温暖氛围、形成共建共治共享基层社会治理格局的重要功能作用。在各方力量的共同努力下，所有项目站点成立了社区公益基金管理委员会，完成了基金认领。各项目站点按照社区公益基金使用办法，项目化运作社区公益基金，发挥了社区公益基金"蓄水池"的作用，实现为民服务、解决群众急难愁盼、助力"共同缔造"活动的深入开展。

（三）协调项目社会工作者工资问题，持续推进乡镇（街道）社工站建设

按照项目要求，各乡镇（街道）应建有社会工作服务站，每站须增配2名专业社会工作者，壮大乡镇（街道）社会工作队伍。项目督导在襄阳市民政局、荆州市民政局的大力支持下，积极与各乡镇（街道）有关部门沟通，协商解决了社会工作服务站人员配备、后续支持等问题。同时，加强乡镇（街道）社工站规范化、持续化、专业化建设，督导社会工作服务站统一挂牌、统一工装，服务流程、服务内容、制度建设等有关内容上墙。乡镇（街道）社工站作为综合服务平台，按照民政部发布的行业服务标准和指南、湖北省发布的《湖北省社工机构运行的乡镇（街道）社工站工作指引》（试行）开展服务。

（四）指导开展社区微公益项目大赛，激发社区社会组织活力

督导团队督导各项目站点积极孵化培育社区社会组织，通过开展社区微公益项目大赛，指导孵化培育的社区社会组织围绕未成年人关爱、助老服务、新领域女性关爱、基层治理等方面开展社区志愿服务活动，使培育的志愿服务组织能够独立运行、稳步成长。各项目站点在督导团队指导下共开展了 10 场社区"微公益"项目大赛，培育了 88 个社区社会组织，并从中涌现出一批优秀的社区社会组织，如志高维修志愿服务队、红娘子志愿服务队、亲子义卖团、木兰拳志愿服务队、广场文明倡导志愿服务队、花鼓戏志愿服务队、女童保护志愿服务队等。各项目站点培育的社区社会组织开展志愿服务 180 场，服务群众 5 万多人次，有力地助推了基层社会治理。在实践中，项目督导团队总结出社区社会组织培育七步法：

第一步：开展社区调研，列出社区问题清单、需求清单、资源清单；

第二步：开展社区活动，与居民群众建立密切联系；

第三步：发掘社区居民骨干，培育社区社会组织；

第四步：对社区社会组织骨干进行培训，提升其管理和服务能力；

第五步：举办社区公益项目创投大赛，激发社区社会组织活力；

第六步：物质和精神激励志愿者参与服务；

第七步：打造典型案例，宣传推广经验。

（五）督导社区志愿者注册，探索推进社区志愿服务有效方式

督导团队督导项目社会工作者对试点村（社区）志愿者进行注册，并及时把中国志愿服务注册系统中的操作问题反馈给省项目办进行调整。最终，各项目站点完成了试点村（社区）注册成为志愿者居民达到村（社区）常住居民人数的 15% 以上，每年参加志愿服务活动并有志愿服务

时长记录的注册志愿者达到村（社区）注册志愿者总人数的40%以上。同时，督导项目社会工作者积极探索志愿服务激励机制，鼓励社会工作者将社区网格化管理与志愿服务有机结合，引入积分兑换激励理念并融入社区治理，推出"网格+志愿服务+能量积分"社会治理新模式。社区志愿者积极参加志愿服务活动，在志愿服务中发挥专长，在助人中实现自我价值。

（六）探索多种募捐方式，项目化运行社区公益基金，解决群众急难愁盼

督导团队通过"线上+线下"的形式对各项目站点进行了社区公益基金创立与运行培训。各项目站点依靠党组织发动党员、乡贤、商户进行爱心募捐，开展了"99公益节"、公益集市、数字公益节等多渠道募捐活动。目前，10个项目站点已完成自筹5万元的指标，涌现了一些典型案例。荆州市曹市镇乡贤捐款梅桥亮化工程项目，募集了23.5万元实施了该项目；襄阳市樊城区中原街道老党员带头捐款8888元，铁路社区商户捐款15万元，社区公益集市募集2000元，爱心人士在新冠疫情封控期间捐出1万多斤蔬菜，价值3000多元。项目经过一年的实施，湖北省第五片区项目站点自筹社区公益基金和慈善资源价值达150多万元，解决了群众急难愁盼，促进慈善理念深入人心。

（七）"五社联动"开展社会工作专业服务

督导团队督导项目站点以"五社联动"机制开展新冠疫情防控工作。2022年，项目承接社会工作机构组织志愿者队伍协助社区顺利完成了全员核酸检测和疫情防控各项工作，发放了抗击疫情爱心药包。督导项目社会工作者运用个案工作、小组工作、社区工作方法，发挥"五社联动"作用，帮扶困难群体5万多人次，开展了形式多样的社区活动，受到服务对象的好评。

（八）督导项目社会工作者进行项目宣传，推广典型案例

督导团队在项目启动时建议各项目实施单位开通微信公众号，对项目进展情况进行及时公开透明报道，邀请媒体记者为项目社工开展公益新闻写作培训，提升宣传能力。项目开展期间，督导对各社会工作机构撰写的宣传稿进行一对一督导，并且分享好的新闻稿供大家学习交流，指导各项目站点打造典型案例，弘扬正能量。乡镇（街道）社工站办月报搭建社区沟通平台，各站点的服务被《湖北日报》《襄阳日报》《荆州日报》等多家新闻媒体报道200多次。

督导团队督导各项目站点在实践基础上总结提炼，完成了40个典型案例的撰写工作，其中，《"五社联动"梅桥亮化，"共同缔造"星火燎原》《协商共治人居环境，聚力振兴富美铜岭》入选"五社联动·家园助力站——社区基金助推基层社会治理创新项目"全国优秀典型案例。

五、项目督导存在的不足

（一）督导"五社联动"公益项目能力有待提升

"五社联动·家园助力站——社区基金助推基层社会治理创新项目"注重"慈善+社工"融合发展，社区公益基金运行对于督导而言也是新生事物，社会公益基金管委会各方利益代表难以协调平衡，项目实施的过程是项目督导与社会工作者面对困难一起学习成长的历程。

（二）新冠疫情影响项目督导进度

2022年8月，襄阳市开始疫情封控；同年9月，荆州市开始疫情封控。项目社会工作者将大量精力投入社区疫情防控工作，组织志愿者维持核酸检测秩序，解决居民生活物资困难问题，一直持续到2022年12月解封。2023年春节期间，志愿者慰问困难群体，发放爱心包。2023年1—8月项目进展顺利。在这个过程中，督导不得不经常面对突发情况及时沟通调整实施计划和进度。

（三）项目督导对项目资金监督缺乏话语权

督导具有监督和指导的职责。然而在实际工作中，项目督导对项目资金监督缺乏话语权。导致督导对项目资金监督无力的原因，一是督导不是基金管委会成员，不参与基金使用决策会议和表决；二是承接项目的社会工作机构和项目落地社区希望掌控社区公益基金使用权，督导的指导意见有时并不被采纳；三是督导对财务监管存在能力不足的问题。

六、"五社联动"公益项目的总结与展望

（一）"五社联动"项目督导经验总结

基于笔者参与的"五社联动·家园助力站——社区基金助推基层社会治理创新项目"督导实践，总结顺利完成项目督导有以下几个因素：一是督导团队坚守初心，具有奉献精神和社会责任感；二是中国社会工作学会、湖北省社会工作联合会等单位发挥了重要指导作用；三是督导协助多元主体找到需求契合点，促进联动开展服务；四是督导对承接项目的社会工作机构给予多方面支持；五是督导在实践中学习探索、推广慈善与社会工作融合服务模式。

（二）未来展望

为更有效地开展"五社联动"公益项目，建议今后努力方向：一是加强本土督导队伍建设，推动本土行业发展；二是增加督导的角色和功能，包括行政、教育、支持、倡导、协调、设计、实践研究与推广等角色及其功能；三是加强督导伦理和专业能力的提升；四是行业协会要发挥引领和支持作用。

"五社联动"项目评估的实践逻辑
与社会效果评估

周冬霞[*]

摘　要："五社联动"项目是以"五社联动"为思路，在项目执行中积极联动社区、社会工作者、志愿者、社会组织、慈善资源等多方社会力量，共同参与基层社会治理的社会服务项目。如何有效评估"五社联动"项目执行效果是困扰学界与实务界新的难题。难点在于，如何在评估中甄别"五社联动"项目与一般社会服务项目的差异，并兼顾"五社联动"项目的一般属性与特殊属性。本文认为，需要从"五社"和"联动"两个维度展开评估，在对"五社"要素各主体发挥作用评估的基础上，再对"五社"要素之间联动的机制与效果进行深入考察。一方面应当承认量化评估的优势和现行主流地位，另一方面要批判性吸收质性评估的先进理念和方法，同时根据"五社联动"项目所处的现实情境作出优化调整，并从宏观、中观、微观三个层面来界定项目的社会效果，分别评估项目对社会、社区、个人产生的影响。

关键词：项目评估；"五社"；"联动"

　　"五社联动"在社会工作服务领域生根发芽，在创新基层社会治理的时代背景下，逐渐成为社会工作实务领域普遍采用的服务模式和项目运

---

　　* 作者信息：周冬霞，中南财经政法大学副教授，武汉市文澜社会工作服务中心总干事。

作机制。可见，"五社联动"的意涵也从"社区"走向了"社会"。"五社联动"项目除了包括慈善资金资助的项目，还包括广义的以"五社联动"为思路，在项目执行中积极联动社区、社会工作者、志愿者、社会组织、慈善资源等多方社会力量，共同参与基层社会治理的社会服务项目。

一、"五社联动"项目评估的维度

如何有效评估"五社联动"项目执行效果是困扰学界与实务界新的难题。"五社联动"项目既具有一般社会服务项目的基本要素和典型特征，又有参与主体多元、资源链接多样、联动机制多变的特殊性。评估的难点即在于，如何在评估中甄别"五社联动"项目与一般社会服务项目的差异，并兼顾"五社联动"项目的一般属性与特殊属性。

回答这个问题，首先要明确"评估"概念的本质内涵。那么，何谓评估？评估实际上是采用科学的研究方法，借助有效的评估工具，对社会服务项目的设计、策划、实施和效果等方面进行的测度、诊断和评价的活动。可见，评估的对象是"项目"，如果能将"项目"操作成具体的可供评估的"部分"，那么评估难题也就迎刃而解。难点也在于此，或者换句话说，我们该从哪些方面或维度去评估一个社会服务项目。在一般社会服务项目的评估中，通常将项目划分成几个部分，如项目管理部分、项目实施部分、项目成效部分、项目保障部分、项目财务部分等，然后依据设计好的评估指标对项目进行打分，以分数高低来衡量项目的优劣。显然，这种机械的、专家式的评估并不能适用于复杂特殊的"五社联动"项目。为了全面、客观、科学地评估"五社联动"项目成效，需要从"五社"和"联动"两个维度展开评估，在对"五社"要素各主体发挥作用进行评估的基础上，再从"五社"要素之间联动的机制与效果进行深入考察。

（一）对"五社"要素的评估

1. 对社区的评估

在"五社联动"的概念体系中，社区发挥着基础平台作用，它既为项目的落地实施提供服务场地和设施，又是居民参与的自治平台。因此，对社区这一主体的评估应着眼于三个方面：一是社区自身在项目执行中的参与程度；二是社区与项目执行社工的协作情况；三是社区对居民的动员、支持和赋能情况。

2. 对（社区）社会组织的评估

在"五社联动"概念的演变过程中，从最初的"社区社会组织"扩展为更广泛意义上的"社会组织"，这不仅是从范围上扩大了"五社联动"的参与主体，更是从规范上深化了"五社联动"的服务质量。（社区）社会组织在"五社联动"中发挥着服务载体作用，评估的维度应当包括两个方面：一是（社区）社会组织自身建设的规范化程度；二是（社区）社会组织开展社区"微项目"或带动居民开展自助互助服务的情况。

3. 对社会工作者的评估

社会工作者是"五社联动"项目的执行主体，也是项目的专业支撑。对于社会工作者的评估应当涵盖三个方面：一是项目执行团队配置及内部管理的科学性；二是项目社工在服务中展现的专业素质与能力，包括需求调研、服务策划、项目实施、组织孵化、志愿者管理、知识培训、资源链接、社会工作室建设等方面；三是对承接的社会工作机构在本项目的投入情况进行评估，包括机构提供的内部督导、外部资源开发、物资和人力支持等。

4. 对社区志愿者的评估

"五社联动"项目的落地和开展仅仅依靠社区和社会工作者两种力量是远远不够的，需要在更大范围内依托社区志愿者将服务带至居民身边，带入千家万户。对社区志愿者的评估应当包括：志愿者的个人成长状况，志愿者的管理与激励，志愿者队伍的组织化状况，志愿服务的效果与可持续性等。

5. 对社会慈善资源的评估

社会慈善资源的广泛注入是"五社联动"项目区别于一般社会服务项目的显著特征。慈善资源不拘泥于形式，凡是能给"五社联动"项目以支持，不论是资金、物资还是技术、服务，都可以汇聚在"五社联动"的资源库，助推项目实施。对社会慈善资源的评估应当包括：资源汇入的额度与广度（包括资金和物资募集的数额、资源募集的来源和渠道等），资源库的建立与管理的规范性（包括资源库的搭建、资源信息的动态更新、资源库的维护等），社区公益基金的运营及作用发挥（包括多元筹募方式、关键筹募过程、筹募效果、基金使用效益等）。

（二）对"五社"联动的评估

当前，"五社联动"已经从最初的"概念框架"发展为一种"行动逻辑"。在行动过程中，不同的主体逐渐加入其中，成为"五社"中不可或缺的一环。在对"五社"各要素进行全面横向评估的基础上，从纵向的角度探究联动机制、联动的最终效果，是"五社联动"项目评估的必然要求。

1. 对联动机制的评估

"机制"是指各构成要素之间的结构关系和运行方式。同理，"五社"的联动机制是要探讨"五社"各要素之间是以何种状态关联，并以何种状态相互作用的动态过程。目前，学界关于联动机制的概括主要包括"动中联"和"联中动"两种。前者是"先行动后联结"，即先有部分主体的各自行动，随着越来越多主体的渐次加入，各类资源得到联结和拓展，最终形成服务的行动合力；后者则是"先联结后行动"，即先有部分主体的相互合作，后在合作中找到新的行动联结点，逐渐在行动中整合为一个"五社"整体。另外，"五社联动"项目遍布湖北全省，因社会经济发展水平、人口分布特征、文化观念差异、社会服务基础等地域差异，"五社"的联动机制在地方实践中各具形态。但是，不论何种形态的联动机制，最终导向的都是"五社"作为一个有机协调的整体在发挥作用。

因此，"五社联动"项目评估要从动态的联动机制着手，深入剖析各种联动机制背后的现实条件和城乡差异，分析联动的原因和过程、联动过程中出现的问题和解决策略，以及"五社"或其他相关主体在解决问题过程中的角色定位和作用发挥，并对联动的结果进行评估。只有通过对联动"事件"发生的过程和结果进行评估，才能全面掌握不同地区"五社联动"项目的运作经验与规律，形成典型服务模式与案例，为后续经验的推广复制提供经验材料。

2. 对联动效果的评估

"五社联动"的效果主要是从结果与社会影响的角度考察项目的服务成效，即项目开展为个人、家庭、社区、机构和其他主体带来的正向改变。在《社会工作服务项目绩效评估指南》中，社会服务项目的效果评估涵盖了目标实现程度、满意度、社会效益评价等几个维度。对于"五社联动"项目成效的评估，除了应当包括一般社会服务项目考察的成效维度，还应该更加关注"五社"主体之间联动所带来的影响和改变。这种影响和改变包括"五社"主体发生的变化，以及"五社"主体之外的服务对象的改变、服务对象所处社会环境的改变，甚至包括项目预期之外的溢出成效。因此，在衡量"五社联动"项目成效时，不能局限于项目周期内，而应当考虑目前已完成的主题活动、社区社会组织、社区公益基金等服务的可复制性、可推广性、可持续性。可见，在划分"五社联动"项目成效的评估维度时，应当将项目成效进一步区分为短期项目成效和长期项目成效，以及预期内的项目成效和预期外的项目成效。

另外，在"五社联动"项目中，典型案例和服务品牌的打造也是项目重点工作之一。它不仅是服务经验的深度总结，更是体现"五社联动"项目效果的"招牌"。因此，评估中应重点关注"五社联动"项目典型案例的开发与推广情况，评估的维度应当包括：案例名称是否规范、案例结构是否合理、案例代表性是否鲜明、案例推广是否广泛等。如武汉东湖高新区为夯实"五社联动"工作机制，创建"五社联动"试验区，围绕"五社联动"各要素形成系列典型案例，分别涵盖"五社联动"项目涉及的组织、人才、阵地、空间、平台、资源等主要板块。

（1）"社创之芯"社会工作人才队伍培育案例。该案例以专业化、本土化、职业化为目标，完善人才管理、人才培育、人才激励机制。在人才管理方面，建立全区社会工作人才培养信息库和人才督导库，形成由高校学者、实务专家、资深社工组成的社会工作人才督导库，依托"网络+"方式对社会工作专业人才进行分类管理和动态跟踪。在人才培育方面，开展专题培训12场，构建多层次、分级分类的社会工作人才培养体系，完善阶梯式、模块化培训机制，打造东湖高新区"素质高、本领硬、专业强"的社会工作人才队伍。在人才激励方面，通过优秀案例评选、社会工作人才技能大赛、政策倡导等方式，建立"奖优罚劣、能上能下、能进能出"的人才管理机制，促进东湖高新区社会工作人才发展。

（2）"追光社工"社会工作服务站建设发展服务案例。该案例旨在以制度化、品牌化、专业化、规范化思维推动街道社工站建设，从督导培训、品牌管理、资源链接等方面推动街道社工站管理规范、常态运营、服务提升，形成一批有特色、有亮点、有名声的示范性社会工作服务站，优化基层社会治理。在督导培训方面，每月定期召开"区-街道-社区"联席会议，每月开展专家督导团现场督导，每个社会工作服务站每月接受4次现场督导，街道社工站日常咨询回复与专业督导，为街道社工站人才赋能，助力街道社工站的建设发展。在品牌管理方面，指导8个社会工作服务站培育特色公益项目，加大品牌项目打造力度，让品牌建设成为街道社工站建设工作高质量发展的助推器。在资源链接方面，根据街道社工站需求，协调社会资源库的资源落地到街道，实现资源共享、信息互联、优势互补，为街道社工站建设提供有效帮助和支持。

（3）"谷木成林"社会组织培育发展服务案例。该案例旨在发挥"五社联动"机制作用，促进社会组织规范化发展。具体内容包括：一是社情融，组织情况跟进：通过调研及走访了解社会组织运营现状及发展需求，重点跟进培育部分社会组织，建立社会组织信息库。二是新动力，组织赋能培训：定期邀请高校学者和行业专家开展各类主题培训为社会组织赋能。为社会组织成员提供学习和交流的平台，拓宽工作新思路、新方法，定期组织社会组织开展外出交流见学活动，进一步推进本区社会组织有序发展。三是连心桥，组织推介交流：依托公众号、视频号、月刊等宣传平台，推介本区优秀的社会组织及品牌项目。凝聚本区优势资源，搭建各职能部门、街道、社区与社会组织之间的对接桥梁，提升社会组织的专业性、推广性和影响力，构建共建共治共享的社会治理格局。

（4）"智聚汇谷"优秀经验总结推广服务案例。该案例旨在总结优秀社会工作服务经验和服务模式，创新社会工作服务新路径，扩大社会工作服务成效的影响力。具体内容包括：一是"创"产品"造"氛围：围绕"光谷社工"核心理念，设计定制系列文创产品，运营"光谷社工"公众号，编印期刊《光谷社工》12期，拍摄高新区社会工作宣传片

1部，拓展宣传渠道打造服务阵地。二是"聚"共识"落"品牌：策划并落实区级社区治理品牌项目6个，培育区级品牌公益项目4个，指导并协助8个街道社工站培育街道级和社区级特色公益品牌项目。三是"评"优秀"树"典范：举办东湖高新区优秀社区工作者表彰大会、优秀社会组织和社会工作人才评选表彰、社会工作优秀案例评选等活动，宣扬社会工作服务理念，展示社会工作发展成果，树立社会工作服务典范。四是"汇"案例"展"风采：多方联动开展"民生微实事"、第二届"社创杯"社会工作案例大赛等活动，征集优秀项目案例汇编成东湖高新区社会工作优秀案例合集，在各级媒体、期刊等平台进行全面宣传推广，充分展示东湖高新区社会工作服务风采。

（5）"共享社创"共享空间场地运营服务案例。该案例旨在盘活社创中心共享空间场地，提高场地空间利用率，发挥场地服务资源功能，营造场地服务氛围。案例内容包括：一是"管"场地"活"功能：完善共享空间场地管理的相关制度和管理办法，邀请符合场地使用要求的组织预约和入驻共享空间场地，盘活场地服务功能。二是"亮"成效"造"氛围：在场地开展专题培训、三级联席会、公益创投大赛等活动，增加场地曝光度，突出共享空间场地服务成效，加强共享空间场地服务氛围营造，打造区级社会工作服务宣传阵地。三是"供"服务"换"资源：提供场地管理咨询服务，置换公益慈善资源，将公益服务落实到人或组织，发挥共享空间场地资源枢纽载体作用。

（6）"暖阳行动"困难群体帮扶服务案例。该案例旨在在"五社联动"机制指导下，通过资源链接联动、日常督导跟进、每周数据收集、扩展宣传渠道，引领全区社会工作者充分发挥专业优势，加强对困难群体和特殊人群关爱照护，营造良好的困难群体帮扶氛围，探索困难群体社会工作关爱机制。案例内容包括：一是在资源链接联动方面，充分发挥区级平台优势，将整合到的社会资源与街道社工站"暖阳行动"关爱服务的需求相匹配，实现资源共享，助力"暖阳行动"困难群体关爱服务开展。二是在服务跟进方面，督导进行日常关爱服务指导，每周收集街道社工站"暖阳行动"数据，实时更新，及时、集中、系统、清楚地反映"暖阳行动"关爱服务开展情况，确保关爱服务常态化开展。三是在宣传推广方面，指导社会工作服务站社工在开展"暖阳行动"关爱服务时使用"暖阳行动"手举牌，同时拓展"暖阳行动"项目宣传渠道，进行服务成果宣传展示。

（7）"融创聚能"社会资源整合平台运行案例。该案例通过整合社会组织、高校、企业等公益慈善资源，依托"五社联动"机制，挖掘辖区内的公益慈善资源，经过聚能、融能、创能三部曲，发挥区级社会工作服务指导中心资源整合和联动的平台功能。在服务开展过程中实现：一是聚能——搭建信息平台。建立东湖高新区资源库，依托"五社联动"机制，做好资源的"引进来"，汇聚多元主体的能力，并将各类资源信息化、平台化。二是融能——搭建服务平台。规范平台使用机制，促进资源共享平台平稳运行。推进资源供需信息展示，实现资源提供方与需求方的自主对接，发挥资源效能。三是创能——搭建运作平台。使资源流动常态化、机制化、流程化，激活平台资源活力。开展人才表彰、公益资源置换、服务宣传等激励活动，激发多元主体活力，推动公益服务持续化、规范化运行。东湖高新区社会工作服务指导中心通过完善资源输入与流出渠道，搭建资源动态使用机制，实现融入资源、聚集资源、建立反馈机制的良性循环。

（8）"伴光同行"企业资源配置品牌服务案例。该案例以汇聚企业资源，推动企业资源整合、共享、输出为目标，从信息、服务、模式方面实现社会工作服务效应最大化，助力社会治理长效发展。在信息方面，汇聚企业资源信息，挖掘优质企业资源不少于30家，建立企业资源档案库，并进行梳理分类。在服务方面，惠及服务对象，提供资源使用。收集街道社工站资源需求，制作需求清单，配置企业资源，落地到街道社工站，并定期告知企业资源使用情况。在模式方面，共建联动模式，与企业进行长效合作。根据项目具体执行情况，探索社企联动模式，并以日常激励、季度激励、年度激励等方式构建激励机制。

（9）"光源赋能"公益慈善品牌服务案例。该案例通过整合各类公益慈善资源落地光谷，为光谷社会治理高质量发展注入新动能。主要内容包括：一是"联益力"建立社会慈善资源信息库：通过全面收集和梳理区域内的慈善资源信息，实现资源的精准匹配和合理利用，提高资源利用效率。促进区域内各慈善组织和机构之间的沟通、协作和合作，激发居民参与慈善活动的兴趣和意愿，增强居民的互助意识和社会责任感。二是"创益行"构建社会慈善资源可持续生态链：社会慈善资源具有更高的自主性、灵活性与便捷性，可以弥补基层社区在资源供给上的不足。通过构建社会慈善资源可持续生态链，使社会慈善资源源源不断地满足公益慈善的发展需要，为各种发展要素提供支持保障。三是"助益生"助力社会慈善资源落地：通过实现社会慈善资源"供"和"需"的有效匹配落地，满足多元化需求，切实解决居民困难、满足居民需求、提高居民生活质量，推动基层社会治理。

（10）"引星聚光"高校资源链接服务案例。该案例旨在联动高校教育资源，共建东湖高新区社会工作实习实践平台，发挥高校人才智力支持作用。主要内容包括：一是引人才，建立高校信息资源库。从高校资源入手，清点多元主体的需求和能力清单，将不同主体的需求与能力进行对接，对讲课、实习及各社会组织服务进行资源置换，充分发挥平台的功能，构建多元主体沟通机制，使各资源主体服务置换能够常态化开展。二是聚服务，搭建校社共建模式。与高校社会工作系开展共建，引入高校资源如高校讲师、社会工作相关专业的学生进入实务工作领域，以研学、建立高校实习基地、实务培训等方式参与并形成常态化授课机制，为东湖高新区社会工作发展提供智力支持。三是集效应，形成正向激励机制。将高校公益资源整理建成常态化服务机制，形成固定的频率、模式、流程，同时健全公益激励机制，通过"慈有所乐"从正面强化公益行为，推进高校资源与媒体及政府部门的合作，充分发挥主流媒体的舆论与表彰作用，使慈善行为得到最大的正向激励。

评估中，应关注案例的背景、服务需求、服务目标、模式和过程、成效和反思等结构性要素，兼顾案例在多主体联动、资源嵌入方面产生的社会效果。

二、"五社联动"项目评估的范式之争

在传统的社会服务项目评估领域，始终存在实证主义量化评估和建构主义质性评估之间的范式之争，其背后隐藏的逻辑是定量与定性、实证与人文孰优孰劣的"伪命题"。究其本质，争论的焦点在于社会工作服务能否被量化的工具所测量，以及采用何种工具测量、测量的信度与效度、评估指标的适切性等理论与技术之争。实证派主张采用项目的数字指标、文本材料、服务痕迹等客观性证据来量化项目服务成效，得出唯一的、确定的评估结果。而建构派并不追求精准、客观的经验材料，而是强调评估过程中多元利益主体的话语权和参与权，并着重强调给利益相关主体赋权增能。

在社会服务项目日益精细化、复杂化的背景下，单纯依靠量表、问卷、评估指标的量化评估虽深受诟病，但依然占据着社会服务项目评估的主流地位。原因在于，量化评估以其易于操作、证据为本、全程可视、结果确定等优势立于不败之地。而建构主义质性评估却始终无法摆脱实际操作性差、时间周期长、过程被干扰、评估结果主观性强等问题，在现阶段只能作为一种理想的、启发式的或辅助式的评估方式而存在。那

么，在两种评估范式的选择上，偏倚任何一方都不是明智的选择，唯有将两者结合起来，各取所长，互为补短，才是解决之法。

因此，对于"五社联动"项目的评估，一方面应当承认量化评估的优势和现行主流地位，另一方面要批判性地吸收质性评估的先进理念和方法，同时根据"五社联动"项目所处的现实情境作出优化调整。在客观的量化评估基础上，通过民主协商、充分表达来弥补量化评估的机械僵化，使"五社联动"项目评估过程兼顾客观与主观，评估结果兼具科学与理性。一般而言，针对"五社联动"项目服务效果的大小、程度以及效果效率等问题的评估适合采用量化评估策略；关于解释服务过程、阐释服务对象的经验与感受等问题，适合采用质性评估方式。

三、"五社联动"项目评估方法的选择

为保证评估结果的科学性，使评估结果有利于服务过程的改善和服务质量的提升，选取科学有效的评估方法成为评估工作的重中之重。正如前文所述，在"五社联动"项目评估方法的选择与使用上，要始终坚持量化评估与质性评估的有机结合。在社会服务项目评估的量化和质性方法中，资料分析法、问卷法、访谈法、焦点小组法、观察法最为常见，使用频率最高。"五社联动"项目作为典型的社会服务项目，同样适合使用这些方法进行评估。

（一）资料分析法

在进行"五社联动"项目资料分析之前，首先要收集项目的相关资料。在"五社联动"项目资料收集与分析阶段，需要考虑以下基本问题：需要收集哪些资料；这些资料最好向哪些人收集；这些资料该如何收集；由谁来收集；需要测量哪些变量；应该如何进行测量；如果有需要，要

控制哪些变量；应该如何控制；所收集的资料该如何组织和分析。此外，评估者在收集到原始资料后还需对其进行整理分析。具体包括：

1. 项目资料分析：

包括但不限于项目计划（如项目标书、项目年度计划、服务方案）、项目服务档案（如服务过程记录）、项目人员档案（如项目社工、志愿者档案）及与项目相关的各类管理制度档案（如项目行政管理、专业规范性管理、项目进度管理、服务质量控制、风险管理）。

2. 其他资料分析

包括但不限于项目测评工具（如服务满意度问卷）、项目各类统计文本（如需求调研、满意度调查结果统计）和项目各类工作报告（如项目需求评估报告、中期/末期自评报告、阶段性总结报告）。

（二）问卷法

问卷法也称问卷调查法，是社会服务项目评估中最常用的方法，具有通用、高效、普遍的特点。在"五社联动"项目评估过程中，评估人员利用问卷调查收集项目服务对象满意率和项目服务成效等信息；依据"五社联动"项目总体目标和服务对象的实际情况，科学设计调查问卷及抽样样本；在问卷调查结束后，评估人员应对问卷回收情况、问卷填写完整性和内容真实性进行质量复核。问卷调查法的基本步骤及注意事项如下：

1. 建构问题

问题的设计包括开放式问题和封闭式问题两种。开放式问题没有固定的答案选项，封闭式问题则提供了可供选择的选项。在评估问卷设计时，通常以封闭式问题为主，开放式问题为辅，封闭式问题在前，开放式问题在后，且问题的设计要尽可能涵盖"五社联动"项目要考察评估的内容和范围。另外，问题的选项之间要独立、穷尽，没有重复和交叉，将问题明确地传达给受访者。

2. 问卷设计

"五社联动"项目评估问卷的设计和开发必须与评估目的和问题密切相关,而非简单罗列系列要回答的问题。问卷设计需遵循如下原则:问题需紧扣"五社联动"主题,为评估服务;以量表为基础;预测并改善问题设计;增设部分解释性问题;给问题选项排序。

3. 选择合适的调查方法

常用的问卷调查方法包括现场填答、邮寄填答、集中填答、电话访问、网络调查。上述方法没有好坏之分,各有优缺点,至于选择何种方法开展调查要根据调查者和被调查者的实际情况确定,但高回收率、高填答率是调查者应考虑的重要因素。

(三) 访谈法

访谈法是使用口头交流的方式收集信息,是一种基于研究目的而开展的调查者与被调查者之间的交谈。它可以深入了解某一事件或行为背后的深层原因,这是结构式的问卷调查所无法获取的深层信息。访谈法因其针对性、灵活性较强而在社会服务项目评估中被广泛使用。比如,与项目服务对象及开展项目服务的相关人员,就服务满意率、服务成效以及对项目服务的具体意见进行访谈或意见反馈。

访谈法的操作步骤包括:设计访谈提纲,确定访谈内容和形式;制订访谈计划,筛选培训访谈员,确定访谈时间、地点等;建立访谈员与被访者之间的良好互动关系;实施访谈,并进行访谈信息记录。

(四) 焦点小组法

焦点小组法是近年来在社会服务项目评估中常使用的评估方法。它通常可以了解人们对于一个项目或服务的想法或感觉,评估项目或服务的实施效果。焦点小组法不是将一群人聚集在一起讨论，也不是为了组员间达成对某个问题的共识，而是以收集资料为目的，具体包括四个阶段：计划阶段，主要的工作内容是确定主题，制订计划，开发问题；招募阶段，邀请参与小组讨论的成员加入；主持阶段，需有经验或技巧的带领者引导小组进程，捕捉重要信息；分析阶段，对上述访谈记录和内容进行分析，撰写报告。虽然焦点小组法具有资料收集效率高、内容广的优点，但该方法对主持人或小组带领者具有一定要求，且不适合敏感问题的讨论。此外，小组讨论的形式可能会影响到个体意见的表达。

（五）观察法

观察法是指评估者有目的、有计划地观察评估对象的认知和行为改变，并据此分析和评价社会服务项目成效的一种方法。根据观察者参与服务对象生活环境的程度，可以将其分为结构式观察法和参与式观察法。

1. 结构式观察法

它是一种高度结构化的评估方法，观察者需要经过严格训练，观察也必须在指定的时间、地点，采用指定的方法和测量程序进行。只有当目标问题无法采用传统的测量技术测量时才会采用结构式观察法进行资料收集。

2. 参与式观察法

参与式观察法是指深入服务对象的生活环境中，在实际参与服务对象日常生活的过程中进行深度的观察。如在自然的环境中观察服务对象的日常活动，走近服务对象，聆听服务对象谈话，又从评估者的视角跳出来，去研究和反思服务对象的经历。参与式观察法的基本步骤包括：获得准入许可，进入和关系建立，收集信息和数据，记录数据。

上述几种研究方法因其普遍适用性而在社会服务项目的评估中被广泛使用。每种方法各有侧重，需要根据"五社联动"项目评估的时间和经济成本、被评估主体的规模大小、评估内容的敏感度、评估环境的耐受情况综合选择使用，可以是一种为主、多种为辅，也可以几种方法同时使用。但无论作何选择，都需兼顾评估方法的定量与质性结合，做到实证主义与人文因素的双重呈现。

四、"五社联动"项目的社会效果评估

社会效果是衡量一个项目目标达到情况和项目所产生的社会影响的综合性概念，包括效果评估和社会影响评估两个维度。一个完整的服务类项目社会效果评估应该包括四个步骤，即目标评估、过程评估、结果评估和社会影响评估。其中，目标评估为项目效果评估奠定基础，过程评估和结果评估是从项目执行的不同阶段判断项目效果，社会影响评估则是从项目实施产生的长远影响来考虑问题。

所谓"五社联动"项目的社会效果评估，是指结合"五社联动"项目的特点和基本要求，对项目的绩效目标实现程度（效果评估），以及项目产生的深远影响（影响评估）进行评估。效果评估倾向于检验项目目标实现的程度，从效果层面来进行评估，用来确定项目对预期产出产生了什么样的效果，以及是否存在重要的意外效果。它是一种"目标为本"的评估，旨在判断项目的既定目标是否实现。评估者通常根据项目计划预设一系列指标，以检验项目实施程度如何，是大多数评估者最为熟悉和熟练的也是当前最为流行的评估方法。社会效果评估涉及项目预期的最终或长期效果。

（一）"五社联动"项目的目标评估

"五社联动"项目的目标评估为后续项目过程评估、结果评估和社会影响评估提供了依据和方向。目标评估首先要确定项目的目标和目标指

向的理想结果，以目标为起点为项目设定发展方向。

"五社联动" 项目目标评估的流程包括：首先，项目开发者或项目执行者要明确阐述项目的主要目标；其次，确定项目的目标人群，以及需要服务的对象，服务对象具有的特征，具体需要采用服务对象的人口特征、风险或困境发生的过程、发展性转型机会、地区特征或其他指标来描述服务对象的特点；最后，明确 "五社联动" 项目所要达到的理想结果，通常理想结果应该是界定清楚明确、实际可行以及可测量的。具体操作如下：

第一步，评估者需列出 "五社联动" 项目的主要目的，再将 "五社联动" 抽象的宏观目的操作成具体可测量的项目目标。首先问自己，项目最终要实现哪些具体目标，然后分门别类明确列出项目所要达到的具体目标。

第二步，评估者应当首先考虑：想让哪些群体参加 "五社联动" 项目。然后问自己：要为谁服务；对于每一个群体，想让多少人参加。

第三步，评估者应当深入思考：自己期望的 "五社联动" 项目的结果是什么。并追问自己：作为该项目的结果，你希望参与者如何发生变化，他们会学到什么，哪些态度、感受或行为会发生变化。

(二) "五社联动" 项目的过程评估

过程评估用于评估项目在具体实施中的状况，它试图回答如下问题："五社联动" 项目的目标群体是否获得了服务，服务内容是否涵盖了目标群体的需求，参与者和关键利益相关者对服务是否满意，是否提供了必要的支持，正在实施的服务是否与预期一致，目前的服务是否需要改进。总之，过程评估关注服务传输过程中的各个方面，尤其强调服务传输是否有效，以及服务传输过程是否获得了足够的支持。"五社联动" 项目过程评估的目的在于对项目活动进行监测，它可以帮助项目执行者梳理项目活动进程；能将正在开展的所规划的活动效果反馈给利益相关者；当现实条件发生改变，实际开展的服务和规划的内容不一致时，过程评估能及时提供有关项目成败的原因等信息。

1. 过程评估的基本环节

和其他类型的评估或研究方式相比，"五社联动"项目过程评估在操作上相对简单。过程评估将焦点置于服务监督与实时反馈上，在设计和执行层面弹性较大，评估的基本环节及所需的分析技术也较为简易。实践中，"五社联动"项目过程评估的基本环节包括组建评估团队、提出评估方案、实施评估等。

第一，组建评估团队。界定哪些人应该纳入评估团队，并确认各自的分工。一般而言，过程评估涉及的利益相关者可能包括政策制定者、机构决策者、出资者、督导与管理者、实务工作者、服务对象以及其他对此议题有兴趣的人。一般而言，过程评估往往由服务提供者自己执行，倘若外部研究人员或评估专家被邀请加入团队，其担任的多为咨询顾问或计划主导角色，这一点在这一环节就应进行明确。

第二，提出评估方案。梳理现有档案和文件，熟悉即将评估的服务的发展背景和环境脉络，进而根据服务的宗旨和团队讨论的共识，订立明确的评估目标和主要评估问题，并结合技术能力和预算资源等实务因素，选择适当的评估方法、测量工具和分析策略等。

第三，实施评估。实地收集资料时，评估者须留心收集那些对于预设读者而言更具有可信度和说服力的数据资料。在结果的分析和报告撰写方面，则应清楚说明评估的结果与发现，并提供改进服务的反馈建议。考虑到读者的理解水平，为有效传达讯息，数据描述与呈现方式宜力求简洁，避免复杂的统计公式，尽量用图表等可视化的呈现方式，一目了然，让人快速掌握概要。

2. 过程评估的操作步骤

第一步，评估者思考：哪些服务需要实施。首先问自己：为实施该项目，实际上社工做了些什么。其次，制定一个时间的先后次序表，包括日期、服务内容等。最后，对上述每项服务，统计以下数据：服务时长及占目标时间的百分比、服务参与人数及占目标参与人数的百分比、所有服务的总时间（小时）、服务的总参与人数等。

第二步，评估者思考：从这些经历中你能学到什么。首先问自己：应当开展而未开展的服务有哪些，为什么，然后列出已开展的服务的名称、可能存在的问题。最后反思：你能解释是什么原因导致预计的和实际的服务之间的差距吗，哪些反馈可以帮助改善项目的未来进展。

（三）"五社联动"项目的结果评估

"五社联动"项目的结果指的是项目给服务对象带来的改变。这些改变大体可分为两类：一是服务对象的能力的变化，如认知、态度、技能等；二是服务对象的状况的改变。如果这些改变意味着服务对象的问题得到了解决，就可以判断这项服务是有效的。"五社联动"项目的结果评估要评估的是项目的直接效果，试图研判项目的直接成效。检视第一步界定的理想结果以及收集关于这些结果实现程度的资料。一项社会服务项目是否取得了预期的结果，是社会服务项目的核心价值所在。"五社联动"项目的结果评估关注项目的长期和整体影响，通常用于审查项目的目标是否有效达到。因此，"五社联动"项目的结果评估强调项目目标整体的实现情况，关注项目为个人、家庭、社区和社会带来的改变以及是否增进了服务对象的福祉。在此基础上，结果评估还进一步分析结果产生的原因，总结经验教训。

"五社联动"项目的结果评估既可以在项目结束时马上进行，也可以在社会服务项目结束半年或一年后进行，以审视服务的长期影响和改变。

需要注意的是，虽然结果评估通常在项目结束后才进行，但由于结果评估重点关注"五社联动"项目的实际效果，须与基线数据比较才能得到科学的评估结果。因此，在"五社联动"项目开展前就应该进行结果评估方案的设计，在项目过程中及时收集基线数据。

1. 结果评估的主要内容

（1）目标实现程度：合同规定的服务目标达到情况；合同规定的服务数量完成情况；合同规定的服务对象改善情况；合同规定的服务组织及其专业团队从项目实施中得到成长发展的情况。

（2）满意度：评估服务对象、项目落地单位相关负责人对"五社联动"项目社会服务过程与成效的满意度。

（3）社会效益：对项目的影响力、可持续性、可推广性进行评估。评估内容包括：社会反响（奖惩情况、宣传报道、研究成果）；决策影响（对项目可持续发展的思考与建议被相关部门采纳）；资源整合（组织参与、社会捐赠、志愿者参与）。

2. 结果评估的基本环节

一个标准的"五社联动"项目的结果评估，通常包括七个环节。

（1）列出拟评估的问题，即列出结果评估意图考察的主要结果——某项服务旨在给服务对象带来哪些改变。对于专业服务人员而言，如果不明白服务预期获得的结果，可以试图考虑以下问题，如"我们现在主要做的是什么事"，"我们为什么做这件事"，对"为什么"的回答往往就是某种结果。

（2）按照重要程度对上述问题进行排序，从中选择若干个问题作为评估问题。如果评估者的时间、资源有限，评估的问题不宜太多，选择两三个最重要的问题就够了。这里要注意的是，选择评估问题的标准是其重要程度，而非评估者的兴趣。

（3）确定用什么可观测的指标来衡量服务是否取得了预期的效果，

即是否给服务对象带来了好处。在结果评估中，这往往是最重要也是最棘手的一步，因为在服务目标中，我们常常使用的都是像"增强自立能力""融入社区""幸福感"这类高度抽象的概念，但是评估的时候，我们要看的是哪些事实能够证明服务对象的"自立能力"、"社区融入"或"幸福感"的确提升了。为了能够使这些指标具有可操作性，在确定指标时，最好运用专业的评估方法确认指标的效度，即这些指标是否真的可以用来测量服务的结果。

（4）明确服务的预期目标，即发生改变的服务对象有多少，占多大的比例。

（5）明确需要哪些信息来证明这些指标。

（6）确定可以用什么方式有效收集这些信息，包括服务记录、对服务工作人员和服务对象的观察、对服务对象就服务带来的好处进行问卷调查或访谈等。

（7）分析、汇报评估结果。

（四）"五社联动"项目的社会影响评估

近年来，公益项目的社会影响评估日益成为国际国内普遍关注的热点问题。社会影响是一个抽象的概念，没有明确的定义及界限。项目的社会影响指的是项目实施后给项目各方主体以及同类群体带来的影响，具有较强的社会性。社会影响评估也被称为社会影响评价或项目的社会分析，是项目取得的产出对社会、经济、生活等产生的间接、长远的影响，如某些观念的转变、某种工作方式的突破等。

1. 社会影响评估的主要内容

社会影响评估的内容可以从宏观、中观、微观三个层面来界定，分别评估项目对社会、社区、个人产生的影响。在宏观层面，表现为项目实施后带来的宏观的经济、政治、文化方面的改变，涵盖了项目对自然

环境、社会环境、经济发展、政治制度、文化习俗的影响。中观层面是
项目实施对社区的影响。微观层面是指项目实施对各方利益主体的影响，
包括项目为居民带来的经济收益、产生的社会效益，以及社会环境的改
善等。

   2. 社会影响评估的基本环节

   目前，我国公益项目的社会影响评估还处于探索研究阶段，关于社
会影响的评估总体较少，仅见于工程项目如公路、水利项目中。"五社联
动"项目的社会影响评估无须像传统的社会服务项目评估那样设计相对
固化的评估指标，评估指标的设计需要根据"五社联动"项目的具体执
行情况来建立，注重项目对社会群体产生的持久影响。评估的内容应包
括项目实施对利益相关者的社会资本的积累、社会支持的增加、社会资
源的链接产生的直接和间接影响。

   随着公益事业发展的不断深入，对于项目绩效的关注和对项目问责
的要求也越来越高，在未来公益项目评估中，除了注重传统的经济、效
率、效果评估，人们也会越来越重视项目的社会影响评估，尤其是在以
"五社联动"作为项目运作机制和推进动力的公益服务项目中，评估"五
社"要素间的相互作用，以及"五社联动"对项目服务对象的影响，变
得十分必要，甚至会成为"五社联动"项目评估的核心目标所在。

践行群众路线，巩固拓展"五社联动"模式，助力中国式现代化

——湖北经验的启示

吕　方*

摘　要：慈善事业和社会工作是推进中国式现代化的重要力量。在现实层面，探索契合国情的有效本土化实践模式，是推动慈善事业和社会工作高质量发展，为中国式现代化更好贡献力量的时代命题。发端自湖北新冠疫情防控时期，并在服务群众的实践中不断巩固拓展的"五社联动"模式，坚持党建引领、民需驱动、专业支撑、各方协同、共同缔造，经过不断拓展实践领域、完善体制机制，逐渐成为有用有效的新型群众工作方法、新型社会治理体系和新型社会服务模式，为探索新时代慈善事业和社会工作实践模式提供了样本。其多方面成果，得益于坚持习近平新时代中国特色社会主义思想指引，坚持人民至上，将慈善事业和社会工作力量纳入中国共产党领导的为人民创造更加美好生活的伟大实践，在服务人民的实践中实现公益价值和专业使命；得益于坚持人民需求驱动，将服务资源和服务重心下沉，以专业方法提升社会治理和社会服务的精细化、专业化、科学化；得益于充分坚持为了群众、依靠群众、统揽协调构筑共建共治共享格局，充分激发内生动力的群众工作方法。进一步完善"五社联动"模式，将有助于公益慈善和社会工作事业在中国式现代化进程中展现更大作为。

---

*　作者信息：吕方，华中师范大学社会学院教授，博士生导师。

“五社联动”助力基层社会治理：
专业社会工作的实践探索与理论研究

关键词：群众路线；人民至上；慈善与社会工作；五社联动；高质量发展

众所周知，“五社联动”最早起源于湖北新冠疫情阻击战时期，此后其应用场景不断丰富、体制机制日趋完善，并写入中央文件在全国各地推广，收到良好成效。具体来说，“五社联动”是在党建引领下，以社区为平台、以社会组织为载体、以社会工作专业人才为支撑、以社区志愿服务队伍为依托、以社会慈善资源为助推的新型社区治理机制。① 既有研究更多从“五社联动”的主体、机制、过程等方面展开讨论，旨在讲清楚“五社联动”的要素构成、运行方式等问题，而如果我们将“五社联动”置于推动中国慈善事业和社会工作高质量发展，在中国式现代化进程中发挥更好作用的大历史视野下考量，便会发现，“五社联动”坚持党建引领、民需驱动、专业支撑、各方协同、共同缔造，是立足生动鲜活的服务群众实践，形成的有效群众工作方法、新型社区治理体系和有效社会服务模式。“五社联动”模式的意义在于，其为公益慈善和社会工作事业植根社区、直面群众需要搭建了实践场景，慈善资源和社会工作者成为党领导的为人民服务事业的有用资源和专业人才，对于促进慈善事业和社会工作高质量发展、更好助力中国式现代化具有重要意义。

一、回应群众急难愁盼：“五社联动”的缘起与拓展

2020 年初，突如其来的新冠疫情袭击江城，在党中央的坚强领导下，武汉打赢了疫情防控的人民战争、总体战、阻击战。“五社联动”模式正是诞生于抗击疫情的社区群防群控阵地和应对疫后综合征的服务阵地。可以

---

① 赵显富．深化“五社联动”机制，促进社会工作创新发展［J］．中国社会工作，2022（22）．

说，"五社联动"模式自其诞生之日起，便与回应群众急难愁盼紧密联系。而此后"五社联动"模式的完善与拓展，也始终围绕着践行党的群众路线，以满足人民群众的需要、创造更加美好的生活为工作目标。

（一）缘起

突发的新冠疫情给城市社会治理体系带来了空前严峻的挑战，尤其是对于特大城市而言，社区治理负荷超载，居民的困难与需求集中爆发，迫切需要建立更为有力有效的管理和服务体系。在民政部的指导下，湖北省民政厅积极组织社会工作者、志愿者参与疫情防控，积极有序引导公益慈善力量助力防疫抗疫，探索出"五社联动"的工作模式。"五社联动"模式诞生之初具有典型的党建引领"攻坚体制"特点，其直接目标在于尽快融入党组织领导的疫情防控总体战，成为党组织领导各方做好疫情防控、做好群众服务的生力军。我们看到，社会工作者闻令而动、主动担当，在社区党组织领导下，迅速有效地应对疫情给居民生活、心理和社会关系诸方面带来的巨大冲击。在社区封控管理阶段，社会工作者和下沉党员、社区志愿者一道参与卡点值守、人员排查、物资配送等各项具体工作，同时发挥专业优势，通过正念减压、社会支持、哀伤辅导等专业技能提供支持性服务。在疫情防控期间，"五社联动"机制带动120多万名社区志愿者投身抗疫一线开展各项服务，全省累计接受社会捐赠资金151亿元、物资2.32亿件，为武汉保卫战、湖北保卫战取得决定性胜利作出了积极贡献。① 随着疫情防控进入常态化阶段，"五社联动"的应用场景进一步拓宽，在新冠康复人员社会融入、特殊群体关爱服务、社区环境卫生保护、社区社会资本培育等领域积极发挥作用、展现作为。

回望"五社联动"模式的诞生过程，必须承认在疫情防控的紧迫实

---

① 赵显富. 创新"五社联动"机制 提升社区治理效能：关于湖北"五社联动"的实践与思考 [J]. 中国民政, 2022 (12)：35-37.

践情境下，其早期目标锁定在守好社区群防群控阵地、打赢疫情防控阻击战方面。在疫情防控时期的"攻坚体制"下，社区、社会组织、社会工作者、社区志愿者、公益慈善力量，打破了此前的运行常规，在党组织的引领下，真正聚焦广大群众的急难愁盼，凝聚起最广泛的情感共识和最磅礴的攻坚力量。深入考察"五社联动"模式便会发现，与传统的"发包制"和"准雇佣制"等松散聚合的契约型社会工作实践模式不同，在"五社联动"的框架下，虽然也存在购买服务、购买岗位的契约性联系，但社会工作力量和公益慈善资源被共同纳入党组织引领的"总体性"的为民解忧"攻坚体制"。虽然具有诸多战时特征，但在这套"战时体制"下，逐渐做到了"群众需求底数清""群众工作队伍强""群众服务资源广""群众服务能力优""供给需求匹配好"，无论是公益慈善资源，还是社会工作服务，乃至社区各项工作，与人民群众的需求联系前所未有的紧密，塑造了基层治理的"新常规"。在同一过程中，公益慈善资源的递送更加有效，社会工作的专业性找到了实践的场景和舞台，党的群众工作做得更实、更细、更到位，赢得了广大群众的认可和赞赏。

（二）拓展

如果说"五社联动"模式源起于新冠疫情防控阻击战，因而其实践具有紧迫性和很强的"战时创造"特质，那么此后关于"五社联动"模式的巩固拓展，则具有很强的顶层设计与实践探索同步推进的特点。

具体来说，2021 年以来，"五社联动"写进了中央文件和多个相关部委文件。2021 年 4 月 28 日印发的《中共中央 国务院关于加强基层治理体系和治理能力现代化建设的意见》中明确提出："完善社会力量参与基层治理激励政策，创新社区与社会组织、社会工作者、社区志愿者、社会慈善资源的联动机制，支持建立乡镇（街道）购买社会工作服务机制和设立社区基金会等协作载体，吸纳社会力量参加基层应急救援。完善基层志愿服务制度，大力开展邻里互助服务和互动交流活动，更好满足群众需求。"这标志着"五社联动"模式得到了党和国家的肯定和支持，期待其能够在基层治理体系和治理能力现代化建设中展现更大作为。在国务院办公厅 2021 年底印发的《"十四五"城乡社区服务体系建设规划》中，多个板块提到"五社联动"模式，涉及健全党建引领机制、完善多方参与格局、坚持共建共治共享等内容。

深入学习上述两个文件，不难发现，"五社联动"模式在中央的"顶层设计"层面，被界定为一种新型的党的群众工作方法、新型的社会治理体系和新型的社区服务模式。作为党和国家决策部署的具体落实，相关部委密集出台了一系列政策举措，推广和应用"五社联动"模式，包括但不限于民政部、国家发改委《"十四五"民政事业发展规划》；民政部办公厅《培育发展社区社会组织专项行动方案（2021—2023 年）》；民政部、国家乡村振兴局《关于动员引导社会组织参与乡村振兴工作的通知》；国家发展改革委《2022 年新型城镇化和城乡融合发展重点任务》等。这一系列政策部署，为"五社联动"融入党和国家中心工作、服务大局提供了指引，为"五社联动"在党领导的以人民为中心的中国式现代化建设中展现更大作为提供了制度支撑。

按照中央层面的决策部署和政策设计，各地积极推进"五社联动"队伍与体系建设和工作机制完善，为其发挥预期效能提供条件和支持。以湖北省为例，新冠疫情防控期间，在民政部的指导下，探索出"五社联动"模式，覆盖面逐步扩展到全省范围的 220 个城乡社区，形成了一批有典型性和代表性的成功案例。但从全省范围来看，镇街和村社一级的服务力量还较为薄弱，并且城乡之间、区域之间的发展不均衡问题较为突出。因此，落实党中央决策部署，巩固拓展"五社联动"成果，除了继续开展试点示范深挖"五社联动"模式潜力，更需要有计划地推动基层党的建设、社会工作人才队伍建设、公益平台建设、志愿服务力量和社区社会组织培育。为此，湖北省委、省政府先后将"五社联动"写入《关于新时代推动湖北高质量发展加快建成中部地区崛起重要战略支点的实施意见》《关于推动新时代全省民政事业高质量发展的意见》《关于深化新时代志愿服务工作 助力基层社会治理的意见》等重要文件，为各地市州深入推进"五社联动"提供指引和支撑。作为专责推进社区治理、社区服务的政府机构，湖北省民政厅将巩固拓展"五社联动"作为重点工作有力有序推进，印发了《关于创新"五社联动"机制 提升社区治理效能的意见》①（2021 年 11 月）；从夯实"五社"要素基础出发，印发了《关于印发培育发展社区社会组织专项行动重点任务的通知》《关于促进乡镇（街道）社会工作发展的通知》，与省农业农村厅等 6 部门联合印发了《关于加快推进"幸福家园"村社互助项目的实施方案》，进一步明确了培育社区社会组织、加强社会工作人才队伍建设、激活社区慈善资源的路径；同时，与省标准化与质量研究院合作，参与研制《志愿服务组织基本规范》国家标准、组织制定《"五社联动"社会工作服务指南》《社区社会组织孵化流程》《社区志愿服务管理规范》《城市社区社会工作服务要求》《农村社区社会工作服务要求》等省级地方标准，完善了"五社联动"的政策支持体系。

在这些政策的有力支持下，湖北省"五社联动"各项要素基础短板正在快速补齐，"五社联动"要素支撑更加坚实、工作机制更加完善、服务成效更加显著。几年来，"五社联动"模式应用场景不断拓宽，在城乡基层治理、城乡社区服务、巩固拓展脱贫攻坚成果与全面乡村振兴等重大国家战略中发挥着积极作用。特别是回顾湖北省巩固拓展"五社联动"

---

① 意见明确提出了推进"五社联动"总体目标要求，对重点任务进行了细化，要求各地坚持党建引领，有效发挥社区"两委"的组织协调作用；培育发展社区社会组织，提高社区居民参与社区治理的组织化程度；充分发挥社会工作专业优势，提升社区治理的专业化水平；扎实推动社区志愿服务发展，调动社区居民参与社区治理的积极性；积极开发利用社会慈善资源，激发社区治理内生动能。

模式的历程，其成绩不仅体现在"五社联动"在覆盖面和服务领域的扩展，更为重要的是在这一过程中，"五社联动"成为行之有效的新型群众工作方法、新型社区治理体系和有效的社区服务模式。以"五社联动"为依托，基层党组织服务群众的能力有了明显提升，共建共治共享的社会治理体系初现雏形。并且，在"五社联动"框架下，长期困扰公益慈善和社会工作事业高质量发展的难点议题，得到了一定程度的解决。这些都为在中国式现代化进程中进一步完善"五社联动"模式，更好贡献公益慈善和社会工作力量提供了经验和借鉴。

二、全面理解巩固拓展"五社联动"的创新成果

在中央顶层设计的指引和支撑下，全国各地密集探索、有序推进"五社联动"模式的应用和拓展，取得了多方面的实践成果。虽然目前还没有全面系统的统计数据，但从各地分享出来的案例中，可以发现"五社联动"实践成效非常显著，已经逐渐成为新时期党服务群众的新型群众工作方法，成为一套更具治理效能的现代化的新型社区治理体系，一套更为有效的社区服务模式。

（一）"五社联动"作为新型群众工作方法

群众工作是我们党的一项基础性工作，做好群众工作是实践党的初心与使命的必然要求，是以人民为中心的发展思想的集中体现。人民对美好生活的向往就是我们的奋斗目标，做好群众工作就是要解决人民群众最关心、最直接、最现实的利益问题，满足群众的利益诉求，其中最重要的内容之一是有效回应人民群众的急难愁盼。社区是国家治理的微观单元，也是服务群众的前沿地带。改革开放以来，城乡社区建设取得巨大成就，但与人民群众不断增长的对美好生活的愿望相对照，群众工

作的能力还有待进一步加强。前文已述,公益慈善和社会工作是党做好群众服务的有用资源和专业力量,如何在服务群众的实践中发挥公益慈善和社会工作的作用,是新时期群众工作的重要议题。同时,也只有植根服务群众的生动实践,长期困扰公益慈善和社会工作高质量发展的难点问题才能找到破解的方法。我们可以从几个层面来理解"五社联动"缘何构成了新时期做好群众工作的有用方法。

其一,在目标层面,"五社联动"坚持党建引领,坚持以群众需求为导向。无论是在新冠疫情防控期间满足人民群众健康和基本生活需要,还是在常态化的社区生活中回应人民群众对更美好人居环境、更积极社区文化、更便捷社区生活的需求,以及愁事难事有人管、有人问、能解决诸方面问题,"五社联动"始终坚持以解决人民群众的困难、满足人民群众对更加美好生活的向往为目标。在实践探索中,各地充分发挥党的基层组织战斗堡垒作用和辖区党员(下沉党员)先锋模范作用,主动联系群众,了解群众困难,倾听群众呼声,将其作为"五社联动"服务的出发点和落脚点。

其二,在方法层面,"五社联动"坚持共建共治共享,充分发动群众、依靠群众。美好生活是奋斗来的,群众工作要以工作的主动换取群众的互动,广泛宣传、集思广益,充分依靠群众,放手发动群众,为人民群众参与美好生活共同缔造创造条件和基础。实践中,"五社联动"坚持共建共治共享的理念,通过社区群众骨干挖掘、社区社会组织培育、社区志愿者队伍建设等形式,建立群众参与美好生活共同缔造的有效机制。值得一提的是,各地探索中充分整合了近年来基层治理领域行之有效的工作方法,促进社区"共同缔造"力量的生长,如将公益慈善与社区志愿服务和公益美德积分兑换相结合,进一步激发群众参与社区共建共治共享的热情,增强其获得感,营造良好的社区公共生活氛围。

其三,在机制层面,"五社联动"搭建起公益慈善资源和社会工作力量在党的领导下更好服务群众的平台和载体。服务群众的工作没有止境，与群众需求相对照，我们的服务资源、服务力量、服务能力还存在很大的不足。如何将公益慈善资源和社会工作力量整合进党服务群众的总体格局中，是新型群众工作方法的关键议题之一。通过完善乡镇（村社）社会工作服务站，建立扎根镇街、面向村社的社区公益基金，社会工作专业力量和公益慈善资源与人民群众需求的衔接有了更直接有效的渠道。在社区中开展的社会工作服务和微公益项目，则具体而微地将供给与需求衔接和匹配起来。在这一过程中，社会工作专业力量更好展现专业性，践行专业价值观也找到了更加厚实的实践土壤，公益慈善的资源和服务递送也更具有效性。

（二）"五社联动"作为新型社区治理体系

历史地看，发端自 20 世纪 90 年代，继而于 21 世纪在全国范围全面铺开的社区建设，是社会城乡基层治理体系建设中最为重要的议题之一。尤其是随着城乡基层社会的流动性、复杂性增长，建立活力与秩序兼备的新型社区治理体系，不仅是维护基层社会长期稳定的关键，也是活跃社区公共产品供给、满足人民群众美好需要的现实要求。在此意义上，"五社联动"坚持党建引领、需求驱动、专业支持、多方参与、共同缔造，构成了一种新型社区治理体系。

"五社联动"坚持党建引领下的多治理主体共同参与的工作格局。首先，在培育社区治理主体方面，"五社联动"在增强社区党组织领导力、组织力和执行力的同时，注重培育多元的治理主体。社区行政化色彩较重，自治功能发挥不足，是长期以来较为普遍存在的问题。社区治理面临着缺少资源、缺少人力、缺少自治平台、缺少专业支撑的局面，导致社区公共产品供给能力弱化，居民需求得不到有效响应。通过推进"五社联动"，在社区党组织的领导下，社会工作专业力量与社区"两委"紧密协作，通过孵化与培育城乡基层社区社会组织、社区志愿者队伍，社区治理的主体和平台不断壮大。其次，在凝聚治理共识、汇聚治理力量方面，通过加强多层次、多类型的社区协商，充分汇聚智慧、公益慈善资源和社区内生资源，在社会工作专业服务方法的推动下，社区居民普遍关心的议题在各方共同努力下逐渐解决，社区公共产品供给的能力不断增强，居民对社区生活的满意度和幸福感稳步提升。最后，在完善工作机制方面，"五社联动"坚持在党建引领下，以社区居民急难愁盼为工作的出发点和落脚点，形成了"议题设置—方案设定—共同落实—总结提升"的社区治理闭环，通过理顺社区治理多方主体的权责关系，坚持目标导向和成效导向，聚焦社区治理的真问题，提升了解决真问题的真本领。

（三）"五社联动"作为有效社区服务模式

社区服务关系民生、连着民心，不断强化社区为民、便民、安民功能，是落实以人民为中心的发展思想、践行党的群众路线、推进基层治理现代化建设的必然要求。[①] 党的十八大以来，党领导的社区服务体系建设取得突出成就，城市社区实现了综合服务设施全覆盖，农村社区综合服务设施覆盖率接近2/3，同时社区服务队伍不断壮大，服务数字化和信息化水平显著提升，这些成就为更好满足人民群众生活需求、提高生活品质奠定了基础。"五社联动"模式则为进一步增强社区服务能力、提升社区服务水平探索了有益经验。

其一，提升社区服务专业化、精细化水平。社区服务是以社区服务设施为依托开展的各类旨在满足居民需要的项目与活动。社区服务直接面对居民多元化、差异化的需求，因此提升社区服务的专业化和精细化水平，是提升社区服务效能的应有之义。实践中，"五社联动"成为递送

---

① 国务院办公厅：《"十四五"城乡社区服务体系建设规划》。

社区服务的有效模式。具体来说，面向社区居民的健康、托养、托管、托教等需要，"五社联动"机制借助社会工作的专业理论和方法，从准确研判需求入手，根据服务对象实际情况和真实需求，寻找切实有效的服务方案，继而统筹调度各方面资源，推动服务开展，形成对需求的专业化、精细化回应。其有效性的基础，一方面是社区服务有了更为专业的理论和方法指引；另一方面是让"资源和服务更接近需求"，避免社区工作悬浮于居民的实际愿望之上，改变"一刀切"的服务模式。

其二，建设社区服务可持续维护和使用机制。如果仅仅是依靠外部力量建立社区服务体系，没有充分挖掘社区本身的资源，没有有效激发社区服务的社会参与，那么社区服务不仅成本高昂、效率低下，并且也难以持续。只有打造一支"带不走的"社区服务队伍，通过赋权增能的方法，充分立足社区自身资源和优势、培育社区社会资本，搭建起志愿服务、公共服务的平台和载体，涵养社区积极向上的公共文化，可持续的社区服务体系才能够建立起来。因此，在"五社联动"模式中，如何通过志愿者队伍建设、社区社会组织孵化与培育，活跃社区公共性，始终是最为重要的路径方法。这些社区社会组织和志愿者队伍，覆盖了社区服务的各个领域，包括人居环境、社区发展、文化娱乐、养老慈幼、关爱特殊群体等，正是因为有了这些服务的载体，美好生活共同缔造才有了依托。

其三，拓展社区服务资源、创新社区服务形式。社区服务是最直接的民生服务。随着人口老龄少子化等人口结构变迁和城乡生产生活方式变革，社区服务需求进入量和质两方面的快速增长时期，并且居民对社区服务的偏好也具有显著的差异。因而，如何拓展社区服务资源、创新社区服务形式，逐渐成为推动社区服务高质量发展的重要内容。一方面要加大财政依托的兜底性、保障性社区服务供给；另一方面要通过引入市场主体、培育社会企业等形式，拓展社区服务的资源。在"五社联动"

的框架下，公益慈善资源参与社区服务体系建设的渠道更加畅通。一些案例显示，积极推动社会创新拓展社区服务的新形式收到了好的效果。如在社区养老服务体系建设方面，通过培育社区企业，满足老年人群体日间托管、探访照料、营养配餐等需求，已经形成了一些好的模式。

综上所述，回顾"五社联动"模式的缘起、发展与完善，其取得实效、获得成功的关键因素是始终坚持党的领导；始终坚持以满足人民对美好生活的需要，回应人民群众急难愁盼为出发点和落脚点；始终坚持从群众中来、到群众中去，凝聚共识，凝聚力量；始终坚持相信群众、依靠群众、发动群众，通过培育主体、完善机制，构筑起美好生活、共同缔造的鲜活局面。"五社联动"的成功实践同时表明，践行党的群众路线，有效融入党服务群众的光荣事业中，是实现公益慈善和社会工作事业高质量发展的有效路径。我们甚至可以说，"五社联动"为探索契合中国国情的公益慈善和社会工作事业发展道路积累了成功经验，其核心内涵在于坚持强有力的党建引领，践行群众路线，搭建起以人民群众需求为驱动、以专业理论和方法为支撑、多方参与统筹协同的工作体系、治理体系和服务体系。

三、"五社联动"助力公益慈善和社会工作在中国式现代化进程中展现更大作为

党的二十大报告指出："中国式现代化，是中国共产党领导的社会主义现代化，既有各国现代化的共同特征，更有基于自己国情的中国特色。"从特征角度看，中国式现代化是人口规模巨大的现代化，是全体人民共同富裕的现代化，是物质文明与精神文明相协调的现代化，是人与自然和谐共生的现代化，是走和平发展道路的现代化。中国式现代化的本质要求是：坚持中国共产党领导，坚持中国特色社会主义，实现高质

量发展，发展全过程人民民主，丰富人民精神世界，实现全体人民共同富裕，促进人与自然和谐共生，推动构建人类命运共同体，创造人类文明新形态。

（一）人民至上是中国式现代化的根本指向

国富民强是百年来中华民族孜孜以求的愿景。回望近代以来中华民族追求现代化的艰辛探索，便会发现中国共产党领导的中国式现代化的自觉和成功来之不易、成就斐然、未来可期。中国共产党领导和拓展中国式现代化为的是人民幸福，为的是不断回应人民对美好生活的愿望，这充分彰显了中国共产党坚持人民至上的价值追求。中国式现代化是中国共产党领导的社会主义现代化国家建设，是秉持"人民至上"的发展理念，立足中国国情、契合中国特色的现代化道路。非凡十年，中国共产党领导的中国式现代化扎实推进全面建成小康社会的伟大实践，取得举世瞩目的辉煌成就，充分彰显了中国式现代化的"为民"属性，凝聚起高度的道路自信、理论自信、制度自信、文化自信。面向接续奋斗实现第二个百年奋斗目标的历史方位，中国式现代化赓续初心使命，将满足人民对美好生活的向往作为矢志不渝的奋斗目标。

中国共产党开创和不断拓展的中国式现代化，始终坚持把一切从人民的利益出发，全心全意为人民服务，作为坚定初心和根本宗旨。始终坚持站在人民大众立场上，坚定不移维护人民利益，把人民对美好生活的向往作为我们的奋斗目标，紧紧依靠人民来实现中华民族伟大复兴的中国梦，不断为人民造福。习近平总书记在《始终坚持和充分发挥党的独特优势》一文中强调："我们任何时候都必须把人民利益放在第一位，把实现好、维护好、发展好最广大人民根本利益作为一切工作的出发点和落脚点，诚心诚意为人民群众谋利益。"这一论述深刻揭示了中国共产党领导的中国式现代化具有鲜明的"人民至上"特点。细言之，区别于一切旧式的以经济增长、物质文明创造为中心的现代化范式，中国式现代化之所以是"属人"的发展，具有鲜明的"人民至上"特点，体现在发展目的、发展路径和发展动力三个方面。就发展目的而言，推动中国式现代化的根本目的在于不断满足人民对美好生活的向往，着力维护和促进社会公平正义，不断促进共同富裕，促进发展成果更多更公平惠及全体人民，为人的潜能实现和自由发展创造条件。就发展路径而言，中国式现代化聚焦人民期盼，抓住主要矛盾，将解决好发展的不平衡不充分问题作为最根本的实践路径，尤其是对困难群体格外关心、格外关注、格外关爱，从补短板、实基础、守底线、促共享着眼和着力。就发展动力而言，中国式现代化是引领型现代化，尊重人民的主体地位和首创精神，引领和依靠人民，激发主动性、创造性，缔造共建共治共享的治理格局，促进福祉提升，以拼搏实干不断缔造美好生活。

（二）中国式现代化的公益慈善和社会工作力量

作为世界上规模最大的发展中国家，推进现代化建设，中国面临着诸多的现实挑战。中国共产党领导中国人民开创和拓展的中国式现代化之所以能够不断从胜利走向新的胜利，最根本的经验在于坚持党的领导，发挥中国特色社会主义制度的巨大优势，在党组织统揽全局的引领下，各方力量有力有序参与美好生活的共同缔造，通过拼搏奋斗不断实现对美好生活的期盼与梦想。其中，党领导公益慈善和社会工作事业不断发展壮大，在推进中国式现代化进程中发挥了重要作用。与此同时，逐步探索出符合中国特点、契合中国国情的公益慈善和社会工作本土化发展道路，促进了公益慈善和社会工作的健康发展。特别是党的十八大以来，中国的公益慈善和社会工作事业发展进入一个崭新的阶段。

在公益慈善领域，2014年，国务院印发了《关于促进慈善事业健康发展的指导意见》，成为国家层面的第一份鼓励慈善事业发展的综合性文件。2016年，《中华人民共和国慈善法》颁布实施，标志着中国慈善事业进入有法可依、规范健康发展的法治轨道。2019年党的十九届四中全会将公益慈善事业作为第三次分配的主要方式，充分肯定公益慈善事业健康发展在推动共同富裕中的价值和潜能。按照党中央决策部署，国家各部委和各地方密集出台了数百个促进公益慈善事业发展的配套法规文件。上述政策部署共同构成党领导和促进公益慈善事业健康发展、助力中国式现代化的顶层设计。在这些制度安排的推动下，过去十年中国公益慈善事业快速发展，被誉为"黄金十年"。十年间，各类社会组织数量迅速增长，公益慈善参与主体多元化、全民公益慈善氛围初步形成，公益参与形式不断丰富，公益生态持续改善；公益捐赠、慈善信托、志愿服务增长迅速，公益慈善力量在疫情防控、脱贫攻坚、乡村振兴、生态环境保护诸领域发挥了积极作用。

在社会工作领域，党的十八大以来，以习近平同志为核心的党中央高度重视社会工作，在170多项政策法规中对发展社会工作、发挥社会工作作用提出了明确要求，各地区各部门深入落实已制定的发展社会工作的政策。[①] 十年间，社会工作人才队伍不断壮大，社会工作服务领域不断拓展，社会工作规范化发展、嵌入式发展迈出坚实步伐，发展质量显著提升，在回应民生之盼、推进中国式现代化进程中发挥了重要作用。据统计，截至2022年6月，全国开设社会工作专业的本科、专科院校合计超过410所，其中58所大学获得社会工作硕士招生和学位授予权。社会工作人才队伍总体规模超过160万人，社会工作职业水平考试报考持续保持高热度。覆盖城乡的社会工作服务体系建设加速拓展，立足基层、夯实基础的社会工作服务平台建设行动取得积极成果，全国累计建成乡镇社会工作服务站2.3万个。特别是在各级党组织引领下，社会工作积

---

① 王思斌. 积极回应社会需要 实现务实创新发展：党的十八大以来我国社会工作的发展进程 [J]. 中国民政，2022（14）：30-32.

极主动融入国家经济社会发展重大战略，成为党服务群众的可靠专业人才队伍，赢得了群众认可、各界好评。

（三）慈善事业和社会工作高质量发展的难点议题

中国慈善事业和社会工作发展取得了突出成就，在中国式现代化建设进程中发挥了重要作用。但更要看到，与以中国式现代化推动中华民族伟大复兴的宏伟目标相对照，与人民对美好生活的向往相对照，与回应人民群众急难愁盼的使命相对照，慈善事业和社会工作高质量发展依然有众多难点议题有待在实践中更好解决。特别是在实践层面，公益慈善和社会工作领域存在服务供给难以精准回应需求，服务传递最后一公里存在诸多困境，以及服务碎片化导致的机制重叠和整体性不足等问题。

1. 供给需求偏离难题

社会工作脱胎于公益慈善事业，其专业使命在于探寻更为有效的助人方式。而任何助人工作的起点都是"需求"，只有准确把握"需求"，才能更好提升能力、补齐短板、解决问题。在新公共管理浪潮中，作为第三部门的公益慈善力量和社会工作服务机构，被认为是更具"供给端有效性"的，更贴近需求，能够运用其专业理论方法，为有需要的人和群体提供更合适的服务。换言之，在20世纪80年代以来的公共部门改革实践中，公益慈善和社会工作服务被假设为在回应需求方面，"天然"具有更高的效能。但需求回应的精准性，不仅取决于专业的知识和方法，同时是建立在一整套支撑性的"专业实践环境"之中，即在实践层面，机构能否更"贴近"需求，能否将对需求的有效回应作为最重要的职责与使命。依此视角反观中国社会工作十余年的专业实践便不难发现，诸如社会工作服务专业性不足等情况，恰恰暴露出由于契合中国本土情境的有效专业实践模式缺失，社会工作服务呈现出"悬浮"于真正"有需求"的人的真实需求的状态；而疏离"需求"的结果，自然是专业性源头活水的枯竭。亦无怪乎"专业性不足"，社会工作有时甚至沦为"摆拍"的服务。公益慈善领域同样面临着"供给侧低效率"的问题，即缺乏联结公益慈善资源供给与实际需求的可靠渠道，遂导致资源分配中公益机构行使着超出必要的"自由裁量权"，公益服务的"父爱主义"色彩明显。

2. 服务递送能力困境

所谓"服务递送"（service delivery），指的是依托社会政策和公益资源，为有需要的人群提供服务的过程。能否在社会服务资源和服务需求之间建立有效的递送体系，直接决定着社会服务的绩效良窳。新时代以来，中央实施了一揽子服务民生的社会政策，财政民生保障支出逐渐增长，昭示着中国"社会政策时代"的来临。这些社会政策如何在基层有效执行，特别是涉及社会服务的内容，如何更加专业、更加精细、更加科学，是近年来知识界和实务界讨论的热点。

其中，加强基层社会服务平台建设和社会服务递送体系建设，被各界视为最关键和紧迫的实践议题。各地在探索中逐步形成了"家综"模式、"双百"模式、"禾计划"模式等，取得了积极成效，但不得不承认，到村到户服务的"最后一公里"问题，依然没有得到很好解决。换言之，在乡镇社会工作服务站建设的基础上，如何将服务的重心、服务的力量、服务的资源进一步下沉到村、连接到户，依然是有待探究和解决的问题。进一步来说，人民群众的急难愁盼集中在村社一级，村级组织更易于了解和掌握困难群体的真实需求，但村级服务阵地更缺少资源、缺少专业知识。如何加强村社一级的服务平台、服务队伍、服务能力建设，可能是解决好服务递送"最后一公里"问题、赢得群众满意和认可的关键。

3. "微观—宏观"悖论

多主体共同参与公共产品的生产和供给过程，是治理时代的重要特点。但如果没有整体性的统筹协调机制，难免陷入"微观—宏观"悖论问题，即如果考察某个主体开展的具体服务项目，会发现其预期目标达成度很高，甚至服务对象的满意度方面也有很好的表现，但整体上对服务对象的困境回应和福祉改善却乏善可陈。"微观—宏观"悖论问题的背后逻辑是，如果缺乏科学有效的整体设计，服务传递的过程过于碎片化，则不仅容易造成资源的低效使用，难以收到令人满意的服务效果，不能达到真实的福祉改善，而且会对服务成效和资源动员的良性反馈构成挑战。依此视角来观察慈善事业和社会工作的实践，便会发现虽然我们不能轻易断言"微观—宏观"悖论已经在一定范围内成为问题，但如何统筹协调各方力量、各方资源必然是未来中国慈善事业和社会工作高质量发展的重要议题。

除上述三个方面的难点之外，公益资源动员不足问题、社会工作本土化等问题也是制约公益慈善和社会工作事业高质量发展、在中国式现代化进程中展现更大作为的瓶颈因素。但深入思考便会发现，上述诸方面的难点，归根结底在于缺乏契合本土特点的有效实践模式。换言之，只有在实践层面寻找到联结资源、专业与需求的有效渠道，坚持问题导向、需求导向、结果导向，才能提升服务绩效，增强各方的获得感和自信心，从而为公益慈善和社会工作事业在回应人民对美好生活向往中展现更大作为搭建平台、培植土壤，步入良性健康发展的轨道。据此则会发现，湖北省"五社联动"模式的实践探索，为尝试解决上述问题提供了有益样本。

（四）"五社联动"作为中国式现代化进程中有效的公益慈善和社会工作实践模式

前文已述，公益慈善和社会工作是推进中国式现代化的有用资源和专业力量，而寻找更为有效的实践模式，解决高质量发展的瓶颈因素，是促进公益慈善与社会工作事业在中国式现代化进程中更好展现作为的关键。依此而论，便会发现，"五社联动"的价值在于同时为解决公益慈善和社会工作事业高质量发展的瓶颈问题提供了有益样本。

其一，进入实践场景，让服务更接近需求。社区是服务群众的前沿阵地，也是公益慈善和社会工作实践价值使命的基本场景。在"五社联动"的框架下，一方面可以做到资源配置重心和服务重心下沉，为提升服务供给对差异化、多元化需求的精细回应能力奠定了基础；另一方面，公益慈善资源和社会工作服务延伸到村、到户，资源和服务递送的渠道更为通畅，更能够取得实实在在的服务效果，继而反过来促进公益慈善和社会工作事业进一步发展壮大。

其二，融入中心工作，获得广阔实践舞台。"五社联动"坚持党建引领，坚持围绕中心、服务大局，在基层治理、脱贫攻坚、乡村振兴、生态文明建设、共同富裕等重大国家战略中，积极贡献力量。这些重大国家战略，是经济社会发展的中心任务、中心工作，关乎中国式现代化建设全局。融入这些中心工作，不仅有助于公益慈善和社会工作发挥传统优势，更帮助其拓展了新的实践领域。如近年来在推进脱贫攻坚和乡村振兴过程中，扶贫车间、社区支持农业、公平贸易等服务模式，找到了本土化的实践路径，取得了显著成效。与此相应，发展性社会工作受到了更广泛关注，知识不断积累。又如在生态文明建设中，中国生态社会工作知识体系、话语体系和实务体系也在不断发展壮大。

其三，纳入总体格局，形成良好实务环境。中国式现代化是党领导的社会主义现代化，只有在社会治理领域坚持党建引领的总体型治理，即各方力量统一纳入党的集中领导之下，各方主体分工协作、高效协同，才能聚焦需求、如臂使指，有力有效回应人民群众急难愁盼，促进社会福祉、维护基层稳定。实践表明，在"五社联动"框架下，公益慈善和社会工作纳入党领导的服务人民的总体格局，不是对自主性和专业性的弱化，而是契合本土特点的有效实践模式。正是因为进入服务人民群众需要的总体格局，公益慈善和社会工作事业才找到了更为深厚的实践土壤，从而获得更好的实务环境，得到社区支持、群众的认可和接纳。

从根本上讲，中国的公益慈善和社会工作事业是在中国共产党领导下，不断满足人民群众对美好生活期盼、持续回应人民群众急难愁盼的有用资源和专业支撑力量。近年来，知识界的众多讨论，集中在探索中国式的公益慈善和社会工作发展道路，展现公益慈善和社会工作事业的中国气派、中国特色上。东西南北中，党政军民学，党是领导一切的，只有融入党领导的为民服务的鲜活实践，公益慈善与社会工作才能真正植根于广阔的实践舞台，从而实践其使命、价值，发挥其专业优势和社会创新潜能。